理解语法规律，突破语用困境，让英语成为强项

不简单的简单句

刘亚玲 郑帅 著

人民邮电出版社

北京

图书在版编目（CIP）数据

不简单的简单句 / 刘亚玲，郑帅著. -- 北京：人民邮电出版社，2024.11
ISBN 978-7-115-64364-3

Ⅰ．①不… Ⅱ．①刘… ②郑… Ⅲ．①英语－语法－自学参考资料 Ⅳ．①H314

中国国家版本馆CIP数据核字(2024)第092562号

内 容 提 要

本书主要围绕英语句子结构的分析与构建，以句法框架为切入点，结合图示，自上而下将句子的主干和其他构成要素分别进行细致透彻的细分和讲解。本书对英语句子及其组成成分进行了分类，通过深入、细致分析每个成分在句子中的意义、性质和功能，将句子成分的句法功能和语义功能相结合，充分阐释句子组建的基本逻辑以及不同形态句子成分之间的转换关系，使读者对句子的认识不再停留在僵化的公式记忆，而是能够进行合理、准确的组建和转换，实现对英语句子的精准理解和灵活应用。

本书主要适合英语学习者和英语爱好者使用，还适合希望提高英语水平的备考人士使用，也可作为培训班的教材。

◆ 著　　　刘亚玲　郑帅
责任编辑　高梦涵
责任印制　马振武

◆ 人民邮电出版社出版发行　北京市丰台区成寿寺路11号
邮编 100164　电子邮件 315@ptpress.com.cn
网址 www.ptpress.com.cn
北京鑫丰华彩印有限公司印刷

◆ 开本：720×960　1/16
印张：23.5　　　　　　　2024年11月第1版
字数：392千字　　　　　　2024年11月北京第1次印刷

定价：99.00元

读者服务热线：(010)81055532　印装质量热线：(010)81055316
反盗版热线：(010)81055315
广告经营许可证：京东市监广登字 20170147 号

foreword 前言

  系统整理书中内容的打算由来已久,究其原因是经常会在高校学生交的作业中遇到类似这样的句子"An English lesson when I'm in high school which is one of my most memorable lesson I have ever had.";或者有学生会直接说:"老师,我的语法特别烂,作文不会写,全靠背。高考就是因为没有押中写作题才没考好。""最讨厌翻译句子了,根本不会!"类似的问题不胜枚举,但我究其根本发现学生们对英语句子的构建和组合规律的认识不正确、不清晰,更不会灵活应用。而高校的英语学习对应试要求渐少,对应用能力的要求大幅提升,这就成了面临上述问题的学生的最大挑战。

  有些学生学了多年语法,却一直未能将其落实到句子层面,对于句子各成分的功能和构成概念也很模糊,所以他们对句子,尤其是长难句的认识和理解非常有限,导致自己很难正确理解结构标准且复杂的句子,更不要说自己组建了。在他们进行读写时最能直接暴露问题,分析语篇中的长难句困难,对文章理解有偏差;翻译时直译汉语内容导致句子结构混乱;写作时尝试用复杂句可谓是屡战屡败……出现这些问题的学生大都经过了多年的英语学习,也具备一定的词汇知识,但始终没能掌握句子的框架,无法将词汇正确地运用到句子中。

  本书旨在解决读者面临的上述问题,内容分为简单句和复合句两大部分,简单句部分着墨更多,以句法框架为切入点,先讲解句子主干,再讲解其他构成要素,最后通过大量实例演示复杂句的构建。书中部分内容还辅以结构图示,将句子结构可视化地呈现出来,使读者对句子框架形成显性认知,以加深对句子结构的理解。

  在系统掌握简单句的所有成分构建后再进阶至复合句,此时读者就会发现复合句不过是将简单句的成分替换成从句而已。有了这个基本认知,读者就不会再对构建复合句望而生畏了。在以前的英语学习过程中还有些知识被认为是固定搭配,需要死记硬背,比如非谓语作不同成分的情况。而现在,读者可以通过阅读本书,了解不同句子结构类型之间的关系，不再进行机械记忆，而是能合理、准确地构建和转换英语句子，实现英语的灵活应用和输出。

  本书参考了国内外多种权威语法书和辞典，查阅、借鉴了国内外相关学术论文的研究成果，以期达到能够系统、透彻分析语法知识的目的。例句部分除了借鉴权威的语法书、课程教材如新概念系列之外，还参考了 Cambridge English Corpus 以及 Word Hippo 语料库。书中的语法规则除了有权威例句展示，还辅以详细的文字分析和讲解，以加深读者对该语法知识的理解。

  本书内容先以视频微课的形式发布在了哔哩哔哩平台，很多网友看后都直呼"简练易懂""收获很大""发现宝藏""解决了很多疑惑""很全面、很详细""醍醐灌顶""很有价值""我见过的最好的语法课"等。网友的这些好评与鼓励，是本书能够最终出版的主要动力之一。课程制作和书籍编写前后历时六年，得到了广大同事、领导和朋友的支持与帮助，尤其是郑帅老师，承担了本书 3.3.6 至末尾的写作工作（约 5 万字），其余 33 万余字由我本人完成。此外，更要感谢我的家人对我的大力支持。没有他们的理解与鼓励，该书很难出版成册，借此再次向他们表示由衷的感谢。

  本书系北京联合大学 2021 年度教育教学改革一级项目"大学英语课堂多维互动教学模式的探索与实践"成果。（项目编号：JJ2021Y013）

刘亚玲
2024 年 2 月 22 日于北京

contents

第一讲 句子的分类

- 1.1 简单句 001
- 1.2 复合句 002
  - 1.2.1 什么是复合句 002
  - 1.2.2 复合句的特点 004
  - 1.2.3 复合句的从句类别 004
  - 1.2.4 简单句 VS 复合句 005
- 1.3 并列句 006
  - 1.3.1 并列句的构成 006
  - 1.3.2 并列句 VS 复合句 011

第二讲 简单句的结构

- 2.1 简单句的骨架：主语和谓语 014
  - 2.1.1 主语 015
  - 2.1.2 谓语 022
- 2.2 简单句的血肉：补充和修饰成分 115
  - 2.2.1 名词性修补成分之宾语 116
  - 2.2.2 名词性修补成分之补语 122
  - 2.2.3 名词性修补成分之同位语 131
  - 2.2.4 定语 147
  - 2.2.5 状语 185

不简单的简单句

第三讲 简单句各要素升级（复合句）

3.1 简单句名词性成分的结构升级 211
  3.1.1 简单句主语的升级：主语从句 211
  3.1.2 简单句宾语的升级：宾语从句 226
  3.1.3 简单句中的补足语升级：补语从句 236
  3.1.4 简单句中的同位语升级：同位语从句 ... 244

3.2 简单句中形容词性成分的结构升级 248
  3.2.1 什么是形容词性从句? 249
  3.2.2 关系从句的结构分类 258
  3.2.3 引导关系从句的关系词 261
  3.2.4 关系从句 VS 名词性关系从句 278

3.3 简单句中副词性成分的结构升级 280
  3.3.1 时间状语从句 282
  3.3.2 地点状语从句 302
  3.3.3 目的状语从句 304
  3.3.4 原因状语从句 309
  3.3.5 结果状语从句 315
  3.3.6 条件状语从句 320
  3.3.7 让步状语从句 343
  3.3.8 对比状语从句 349
  3.3.9 比较状语从句 350
  3.3.10 方式状语从句 368

第一讲 句子的分类

英语句子分类的标准不同，分出的类别也不同。

从表达意义的功能来看，我们可以把英语句子分为陈述句、疑问句、祈使句和感叹句；从英语句子结构来看，我们可以把句子分为简单句、并列句和复合句。由于本书以分析句子结构为主要内容，我们就从分类结构入手进行分析。

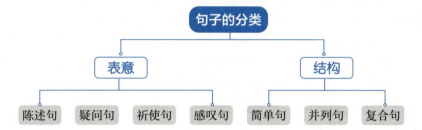

1.1 简单句

简单句（simple sentence）是含有一个主谓结构的句子，其核心成分就是一个主语和一个谓语结构。如果把一个句子看作是一个完整的人，我们可以把句子的主语比作头，把句子的谓语比作身体。因此，简单句的主语和谓语可以被认为是搭建句子架构的基本骨架。

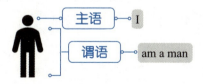

例如：

① Thomas Lee works in a factory. 托马斯·李在一家工厂工作。

例句①的基本结构就是主语和谓语，主语是 Thomas Lee，谓语是 works in a factory.

② Jean sings country music. 简唱的是乡村音乐。

例句②的基本结构也是主语和谓语，主语是 Jean，谓语是 sings country music.

不简单的简单句

1.2 复合句

1.2.1 什么是复合句

在了解复合句（complex sentence）之前，我们先看一下这个简单句：

① We can't leave the classroom **until then**. 直到那时我们才能离开教室。

例句①是一个简单句，状语结构为"介词 until+副词 then"构成（介词后一般要跟名词，但是地点和时间副词例外）。如果想知道简单句中 then 的具体指称，就需要用句子充实 then 的信息。

我们在此基础上进一步充实简单句中的时间副词 then 的信息：

② We can't leave the classroom **until the bell rings**. 直到打铃我们才能离开教室。

例句②为一个复合句，主句为 We can't leave the classroom，状语从句为 until the bell rings。简单句中的状语从原来的"介词+副词"until then 改成了例句②的"连词+句子"until the bell rings。修改后的例句②因为句子中的状语由句子充当，所以例句②就不能被称为简单句，而应该被称为**复合句**。

根据以上分析，我们可以认为**复合句**：

1. 包含一个独立的分句，称为主句。

2. 还有至少一个在主句中充当某个成分的句子，称为从句。从句通过提供更多信息，对主句的主要观点进行解释、补充或修改。

3. 将从句与主句联系起来的词被称为关系词或从属连词，从句和主句之间是从属关系。

就此我们已经对复合句的成分有所了解，接下来可以具体分析复合句例②：

② We can't leave the classroom until the bell rings. 直到打铃我们才能离开教室。

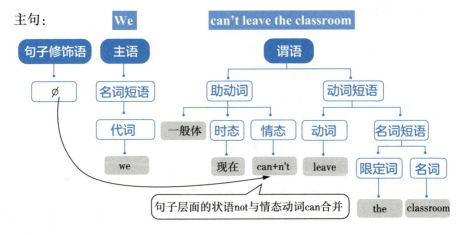

第一讲　句子的分类

状语从句：

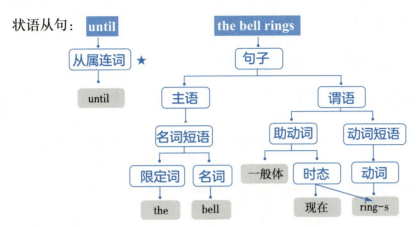

用同样的思路可以解构任一句子，如以下复合句例③：

③ My roommate who comes from China is friendly. 我来自中国的室友很友好。

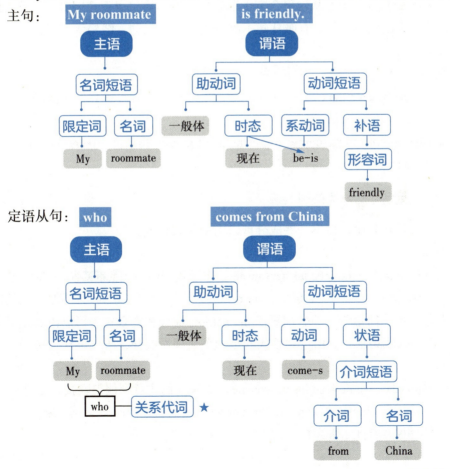

1.2.2 复合句的特点

I 主句部分结构完整，可以独立成句

复合句包含一个主谓完整的主句，该主句即使没有从句依然可以独立存在。
例如：

① We can't leave the classroom until the bell rings. 直到打铃我们才能离开教室。

→ We can't leave the classroom.（√）我们不能离开教室。

② My roommate who comes from China is friendly. 我来自中国的室友很友好。

→ My roommate is friendly.（√）我室友很友好。

II 从句不能独立成句

虽然部分复合句中的从句也含有主谓结构，但是从句由于必须由连词或关系词连接，因此无法独立成句。有时从句本身如果离开关系词，结构就不完整，也不能独立成句。

例如：

① We can't leave the classroom until the bell rings. 直到打铃我们才能离开教室。

→ Until the bell rings.（×）

② My roommate who comes from China is friendly. 我来自中国的室友很友好。

→ Who comes from China.（×）

1.2.3 复合句的从句类别

在一个简单句中，以下一些成分可以由从句来替代。
例如：

① Yesterday, we noticed **his nervousness**. 昨天我们注意到**他很紧张**。（简单句）

→ Yesterday, we noticed **that he was nervous.** 昨天我们注意到**他很紧张**。（复合句）

例句①中，简单句中的名词短语 his nervousness 在复合句中可以由 that 引导一个句子来替代成为从句。由于其替代的是一个名词性成分，所以该从句是一个名词性从句。

② **Yesterday**, we noticed his nervousness. **昨天**我们注意到他很紧张。（简单句）

→ **When he was asked to answer the question,** we noticed his nervousness.
当他被要求回答问题时，我们注意到他很紧张。（复合句）

例句②中，简单句中作状语的副词 yesterday 在复合句中可以被一个由 when 引导的句子来代替成为状语成分的从句。因为该从句替代的是一个副词性成分，所以该从句就是一个副词性从句，也被称为状语从句。

③ Yesterday, we noticed **his** nervousness. 昨天我们注意到**他**很紧张。（简单句）

→ Yesterday, we noticed the nervousness that was betrayed by his facial expression. 昨天，我们注意到**他脸上流露出的**紧张。（复合句）

例句③中，简单句中形容词性物主代词 his 作限定词修饰名词 nervousness，在复合句中 his 可以由 that 引导的句子来替代，和 his 一样都在句子中作定语，对 nervousness 进行修饰。因为 that 引导的句子替代的是形容词性的短语，所以可以被称为形容词性从句；因为它在句子中发挥的是定语的作用，即形容词性从句作定语，所以也被称为定语从句。

从以上三组例句中，我们可以看出来，能够充当句子成分的从句有三类：名词性从句、形容词性从句和副词性从句（关于从句的具体讲解放到了第三讲）。

1.2.4　简单句 VS 复合句

简单句只含有一个有主谓结构，可独立存在；复合句也是一个含有主谓结构的句子，但在这个句子中至少含有一个有主谓结构的从句在句子中充当某一成分。

例如：

① We noticed their nervousness. 我们注意到他们的紧张。（简单句）

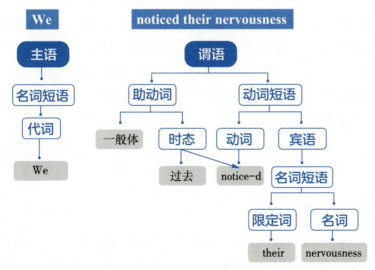

② We noticed that they were nervous. 我们注意到他们很紧张。（复合句）

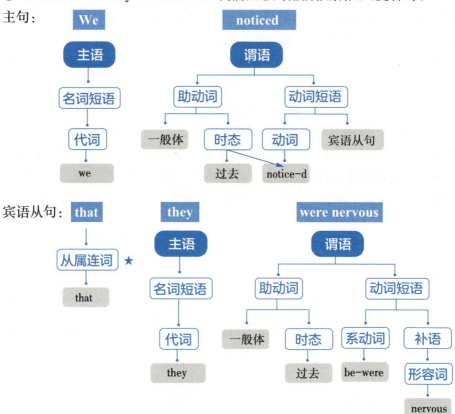

以上两个例句汉语含义相近，例句①为简单句，含有一个主谓结构，主语是 we，谓语动词是 noticed。例句②是复合句，也含有一个主谓结构，主语是 we，谓语动词是 noticed。但是二者的不同之处在于，例句①中的谓语动词后跟的宾语由一个名词短语 their nervousness 组成，而例句②中的谓语动词后跟的宾语由一个句子 that they were nervous 组成。

1.3 并列句

1.3.1 并列句的构成

并列句（compound sentence）由两到三个含有主谓结构的单句或复合句由并列连词、逗号、冒号或分号连接合并而成。单句呈平行结构，彼此地位平等，互不从属。连接并列句的连词主要是 and、but、or、nor、for、yet、so。

例如：

① He runs around the park every morning, **so** he is in good health. 他每天早上绕着公园跑，**所以**他身体很好。（并列句）

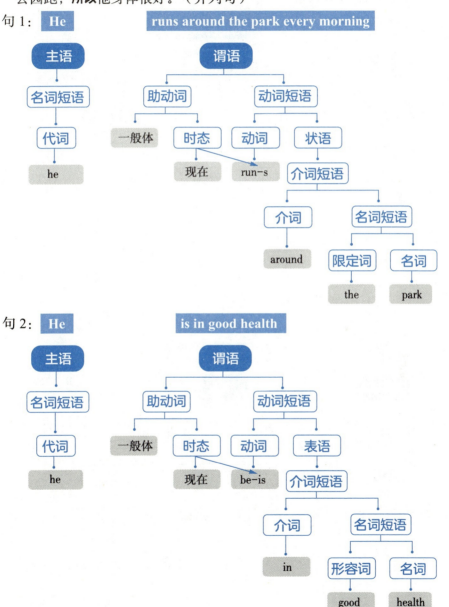

> 不简单的简单句

在例句①中，两个单句由并列连词 so 加逗号连接，so 在此处表示两个单句之间为因果关系。

② I went to bed early **for** I had a tiring day. 我很早就上床睡觉了，**因为**我度过了疲惫的一天。（并列句）

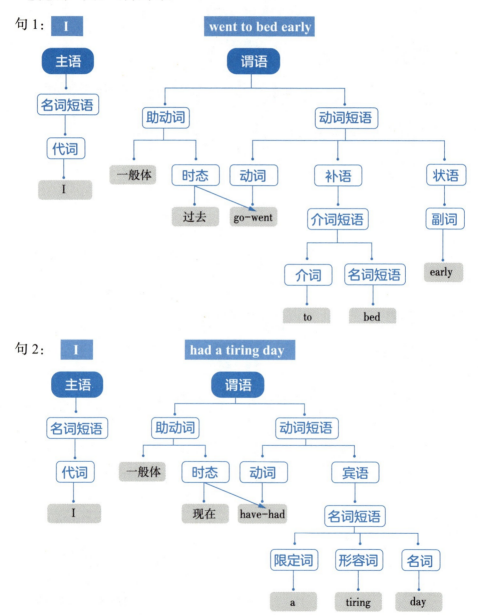

在例句②中，两个单句由并列连词 for 连接，表示两个句子之间的因果关系。两个单句未用逗号隔开，是因为两个单句较短，放在一起不易产生歧义。

③ He fished all day; he didn't catch anything. 他整天钓鱼；他什么也没钓到。（并列句）

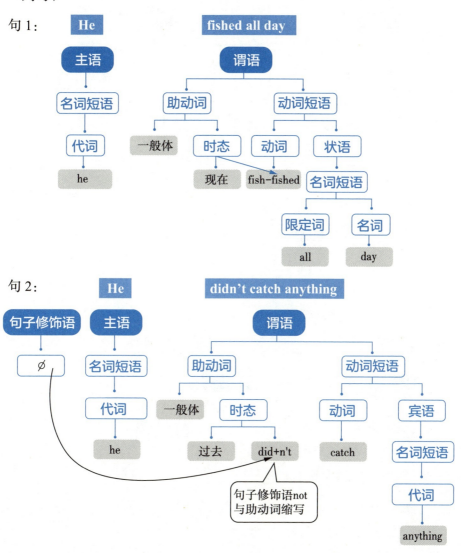

例句③也是并列结构的一种形式，两个单句由分号连接，表示单句之间平行排列或者有对比关系。not 作为句子层面的修饰语，使用时放在谓语的位置助动词 did 后边。

④ Sports at any age are beneficial: they keep your pulses hopping. 任何年龄的运动都是有益的：它们能让你的脉搏跳动。（并列句）

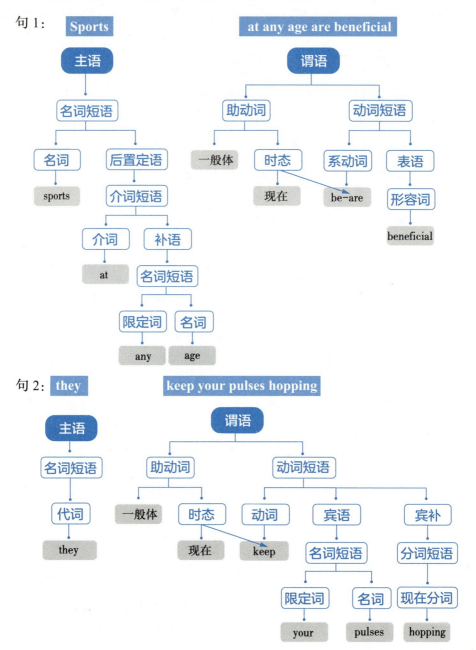

例句④作为并列句，两个单句由冒号连接，表示第二个句子对第一个句子在意思上进行解释和引申。

● 值得注意的是，一个句子中不宜有太多并列句，并列句的数量最好控制在两到三个。

⑤ Lisa speaks French, Mary speaks English **and** I speak Chinese. 丽莎说法语，玛丽说英语，我说中文。（并列句）

句 1：Lisa speaks French.

句 2：Mary speaks English.

句 3：I speak Chinese.

例句⑤包含三个并列句，分别以逗号和并列连词 and 连接。

 1.3.2 并列句 VS 复合句

并列句是由两个或两个以上独立的句子由并列连词或符号连接成的平行结构，句子之间彼此地位平等，互不从属。**复合句**只含有一个独立的句子，在这个句子中还包含至少一个充当该句某成分的分句，分句从属于整个句子。

例如：

① They were nervous, and we noticed that. 他们很紧张，我们注意到了。（并列句）

句 1：

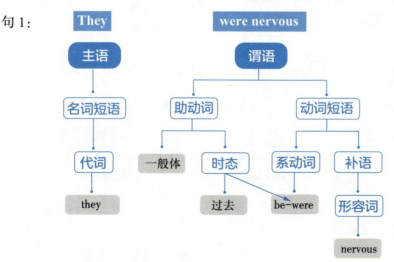

不简单的简单句

句2：

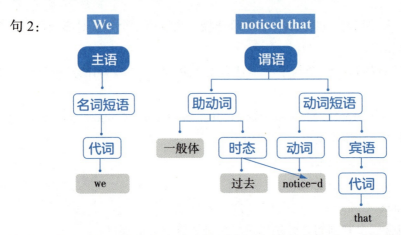

例句①是并列句，含有两个独立的单句。每个单句包含一个主谓结构，两个单句由逗号加并列连词 and 连接形成平行结构，二者地位平等，互不从属。

② We noticed that they were nervous.
我们注意到他们很紧张。（复合句）

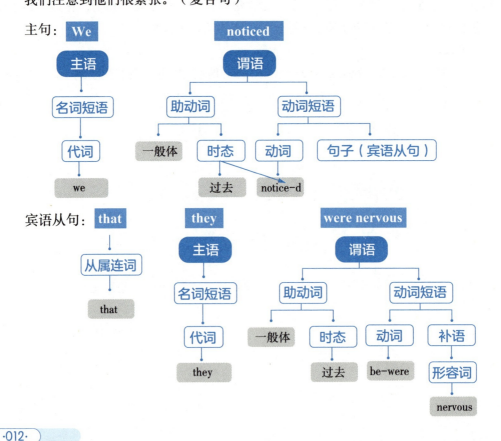

例句②是复合句，包含一个主谓结构，被称为主句；谓语部分中又包含一个句子作宾语，即宾语从句。宾语从句不能独立成句，只能充当宾语从属于主句。

从以上分析我们可以看出，从句子的结构来看，简单句是复合句和并列句的基础单位，解析复合句和并列句的关键在于对简单句的识别。因为本书是为了培养学习者提炼英语句子框架，分析和搭建英语长难句结构的能力，所以，我们就从英语句子结构这个角度出发，以简单句为切入点来学习英语句法知识。

第二讲 简单句的结构

2.1 简单句的骨架：主语和谓语

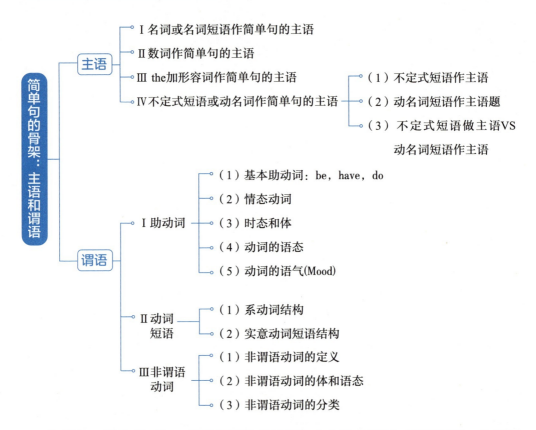

根据第一讲内容可知，简单句的基本结构包含主语和谓语，所以判断一个简单句是否完整，主语和谓语是两个重要的指标。虽然祈使句表面来看是一个无主句，但这是因为说话双方都知道祈使句所指就是听者"you"，因此在交流中省略了，例如：(You) open the window. 请打开窗户。省略 you 是因为听者知道说话人是在对自己提出请求，但这并不意味着祈使句没有主语。

2.1.1 主语

主语是一个句子中谓语部分叙述的对象，它可以是谓语动作的发出者，或者是谓语动作的承受者，也可以是谓语描述或说明的事件、状态或行为等。

简单句主语为名词性成分，可以作主语的词汇或短语有名词或名词短语、数词、the 加形容词、不定式、动名词。

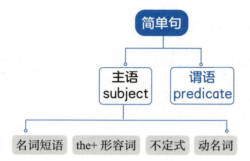

Ⅰ 名词或名词短语作简单句的主语

多数情况下，简单句主语都是由名词或名词短语构成的，名词短语是谓语动作的发出者或者是承受者。例如：

例句：

① **He** runs. 他跑步。

→ He（代词）

② **The teacher** left. 老师走了。

→ The（限定词）+ teacher（名词）

③ **All the furniture** was made of wood. 所有家具都是木头制作的。

→ All（限定词）+the（限定词）+furniture（名词）

④ **The Ascent of Everest** amazed the world. 《攀登珠峰》让世界为之惊奇。

→ The（限定词）+ascent（名词）+of Mt. Everest（介词短语）

⑤ **The neighbor's house** is being painted. 邻居家的房子正在粉刷。

→ The（限定词）+neighbor's（限定词）+house（名词）

根据以上例句，我们可以看出：

● 可以作简单句主语的名词或名词短语包括代词和名词短语。名词短语结构包含（限定词）+（形容词短语）+ 名词（复数）+（介词短语）。其中的名词就是名词

不简单的简单句

短语中的核心词。

● 限定词在名词短语中不可或缺,它和形容词一样,对核心名词起限定和修饰作用,包括冠词、指示词、数词、量词、所有格等类别。

● 名词短语中的形容词短语是指一个或一个以上修饰核心名词的形容词。形容词短语的结构为**(副词)+形容词**。在这个结构中,修饰形容词的副词可以是多个。

例如:

① an internationally famous actor 国际知名演员

在例句①这个名词短语中,an 是限定词,形容词短语就是 internationally famous, 它和限定词一起修饰核心名词 actor。

● 名词短语中的介词短语放置在名词后边构成后置修饰语,修饰核心名词。介词短语由介词后边跟名词或名词短语构成。

例如:

① **All the other famous singers of today** are wealthy. **当今所有其他著名的歌手**都很富有。

在例①这个句子中，主语部分就是一个结构较为复杂的名词短语构成，它包含限定词 all、the、other，形容词 famous，核心名词 famous 和介词短语 of today。

② **The flowers in the vase** had withered. **花瓶里的花**已经凋谢了。

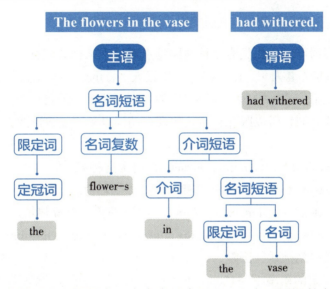

例句②的主语部分，就是由一个含有限定词 the 和介词短语的名词短语 flowers in the vase 构成的。

Ⅱ 数词作简单句的主语

数词分为序数词（first，second，third...）和基数词（one，two，three，four，...）。它们可以直接充当句子的主语。

例如：

① **Five** is an odd number. **五**是奇数。

② **Two** is an even number. **二**是偶数。

例句①②中，基数词 five 和 two 作主语，它们分别指数字本身而非指代其他人或物，所以用单数。

③ **Millions** were killed in these actions. **百万计的人**在这些行动中丧生。

例句③中数词 million 的复数形式表示数量，后边省略了 of people，但是依然是复数含义，所以谓语动词用复数形式。

④ There are many factors to consider when students choose a college. **The first** is cost. **The second** is location. 当学生选择一所大学时，有许多因素需要考虑。

首先是成本。**其次**是地理位置。

例句④中，序数词 the first 和 the second 作主语都省略了单数名词 factor，但是省略后两个主语依然是单数含义。

Ⅲ　the 加形容词作简单句的主语

The 加形容词可以表示具有某种共同特点或处于某种共同社会状况的一类人或物。例如，the old（老人），the young（年轻人），the rich（富人），the poor（穷人）。一般情况下，"the+ 形容词"构成的名词短语多为泛指一类人或物，所以应该理解为是复数名词，所以跟在它后边的谓语动词也多用复数形式。

例如：

① **The brave** deserve the honor. **勇敢的人**配得上这种荣誉。

② **The young** are to be educated. **年轻人**应该接受教育。

③ **The French** are passionate about food. **法国人**对美食充满热情。

④ Immediately after the accident, **the injured** were taken to hospital. 发生事故后，**受伤人员**立刻被送往医院。

但是，在特定的语境下，"the+ 形容词"也可以表示单数名词。

例如：

⑤ Of these two options, **the former** is less expensive, while **the latter** is less risky. 在这两种选择中，**前者**成本较低，而**后者**风险较小。

⑥ **The accused** was found not guilty. **被告**被判无罪。

在例句⑤中的 the former "前者"，the latter "后者" 和例句⑥中的 The accused "被告"均表示单数名词，其后的 be 动词均使用 is/was。

Ⅳ　不定式短语或动名词作简单句的主语

当表示动作的动词没有相应名词替代作主语时，可以使用动词的不定式或动名词来作主语。

(1) 不定式短语作主语

不定式多表示未发生、将要发生的行为，不是真实情况，具有抽象性。在较为古老的英语中，不定式作主语常置于主语的位置。

例如：

① **To see** is to believe. **眼见**为实。

② **To practice regularly** is very important. **经常练习**很重要。

③ **To err** is human; **to forgive**, divine. 人皆**犯错**，**宽恕**是德。

● 在现代英语中，通常将不定式短语外置在句尾，主语的位置用 it 作为形式主语来填补。

例如：

① **To live in Tokyo** would be very expensive.

→ **It** would be very expensive **to live in Tokyo.** 在东京生活会很贵。

② **To practice regularly** is important.

→ **It's** important **to practice regularly.** 经常练习很重要。

③ **To talk with you** is nice.

→ **It's** nice **to talk with you.** 能和你交谈真好。

④ **To master English** takes time and effort.

→ **It** takes time and effort **to master English.** 学好英语需要时间和精力。

⑤ **To be honest** pays.

→ **It** pays **to be honest.** 诚实有裨益。

● 不定式短语作主语时如果自带主语，则主语可以由 for 引导放在不定式前。

例如：

① It's important **for you to practice regularly**. 你经常练习很重要。

"it is + 形容词 + of sb. + to do"结构与"it is + 形容词 + for sb. + to do"结构对比。

例如：

① It is stupid of you **to believe him**.

→ **You** are stupid **to believe him.** 你居然能相信他，你**太傻**了。

例句①中不定式短语不是真正的主语，而是形容词补语。

② **It is dangerous** for children **to cross the road alone**.

→ **To cross the road alone is dangerous** for children. 孩子独自横穿马路是很危险的。

例句②中形容词 dangerous 评价不定式动作 To cross the road alone，不定式短语是真正的主语。

→ **For children to cross the road** alone is dangerous. 孩子独自横穿马路是很危险的。

转换后 for 引出不定式短语的逻辑主语，可以和主语一起放在不定式前。

(2) 动名词短语作主语

● 动名词短语作主语泛指一般行为，可以反复发生，也可以是已经发生或完成的动作。

例如：

① **Smoking** is not permitted anywhere in this theater. 这个剧院任何地方都不允许**抽烟**。

例句①中 Smoking 泛指任何人的抽烟行为。

② **Listening to music** is relaxing. **听音乐**让人放松。

例句②中 Listening to music 泛指任何时候、任何人听音乐。

● 如果动名词短语作主语结构较长，可以将动名词短语外置到句末，主语的位置用没有实际含义的代词 it 来填补。

例如：

① It's no use **denying it**. **否认**是没用的。

② It is no use **crying over spilt milk**. **覆水难收**。

③ It is no use **complaining about the fate**. **抱怨命运**是没用的。

④ It's no good **running away from a dog like that**. **像那样躲开一条狗**是没用的。

例句中 denying it、crying over spilt milk、complaining about the fate、running away from a dog like that 是动名词短语作句子的真正主语，由于结构较长，放在句尾，而主语的位置则由 it 填充作形式主语。

(3) 不定式短语作主语 VS 动名词短语作主语

在日常使用中，动名词短语作主语比不定式更加自然。在主系表［主语＋系动词＋表语（主语补足语）］结构中，如果主语和表语（主语补足语）都要用不定式或动名词短语时，前后要一致；在平行结构中，也要保持形式一致。

例如：

① **To see** is **to believe**.

→ **Seeing** is **believing**. 眼见为实。

② **Fishing** is my favorite activity, and **reading** is Mary's. 我喜欢**钓鱼**，玛丽喜欢**读书**。

当然，二者在具体使用中还存在三个差别。

差别一：一般情况下，**动名词短语**多指已经发生或反复发生的动作，或说话人已知的事实或经验；**不定式短语**表示动作将要发生、还未发生，倾向于抽象的概念，而非已经发生的事实。

例如：

① **Swimming** is difficult. **游泳**很难。

② **Swimming** is fun in summer. 夏天**游泳**很有趣。

例句①②都是根据已知事实或已有体验进行的评价。

③ **Building a career as an artist** was one of her biggest goals. **成为一名艺术家是**她最大的目标之一。

例句③中 Building a career as an artist "成为艺术家"的动作已经发生。

④ **Feeding giraffe** is the most dangerous part of my job. **喂食长颈鹿**是我工作中最危险的部分。

例句④表达自己在体验过"喂食长颈鹿"后做出的主观评价，说话人强调自己已有的体验。

⑤ **Inviting the twins** was a bad mistake. **邀请双胞胎**是一个严重的错误。

例句⑤中 Inviting "邀请"的动作已发生，根据经验得出结论是个"错误"。

⑥ **To err** is human; **to forgive**, divine. 人皆**犯错**，**宽恕**是德。

例句⑥为说话人在客观的角度表达一个抽象的、一般的概念，未必是已知经验。

⑦ **To love oneself** is the beginning of a lifelong romance. **爱自己**是一生浪漫的开始。

例句⑦中 To love oneself "爱自己"是一个抽象概念。

差别二：**动名词短语**泛指某一类活动，这类活动可以是自己参与的，也可以是他人实施的；**不定式短语**多表示未发生、打算要做或将要发生的某个具体动作。

例如：

① **Fishing** is my favorite activity. **钓鱼**是我最爱的活动。

例句①内含"我喜欢钓鱼，无论是自己钓还是别人钓"之意。

② **Crossing this road** is dangerous. **过这个马路**很危险。

例句②中"过这个马路很危险"是一个已知事实，无论谁过该马路都会产生危险。

③ **To cross this road** would be dangerous. **过这个马路**会很危险。

例句③表示尚未过该马路，但是如果过会很危险。

④ **Moving goods across a border** often requires the payment of excise tax, often collected by customs officials. **跨境运输货物**通常需要缴纳消费税，通常由海关官员征收。

例句④泛指所有类似行为都要缴纳税费。

⑤ **To feed the giraffe** will be the most dangerous part of your job. **喂食长颈鹿**将是你的工作中最危险的部分。

例句⑤中不定式 to feed the giraffe "喂食长颈鹿"是说话对方将要做的具体的动作，说话人以局外人的身份进行客观评价。

⑥ **To do so** would make the government's unemployment record look more than twice as bad. **这样做**会使政府的失业记录看起来糟糕一倍以上。

例句⑥是说话人对将要采取的具体行动以局外人的身份进行客观推断和评价。

差别三：疑问句中的主语位置（非外置）要使用**动名词短语**更加自然。

例如：

① **To travel abroad** is the only thing that she is thinking about now. **出国旅行**是她现在唯一想做的事。

→ Is **travelling abroad** the only thing that she is thinking about now? **出国旅行**是她现在唯一想做的事吗？

例句①中不定式短语 to travel abroad 不是外置主语，故疑问句中的主语位置要使用动名词短语更加自然。

② It is easy **to take care of your cat**. 照顾你的猫很容易。

→ Is **it** easy **to take care of your cat**?

→ Is **taking care of your cat** easy? **照顾你的猫**容易吗？

由于例句②中不定式短语 to take care of your cat 是外置主语，故转换为疑问句时主语不论使用动名词短语或是不定式短语都可。

2.1.2 谓语

谓语是以动词作为核心词的短语或分句，表示主语的性质、状态、特点、动作等。谓语结构一般为助动词＋实意动词短语（非谓语形式）。

Ⅰ 助动词

助动词是协助主要动词（即实意动词）构成动词短语的功能词，一般在句子中明确时态、语态、语气等，或者协助主要动词构成疑问句或者否定句。助动词具有语法功能，但很多助动词没有实际含义，也没有对应的汉语翻译。谓语部分的第一个词一定是"助动词"；谓语部分的最后一个词一定是实意动词（非谓语形式）作主动词。如果一个谓语只有一个动词，则是助动词和实意动词重合。例如：一般现在时（指一般体现在时）谓语动词 do 或 does 就是实意动词不带 to 的不定式与助动词 do 和 does 合并而成，一般过去时 V-ed 就是实意动词不带 to 的不定式与助动词 did 合并而成。

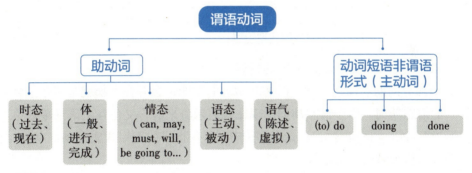

例如：

① John **wrote** a book. 约翰**写了**一本书。

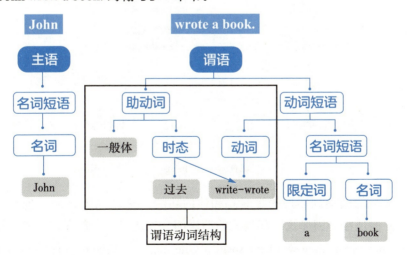

谓语部分的助动词包含时态和体的功能，合并在一起就是一般过去时，即实意

动词 write 不带 to 的不定式形式跟表示过去时的助动词 did 合并，变为 wrote。

② John **is going to write** a book. 约翰**要写**一本书。

谓语部分的助动词包含体、时态和情态的功能，合并在一起就是表示"将要、打算"的情态动词。由于情态动词用现在时表示将来的含义，且主语是单数第三人称，所以 be going to 变为 is going to 并与后边不带 to 的不定式实意动词 write 合并为一个表示将来时的谓语结构。

③ Mary **is singing**. 玛丽**在唱歌**。

谓语部分的助动词体现的是时态和体的功能，be 动词用 is 表示现在时，与实意动词 sing 的现在分词形式一起构成的谓语部分表达了一个现在正在进行的动作。

④ By next year, they **will have spent** all the money. 到明年，他们就**会花光**所有的钱。

谓语部分的助动词体现了时态、情态和体的语法功能。情态动词 will 现在时表示"将要";助动词 have 表示"完成"并与后边实意动词 spend 的过去分词 spent 合并起来构成完成体 have spent;由于情态动词后跟不带 to 的不定式,所以 have spent 不变形直接跟在 will 后边构成将来完成体。

根据以上句子分析,我们可以判断,一个句子的谓语部分中,实意动词短语(非谓语形式)只是表达了语义功能,但须借助助动词才能表达不同的语法功能。所以说,助动词是谓语结构中不可或缺的要素。从功能上助动词可分为基本助动词和情态动词两大类。

(1) 基本助动词:be,have,do

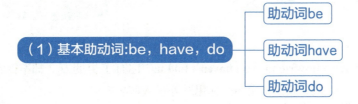

助动词 be

助动词 be 根据人称和时态可分为 am、is、are、was、were。它们后边一般要跟动词的现在分词 doing、过去分词 done 或不定式 to do 构成谓语结构。否定式 not 在助动词 be 后、非谓语动词前。

> 不简单的简单句

例如：

① And as to coming away at night, you **are to stay** just as long as Edmund chooses.
　至于晚上出去的事，爱德蒙愿意待多久，你就**待**多久。

例句①谓语动词部分是由助动词 be 加不定式短语构成的，表示根据命令、安排、要求或义务等将要发生的动作。

② The birds **are singing** in the sky. 鸟儿在天空中**歌唱**。

例句②中，are 就是助动词 be 的复数形式与现在分词 singing 合用构成的现在进行体，表示正在进行的动作。

③ The letters **were sent** to China. 这些信**被寄**往中国。

例句③中，were 是助动词 be 的复数过去式，与过去分词 sent 连用表示被动。

助动词 have

助动词 have 有 have、has、had 三种形式，表示动作已经完成，或者从过去一直持续到现在的时态。在表示完成体时，助动词 have 与动词的过去分词连用。否定式 not 在助动词 have 后、非谓语动词前。

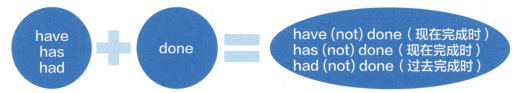

例如：

① You have a boyfriend. You **haven't told** us? 你有了男朋友，**却不告诉**我们？

② **Have** you ever **seen** an alien? 你**见过**外星人吗？

助动词 do

do 作为助动词，表示一般体含义，用于肯定句时与不带 to 的不定式动词合并构成一般现在时或一般过去时的谓语结构；如果用于疑问句或否定句，则将其显现出来，发挥语法功能，此时实意动词恢复不带 to 的不定式形式。do 根据人称和时态可以变化为单数第三人称形式 does 和过去时形式 did。否定式 not 跟在助动词

do 后。

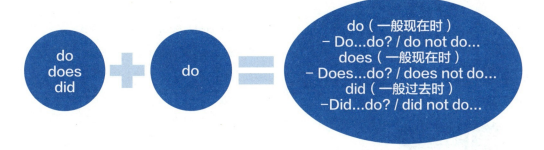

例如：

① —**Did** she **like** your gift? 她**喜欢**你的礼物**吗**？

—Yes. She **liked** it. 是的，她**喜欢**。

例句①的问句中，助动词 did 放在句首表示该句为一般疑问句，且时间为过去，实意动词恢复不带 to 的不定式形式，即原形。答语中，谓语动词部分由助动词 did 与不带 to 的不定式 like 合并，构成 like 的过去时形式 liked。

② I **don't understand** what you mean. 我**不理解**你的意思。

例句②中，谓语部分有否定副词 not 修饰谓语动词，需要助动词 do 与其结合，所以此时将助动词显现出来，实意动词部分恢复不带 to 的不定式。

③ My daughter **looks** like me. 我女儿**长得像**我。

例句③中，实意动词不带 to 的不定式 look 与助动词 does 合并形成谓语动词一般现在时的单数第三人称的形式。

④ **Don't judge** a book by its cover. **不要**以貌**取**人。

例句④是一个祈使句，省略了说话人双方都知道的主语 you。谓语动词是不带 to 的不定式 judge 和助动词 do 的现在时合并。由于有否定副词 not 修饰，需要显现助动词 do 与 not 结合，实意动词恢复不带 to 的不定式形式，即原形。

在肯定句中，为了加强语气，需要将助动词 do/does/did 显现出来，此时谓语实意动词恢复原形。

例如：

① I **do** want you to come to my birthday party. 我**非常**想让你来参加我的生日派对。

② I **did** tell you the truth! 我**的确**说的是实话。

例句①中的 do 和例句②中的 did 均用于强调语气。

（2）情态动词

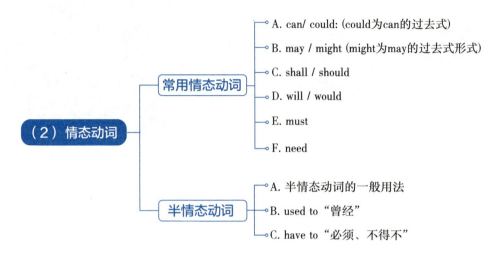

在日常交流过程中，当人们想要表达对一个状态或者行为的情绪或态度时，常常会使用情态动词。情态动词用来表达能力、建议、意愿、推测、允许等，也可以表示委婉、礼貌的请求。最常见的情态动词：can / could，may / might，will / would，shall / should，must。还有一些动词或动词短语既可以作动词用，又可以作情态动词用，被称为**半情态动词**。

情态动词或半情态动词后边跟不带 to 的不定式构成动词的谓语形式。否定式 not 跟在情态动词后和不带 to 的不定式动词前。

一般情况下，情态动词本身没有人称和数的变化。

例如：

① You **shall tell** me the truth. 你**应该告诉**我真相。

② He **shall tell** me the truth. 他**应该告诉**我真相。

情态动词后跟不带 to 的不定式动词（动词原形）。如果需要加形容词，则在形容词前加 be 动词原形连接。

例如：

① We **couldn't attend** the meeting yesterday. 我们昨天**不能参加**会议。

② I **would be glad** to accompany you to the shopping center. 我**很高兴**陪你去购物中心。

情态动词本身就是助动词，所以在构成疑问句时直接将情态动词移到主语前边；在否定句中直接在情态动词后加 not。

例如：

① **May I have** your name please? **您能告诉我**您的名字吗？

② What **would you do**? 你打算怎么办？

③ You **can't (cannot) sit** here. 你**不能坐**这儿。

常用情态动词

A. can / could:（could 为 can 的过去式）

否定形式：cannot, could not

缩写形式：can't, couldn't

一般疑问句：Can / Could...?

● can /could 通常表示"能够、会、可以"。

例如：

① I **can** tell you are tired. 我**能**看出来你累了。

② In those days you **could** buy a packet of cigarette with one dollar. 过去一美元**可以买一包烟**。

③ Jogging **can** be very boring. 跑步**会**很枯燥。

● can / could 还可以表示"请求、许可"。could 作为 can 的过去式，在语气上更委婉、更礼貌。

例如：

①—**Can / Could** you help me with this? 你**能**帮个忙吗？

—Yes, I can. / No, I can't. **可以**。/ **不行**。

②—**Could** I ask you something? 我能问你一些事情吗？

—Yes, of course you **can**. 当然**可以**。

● can't 可用于推断，否定真实性，表示"不可能"。

例如：

① This **can't** be true. 这**不可能**是真的。

B. may / might（might 为 may 的过去式）

● may / might 一般表示"也许、可能、可以、可能性"。语气不是很强烈，但 might 相较于 may 语气更弱。

例如：

① I **may** be late, so don't wait for me. 我**可能**会迟到，所以不必等我。

② He **might** be there in time, but I can't be sure. 他**有可能**准时到达，但是我不敢确定。

● may / might 可以用来表示"许可、请求"等含义。

例如：

① A student **may** borrow up to five books at one time from the school library. 一个学生**可以**从学校图书馆一次借 5 本书。

② **May / Might** I come in and wait? 我**能**进来等吗？

③ I am sorry, you **may** not. 抱歉，不**可以**。（否定回答中 may 不能换成 might。）

● **注意**，在用于就已经制定好的规则进行询问时，一般用 can，而不用 may。

例如：

① **Can** every student dine in this canteen? 每位学生都**可以**在这个餐厅就餐吗？

② **Can** everyone park here? 所有人都**可以**在这儿停车吗？

C. shall / should

● shall 的否定缩写形式：shan't。shall 和 should 都可以用于疑问句中表示征求建议，译成"要、应该"。

例如：

① What **shall** we do this weekend? 我们这个周末**该**干点什么？

② **Should** I call him and apologize? 我是不是**应该**给他打个电话道歉？

● shall 通常还可以指按照规则或法律规定，表示"必须、一定、将"should 常用于纠正别人，表示"应该、应当"。

例如：

① You **shall** not make this speech. 你**不能**做这个演讲。

② You **shouldn't** be so selfish. 你**不应该**这么自私。

● shall 可以用来表示将来会发生的事情；should 可以表示推测语气，译为"应该会、可能"。

例如：

① I **shall** go to Beijing on my own. 我**将**会自己去北京。

② The roads **should** be less crowded today. 今天路上**应该**不会那么堵了。

③ That **should** be the librarian. 那个**应该**是图书管理员。

D. will / would

● will 的否定缩写形式：won't。will / would 都可以表示"将，将会"。will 可以用于表示将来时，而 would 则是 will 的过去式，用于转述。

例如：

① When **will** the movie start? 电影**将**几点开始？

例句①中的 will 表示一般将来时。

② She asked me if I **would** come back. 她问我回不回来。

例句②中的 would 表示转述。

● will / would 还可以用来表示个人意愿。would 作为过去式，表示语气上的婉转与客气。

例如：

① I **would like** to have a cup of tea, please. 请**给我**一杯茶。

② I **will** always **love** you. 我**会**永远**爱**你。

③ I **would rather not take** any risks. 我**不想**冒险。

● will / would 可以用来询问意愿。would 作为过去式，表示语气上的婉转与客气。

例如：

① **Will** you join us? 你**愿意**加入我们吗？

② **Would** you tell me the way to the library? 你**能**告诉我去图书馆的路吗？

● would 可以表示过去惯常的习惯性动作或倾向。

例如：

I **would** go to the library regularly when I was at school. 我上学时**经常会**去图书馆。

E. must

● must 一般表示"必须、一定要"。用于第一人称表示说话人"有必要做某事"。

例如：

① I **must** get some sleep. 我**必须**睡一会儿了。

● must 用于第二和第三人称表示"命令，规定或者要求某人做某事"。

例如：

① You **must** get to class on time. 你**必须**按时上学。

② All passengers **must** wear seatbelt. 所有乘客**必须**系上安全带。

● must 能够表示一种比较肯定的推测，译为"一定"。

例如：

① He **must** have told us a lie. 他**一定**是向我们撒谎了。

例句①中的 must have done 表示过去的肯定猜测。

② You **must** be tired after such a long-time training. 经过长时间训练之后，你**一定**是累了。

例句②中的 must be 表示对现在的肯定猜测。

● must 的否定形式是 must not，缩写为 mustn't。表示"不可以、禁止"。

例如：

① We **must not** smoke in the public. 我们**不许**在公共场所抽烟。

● must 引导的一般疑问句，其肯定回答：Yes, you must.（是的，你必须）；其否定回答：No, you needn't. / No, you don't have to.（不，不必了。）

例如：

① —**Must** I clean all the rooms? 我**必须**打扫所有房间吗？
　—Yes, **you must**. 是的。

② —**Must** I finish the task before this weekend? 我**必须**在这个周末前完成任务吗？
　—No, you needn't. / —No, you don't have to. 不必。

F. need

need 常在句中译为"需要"。need 既可以作情态动词，也可以用作实意动词。作情态动词时，没有人称和数的变化，而作实意动词时则有变化。

● need 作为情态动词常用于疑问句、条件句及否定句中，用于询问"是否有必要"或表示"没有必要……"。放在句首引导一般疑问句。

例如：

① You **needn't finish** that work today. 你**不必**今天做完这项工作。

② **Need** I tell you the truth? **需要**我告诉你真相吗？

● need 作实意动词时，后边的动词一般用 to do 形式：need to do sth.。

例如：

① You **need to win** this game, or you will be eliminated from the match. 你**要赢下这场**比赛，否则就会被淘汰。

● 作为实意动词，need 疑问或否定形式需要助动词 do、does、did。

例如：

① What **do you need**? 你**需要**什么？

② I **don't need** your comments. 我**不需要**你评头论足。

半情态动词

A. 半情态动词的一般用法

作为助动词的情态动词有其意义对应的情态动词短语，被称为准情态动词或者半情态动词。它们与情态动词最大的区别就是，半情态动词既具有情态动词特性，又有实意动词时态、人称和数的变化特征，如表 2-1 所示。

表 2-1　情态动词与半情态动词

情态动词	半情态动词
can，could（能够）	be able to
will，shall（将要）	be going to；be about to；be to
must（必须）	have to, have got to, need to
should（应该）	be supposed to
would（过去常常）	used to
may, might（可以）	be allowed to, be permitted to

例如：

① She **is going to** Disney Land tomorrow. 她明天**要去**迪士尼乐园。

② She **is allowed to** go to Disney Land tomorrow. 她**获准**明天去迪士尼乐园。

③ She **has to** go to work tomorrow. 她明天**得**去上班。

④ She **was supposed to** hand in her homework last Friday. 她**应该**上周五交作业。

⑤ She **is able to** pass the final exam. 她**能够**通过期末考试。

⑥ Lately, he has **been able to** run the mile in five minutes. 最近，他**能**在五分钟内跑完一英里。

● 注意：有时候情态动词后还可以跟一个半情态动词进行连用。

例如：

① He **might be able to** get there on time. 他**也许有可能**会按时到那儿。

② I **shall have to** help him as much as I can. 我**将不得不**尽全力帮助他。

B. used to "曾经"

表示过去持续或经常发生的事，不用于现在和将来时。

例如：

① He **used to** live in the countryside. 他**曾经**居住在农村。

● used to 的否定形式一般为 did not use to do...。在英式英语中也可以用 used not to do...。

例如：

① I **didn't used to** be like so emotional. 我**过去不**是这么情绪化的。

② You **used not to** fuss like this. 你**以前不**是这么大惊小怪的。

● used to 引导疑问句时，通常在句首加 did，后接 use to。

例如：

① —**Did** she **use to** be nice? 她**过去人很好吗**？

—Yes, she did. / No, she didn't. 是的，她人很好。/ 不，她人不好。

C. have to "必须、不得不"

have to 和 must 一样都有必须的意思，但是 have to 强调客观条件需要做，而 must 侧重说话人的主观看法，觉得有义务、有必要。

例如：

① The bus is coming, I **have to** go home now. 车来了，我**必须**回家了。

例句①中的客观条件：汽车来了，不得不上车回家。

● have to 有人称和数的变化，而 must 没有。

例如：

① For the sake of her safety, he **has to** send her home. 为了安全起见，他**得**把她送回家。

② I am sorry! I **had to** do it. 很抱歉，我当时**不得不**那么做。

（3）时态和体

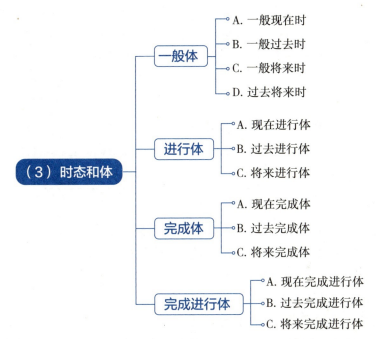

动词的**时态**（tense）是表示时间区别的动词形式。以现在为参照点，发生在现在的为"现在时"；发生在过去的为"过去时"；发生在将来的为"将来时"。而从词汇形态变化来看，动词时态本质上只有两种：现在时（present）和过去时（past），将来时则是在动词前加上表示"将来"含义的情态动词的现在时构成，为了便于理解，也为了符合传统语法教学的说法，后文将"将来时"单列一行。

动词的**体**（aspect）反映的是动作或过程在某一时间里进行情况的动词形式，表示一个动作或过程"正在进行"还是"已经完成"，分为一般体（simple）、完成体（perfect）和进行体（progressive）。

在表达动词动作或过程时，需要将时和体相结合，构成句子谓语的时态。如表 2-2 所示。

> 不简单的简单句

表2-2 动词的时态

体 (aspect) \ 时 (tense)	一般体（不允许继续发展变化的完整体）	进行体（未完成状态，具有临时性、可变性以及进一步发展的可能）	完成体（发生在过去，影响持续到此刻）	完成进行体（发生在过去，到此刻还未结束）
现在（直接现实 immediate factuality）	一般现在时 write / writes walk / walks	现在进行体 am/is/are writing am/is/are walking	现在完成体 have/has written have/has walked	现在完成进行体 have/has been writing have/has been walking
过去（距离感 sense of remote）	一般过去时 wrote walked	过去进行体 was/were writing was/were walking	过去完成体 had written had walked	过去完成进行体 had been writing had been walking
将来（对未来的预判 prediction）	一般将来时 will write will walk	将来进行体 will be writing will be walking	将来完成体 will have written will have walked	将来完成进行体 will have been writing will have been walking

> 一般体

一般体的核心意义是：①具有完整过程的事件、动作或状态，没有进一步的发展、变化；②经常发生的动作或状态，具有完整过程。

例如：

① He listens to English news every day. 他每天都听英语。

例句①描述当前经常发生的完整性动作。

② I am Chinese, and I love China. 我是中国人，我热爱中国。

例句②描述现在的状态，不再发展变化。

③ Mary and Tom lived in New York. 玛丽和汤姆住在纽约。

例句③描述过去的状态，没有发展变化，和现在无关。

A. 一般现在时

a. 一般现在时的形式

动词 be：动词 be 在一般现在时中变化为 am、is、are。其变化形式由主语的人称和单复数决定。

例如：

① I am a teacher. 我是一位老师。

② He is free today. 他今天有空。

③ We are happy to attend this lecture. 我们很高兴参加这次讲座。

除 be 动词以外的其他动词：一般现在时的肯定形式由动词原形或第三人称单数形式构成。

例如：

① I **like** your new haircut. 我**喜欢**你的新发型。

② This jacket **matches** my pants. 这个夹克和我的裤子很**搭**。

一般现在时的否定式：be 动词各形式后直接加 not；其他动词的否定式，要在动词原形前由助动词 do 或者 does 加 not 构成，如表 2-3 所示。

表 2-3　一般现在时的否定

原形	否定式	例句
am	am not	I am not a teacher.
is	is not / isn't	It is not the right time to talk about it.
are	are not / aren't	They are not sure whether they can come or not.
do	do not / don't	I don't know him very well.
does	does not / doesn't	He doesn't like to be treated like a kid.

一般现在时的一般疑问句：be 动词的各形式放在句子主语前；其他动词要在主语前加助动词 do 或者 does，而在谓语部分的主要动词使用原形。

例如：

① **Are** you on the guest list? 你**是**在客人名单中吗？

② **Do** you **like** rock climbing? 你**喜欢**攀岩吗？

③ **Does** he **work** in America? 他在美国**工作**吗？

④ **Is** he one of your friends? 他**是**你的朋友吗？

一般现在时的特殊疑问句：be 动词的各种形式放在句子的主语前、特殊疑问词后；其他动词特殊疑问句的结构为"疑问词 + 一般疑问句"。

例如：

① Who are you? 你是谁？

② What is the time now? 现在几点？

③ How do you finish this task? 你是怎么完成这项任务的？

④ When does it begin? 什么时候开始的？

> 不简单的简单句

⑤ What is your shoe size? 你的鞋多大码?

b. 一般现在时的用法

核心意义是"即时现实",具有不变的完整性,不受时间影响。

****

现在(说话时)

描述一般性的客观事实,具有不变的长期稳定性。

例如:

① My favorite book is *Gone with the Wind*. 我喜欢的书是《飘》。

② Mr. Johnson doesn't teach me. He teaches my brother, Tom. 强生先生不教我;他教我弟弟,汤姆。

表示经常、习惯性发生的动作或存在的状态。可以和表示频率的副词连用,比如 always、sometimes、once a week 等,这些副词一般要放在 be 动词之后、实意动词前。

例如:

① She **always spells** my name wrong. 她**总**是把我的名字**拼**错。

② I **sometimes stay up** till midnight. 我**有时**会**熬**到**半夜**。

③ Tom **often drives** to town. 汤姆**经常开车**进城。

表示公认的真理和事实。因为它长期存在(过去、现在和将来),稳定不变;它的发生不限于某个特定的时间,所以用一般现在时。包括一些谚语、格言等。

例如:

① The sun **rises** in the east and **sets** in the west. 太阳从东边**出**、到西边**落**。

② Great minds **think** alike. 英雄**所见**略同。

表示客观、既定的未来行程或计划好、固定不变的未来行动,即"近期不变的事实",一般与表示将来的时间连用。

例如:

① The train **leaves** at 8:00 in the morning. 火车**早晨八点出发**。

② The airplane **takes off** in five minutes. 飞机**五分钟后起飞**。

③ The movie **starts** at eight clock this evening instead of 8:30. 电影今晚**八点开始**,不是八点半。

表示"现在瞬间"，即说话的一瞬间发生的动作，与说话的时间几乎同步，甚至话音未落就已完成的动作。用于动态动词，特别是表示短暂性动作的动词。经常用于快速运动的体育实况报道或现场解说。

例如：

① Here he comes. 他来了。

② There he goes. 他走了。

③ He takes the ball, runs down the wing, and he scores! 他带球跑过边路，然后得分。

例句③中的三个动作为紧密联系的一系列动作，用逗号隔开。

值得注意的是，一般现在时用于新闻标题一般用来强调事件本身，而非发生的时间。

例如：

① Parliament confirms new stray dog policy. 议会批准了新的流浪狗政策。

② The lion escapes zoo. 狮子逃离动物园。

在真实条件从句中用一般现在时表达将要发生的动作或状态（主将从现）。

因为真实条件从句是主句动作发生的前提，只有条件确实发生，主句动作才能发生，所以条件从句动作是必然要发生的，符合"近期不变事实"的概念，用一般现在时表示。主句动作是在真实条件发生后才发生，使用一般将来时。

例如：

① <u>The car will stop</u> <u>when there is a red light.</u> 有红灯车就会停下来。
   主句（一般将来时）　从句（一般现在时）

② <u>After he finishes his homework,</u> <u>he will play football with his friends.</u>
   从句（一般现在时）　　　　　主句（一般将来时）
他做完作业会和朋友踢球。

③ <u>She won't get her driver's license</u> <u>unless she passes the driving test.</u>
   主句（一般将来时）　　　　从句（一般现在时）
除非她通过驾驶考试，否则她不能拿到驾照。

B. 一般过去时

一般过去时表示已经发生过的动作或状态，与现在无关。

> 不简单的简单句

例如：

① Yesterday, all my troubles seemed so far away. 昨日，烦恼离我远去。

a. 一般过去时的形式

一般过去时的否定式：与一般现在时的否定式类似，在 be 动词过去式后加 not；除 be 动词之外的其他动词在主要动词前加助动词 did not 或 didn't，此时谓语主要动词恢复成动词原形（不带 to 的不定式）。

例如：

① I **was not** in China last year. 去年我**不在**中国。

② I **didn't work overtime** yesterday. 我昨天**没有加班**。

一般过去时的一般疑问句：分两种情况，谓语动词为 be 动词时，be 动词的过去式提至主语前；谓语动词为其他动词时，要在句首加 did，此时谓语动词恢复原形。

例如：

① **Were** you at office this time yesterday? 昨天这个时候你在办公室**吗**?

② **Did** she **tell** you the truth? 她**告诉**你真相**了吗**?

一般过去时的特殊疑问句：谓语动词为 be 动词时，把 be 动词的过去式提前，放在特殊疑问词后边；谓语动词为其他动词时，要在特殊疑问词后主语前加 did，此时谓语动词恢复原形，即"特殊疑问词 + 一般疑问句"的形式。

例如：

① Where **were** you last night? 昨晚你**在**哪儿?

② When **did** you **get up** this morning? 今天早上你几点**起床**的?

b. 一般过去时的用法

过去时凸显事件在时间上与现在有"遥远感、距离感"。所以，过去时还表示与客观事实或者在情感上的距离感（F. R. Palmer）。

时间距离感	过去	现在
事实距离感	非真实	真实事实
情感距离感	婉转、客气、礼貌	直接、亲密

例如：

① I saw the movie last week. 我上周看过这部电影。

例句①表示过去与现在之间的距离，即时间距离感。

② If only I could fly in the sky. 如果我能在天上飞翔就好了。

例句②表示事实上"我"不能飞，指非真实愿望与客观现实之间存在距离，即事实距离感。

③ I wonder if I could use your pen. 我不知道能不能用一下你的钢笔。

例句③与 Can I use your pen? 相比表达更加委婉、客气，表示说话人与对方关系较为疏远，即情感距离感。

一般过去时表示过去某个时间内发生的动作或者状态，即无论时间长短，都已经成为过去，现在不复存在或与现在无关。句中一般有表示过去时间的名词短语或副词作状语，如 yesterday、last night、last summer、two days ago 等。

例如：

① She looked well when I **saw her last week**. 上周我**见她**的时候她看起来很好。

② I **met him last year** in Hongkong. 我**去年**在香港**和他见了面**。

③ **Did you travel** to HongKong **the other day**? 你**不久前**去香港**旅行**了吗？

④ The earthquake **happened in 1930**. 地震**发生在 1930 年**。

有的句子中没有表示过去的时间，但实际上确实指过去时间内发生的动作或存在的状态。

例如：

① Leonardo Da Vinci **painted** the Mona Lisa. 莱昂纳多·达·芬奇**画的**蒙娜丽莎。

一般过去时表示过去的习惯性动作，这个习惯性动作是过去一段时间经常做的，现在已经不再做了。

例如：

① **In those days**, we **made** leather shoes by hand. **在那些日子里**，我们手工**制作**皮鞋。

与现在完成体一起使用时，用来表达已经完成的动作或状态的细节信息。

不简单的简单句

例如：

① I've **hurt** my leg. I **fell off** the ladder when I was painting my bedroom.
　　现在完成　　　一般过去

我的腿**受伤了**。我在粉刷卧室时从梯子上**摔了下来**。

例句①的 fell off the ladder 是发生在过去并在过去结束的具体动作，解释受伤的细节。

② I've **been** on holiday. I **went to** Canada and USA.
　　现在完成　　　一般过去

我**去**度假**了**。我**去了**加拿大和美国。

例句②中的 went to Canada and USA 表示已经发生并结束的具体动作。

在讲述一件已经发生的事件或故事时，一般用一般过去时描述具体行为，用过去进行时描述背景信息。

例如：
　　现在过去　　　过去进行　　　过去进行　　　一般过去

① He **went to** a café. People **were chatting** and music **was playing**. He **sat down and ordered** a cup of coffee.

他**去了**一家咖啡馆。人们**在聊天**，音乐**在播放**。他坐下来要了一杯咖啡。

例句①中的 went to a café、sat down 和 ordered a coffee 是具体的行为；chatting 和 playing 则是咖啡馆内的环境描写，属于背景信息。

过去时的"遥远感"可以用于保持交际礼貌或交际距离的委婉表达。

例如：

① **Did you want** to sit down and stay a while? **您愿意**坐下待一会儿吗？

例句①使用一般过去时表示委婉地提出建议或请求。

② **Did you want** something to eat before the movie? **您想**在看电影前吃点东西吗？

③ **Could** you please speak more slowly? 您**能**说得慢一些吗？

④ It's getting dark now. Suppose we **left tomorrow**. 天要黑了。我们**明天动身**吧。

在对现在情况做非真实假设时，使用一般过去时表示与现在真实情况的"距离感"。这就是我们所说的虚拟语气。

例如：

① If I **were** you, I **would accept** his invitation. 如果我**是**你，我就**会接受**他的邀请。

② It's time we **had** a holiday. 该是我们**度**假的时候了。

C. 一般将来时

一般将来时表示将要发生的动作或者状态。

a. 一般将来时的形式

实际上，谓语动词在时态上只分为现在时和过去时两种，一般将来时可以看作由表示 "将来" 的情态动词现在时加上不带 to 实意动词不定式（通常被直接称为动词原形）构成。

一般将来时的形式：通常由 shall 或 will 加上动词原形构成。

例如：

① This book **will change** your life. 这本书**会改变**你的一生。

② I **shall** never **forget** you. 我永远都不**会忘记**你。

一般将来时的否定式：在 shall 或者 will 后边加 not。

例如：

① They **will not** cancel their meeting. 他们**不会**取消会议。

一般将来时的一般疑问句：把 shall 或者 will 提到句首的位置。

例如：

① **Will** you pay a visit to him? 你**会**去拜访他吗？

一般将来时的特殊疑问句：把 shall 或者 will 提到特殊疑问词后、主语前。

例如：

① When **shall** we go? 我们什么时候出发？

b. 一般将来时的用法

shall 用于第一人称，will 用于第二、第三人称。在美语中，都可以用 will。

例如：

① I **will** see you tomorrow. 我明天就**会**见到你了。

② I **shall** go to Scotland alone. 我**要**一个人去苏格兰。

③ This time next week, I **shall** / **will** be in London. 下周的这个时候，我就**会**在伦敦了。

c. 其他动词短语

除了 shall 和 will 可以用一般将来时外，还有一些动词短语也表示将要发生的动作或者状态。

> 不简单的简单句

- be going to do sth. 表示"打算、想要、准备做某事"，侧重强调个人的决定。

例如：

① He **is going to be** a doctor when he grows up. 他长大**要成为**一名医生。

② She **is going to sell** her car next week. 她下周**要卖掉**自己的车子。

③ I **am going to take** taxi rather than bus, because I'll be late. 我**打算打**车而不是坐公交，因为我要迟到了。

例句③中，take taxi "打车"是自己本打算做的事情，而 be late "迟到"则是未经计划和安排将要发生的事情。

- be about to do sth. 表示"即将、就要、正要"，表示非常近的将来。

例如：

① Their daughter **is about to get married**. 他们的女儿**快要结婚**了。

② The plane **is about to take off**. 飞机**快要起飞**了。

- be to do sth. 表示"计划、决定、要求"。

例如：

① You **are to get** here at 6 o'clock. 你**要** 6 点**到**这儿。

② **Am I to go on** with the work? 这工作我是不是**要接着**干下去？

D. 过去将来时

a. 过去将来时的形式

过去将来时表示在过去看将来要发生的动作或者存在的状态，其基本结构为 would / should ＋动词原形，其中 should 仅用于第一人称。

b. 过去将来时的用法

过去将来时多用于宾语从句或间接引语中。

例如：

① He told me that he **would pay me a visit** if possible. 他告诉我如果可能，他**将来看我**。

c. 其他动词短语

was / were going to do、was / were about to do、was / were to do 表示过去曾经打算或计划要做的事情。

> 进行体

主要表示在某一特定的时间点，某个动作正在发生。它所表示的动作具有持续性、暂时性和未完成性。所谓持续性，是指动作或短或长，都有一个过程，不是一下子就完成的。所谓暂时性，是指动作持续的时间都有一定的限度，与不受时间限制的一般体动作形成对比。所谓未完成性，是指动作在某个时间节点正在进行中，即某个动作的片段，没有明确的开始和结束的时间，与一般体强调动作或状态的完整性形成对比。

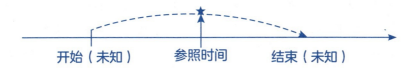

例如：

① I am getting better and better at speaking English. 我说英语越来越好。

例句①表示"说英语变好"的动作在说话的时间正在持续进行，开始和结束时间未知。

② He is eating a lot these days. 他这几天吃得很多。

例句②表示"吃得多"是以说话时间为参照点前后一段时间反复发生的行为，是暂时的，并非长期行为。

③ You are smoking too much. 你烟抽得太多了。

例句③表示"抽烟多"是以说话时间为参照点前后一段时间反复发生的行为，是暂时的，非长期行为。

④ I was writing a letter when the doorbell rang. 门铃响的时候，我正在写作业。

例句④表示门铃响那一刻正在发生的动作，未明确开始和结束的时间，只是过程中的一个片段。

⑤ I am now working at a college. 我现在正在一所大学工作。

例句⑤表示说话时说话人所处的状态，未明确开始和结束的时间。

一般体表达动作的完整过程，不再发生变化；而进行体则表示动作的片段，即动作尚未结束或过程不完整，还会继续发展和变化。

例如：

① Mary and Tom live in New York. 玛丽和汤姆住在纽约。

例句①表示用一般现在时呈现"玛丽和汤姆住在纽约"的客观事实，没有暗示会发生变化。

② Mary and Tom are living in New York. 玛丽和汤姆现在正在纽约居住。

例句②的现在进行时表示，在说话当时"玛丽和汤姆住在纽约"，但是此后是否还在纽约居住不得而知，体现了动作暂时性特征。

静态动词是表示"存在、相互关系、知觉、心理活动、情绪状态、度量"等含义的动词。它们描述一种不会结束或不可预料结束、不受主观意志影响的情境，是一种客观存在的状态。例如：I know his name.（我知道他的名字。），句中的 know 是一个表示心理状态的动词，知道就是知道，不知道就是不知道，不存在现在正在知道、一段时间后"知道"这个动作就结束的情况。因此这个句子不能写成：I am knowing his name. 类似的动词还有 agree、believe、belong、dislike、hear、include、matter、mind、prefer、suppose 等。

动态动词是表示动作或事件发生的动词，发生过程具有开始和结束的节点。例如：I am walking along the street.（我正沿着街道走。），这句话表示说话时"正在街道上走"，含有一段时间后 walk "走"的动作将要结束的可能。因此 walk 在这句话中就是一个动态动词。

如果 **be 动词**一般体作谓语动词，可理解为静态动词，表示主语固有的本质特征；如果 be 动词谓语形式是进行体，则可理解为动态动词，为主观上有意为之的行为。

例如：

① He is rude. 他是个粗鲁的人。

例句①中，be 动词 is 就是一个静态动词，表示"粗鲁"是客观存在于"他"身上的一种品行。该品行不受主观意志影响，也无法预测是否会被改变，不可预料结束时间。所以，这句话可以理解为：他是个粗鲁的人。

② He is being rude. 他表现得很粗鲁。

例句②中，be 动词使用的是进行体，即 is being，be 动词是一个动态动词，表明"他"在说话人说话时"表现得很粗鲁"，但是说话之后，他"粗鲁"的行为会因情景的变化而改变或结束。所以，"粗鲁"不是他的性格特征，而是外在表现。

A. 现在进行体

a. 现在进行体的形式

基本构成：am（第一人称单数）/ is（第三人称单数）/ are（第二人称；第一、第三人称复数）+ doing。

例如：

① She **is eating** an apple. 她**正在吃**苹果。

现在进行体的一般疑问句：把 be 动词提前，放在句首。

例如：

① **Are** you **listening** to me? 你**在听**我说话吗?

现在进行体的特殊疑问句：把 be 动词提前，放在特殊疑问词后。

例如：

① What **are** you **doing**? 你**在做**什么?

b. 现在进行体的用法

用于表示说话时正在进行的动作或存在的状态。

例如：

① Hurry up! We **are** all **waiting** for you. 快点！我们都**在**等你。

② —What **are** you **doing** now? 你**在干**什么?

　—I **am doing** my homework. 我**在做**作业。

③ He's **wearing** a white T-shirt. 他**穿着**一件白 T 恤。

用于表示在目前一段时间内持续的暂时性的动作。说话时不一定正在进行，但说话的时间应该在动作持续的时间范围内，即动作在说话之后还会继续发生。

例如：

① What **are** you **doing** these days? 你这几天**在干**什么?

② I **am learning** French. 我**在学**法语。

③ My mother's **living** with me at the moment. 我妈妈**现在正**和我**住**在一起。

④ She **is swimming** every morning. But she didn't use to do this. 她每天早晨**都游泳**。但是原来不这样。

用于表示不规律但经常发生的习惯，多指令人不快的恶劣习惯。

例如：

① You **are forever losing** keys. 你**总丢**钥匙。

② She **is constantly missing** the train. 她**经常误**火车。

③ My flatmate **is always leaving** the kitchen in a mess! 我的室友**总把**厨房**弄得**一团糟！

在口语中，可以用来表示将来的动作或表示在说话前就确定或计划好的安排。

例如：

① **Are** you **getting married**? 你**要结婚**了吗?

② The company's **moving** to the US. 公司**要搬**到美国了。

③ We **are eating out** tonight. 我们今晚**要出去吃**。

④ I **am taking a test** tomorrow. 我明天**考试**。

在时间状语和条件状语中，表示将来某个时刻正在发生的动作。

例如：

① I'll call you this afternoon while I **am waiting**. 今天下午我会一边**等**一边给你打电话。

② When you **are talking with** him, take care not to mention it. 你跟他**说话**的时候，小心别提这事。

B. 过去进行体

a. 过去进行体的形式

基本构成：was / were + doing

b. 过去进行体的用法

用于描述过去特定时刻正在发生的动作，起始和结束时间未知，动作在特定时刻之后还在持续。

例如：

① What **were** you **doing** at 10 o'clock last night? 昨晚十点你**在干什么**？

② I **was having dinner** with my friends. 我**在**和朋友**吃饭**。

③ She **was wearing** a black silk dress. 她当时**穿着**一件黑丝裙。

用于描述故事发生的背景。

例如：

① James Bond **was driving** through town. It **was raining**. The wind **was blowing** hard. 詹姆斯·邦德**正开车**穿过城镇。天正**下着雨**，狂风大作。

例句①中 was driving 用于描述过去特定时刻正在发生的动作；was raining、was blowing 为环境描写，即故事背景描写。

② The birds **were singing**, the sun **was shining** and in the cafés people **were laughing and chatting**. Amy sat down and took out her phone. 鸟儿**在歌唱**，太阳**在照耀**，人们**在**咖啡馆**说笑着**。艾米坐下来，拿出手机。

例句②中 were singing、was shining、were laughing and chatting 都是环境描写，即故事背景描写。

用于表示按计划在过去某时刻将要发生的动作。

例如：

① They **were leaving** a few days later. 他们几天后**离开**。

② Nobody knew whether he **was going** with us. 没人知道他是不是**要跟我们走**。

用于表示发生在过去的暂时性的习惯行为，但现在已经不再发生。

例如：

① He **was** always **leaving the tap running**. 他总**让水龙头开着**。

例句①表示在过去水龙头常开着，但现在已经不这么做了。

② She **was** constantly **singing**. 她不停地**唱歌**。

例句②表示在过去不停地唱歌，现在不唱了。

在过去延续了一段时间的动作，一般后边跟表示一段时间的时间状语，表示一段时间内动作的持续性。

例如：

① I **was working** in the garden all day. 我**在花园里干了一天活**。

② He **was reading** all evening. 他整个晚上都**在读书**。

C. 将来进行体

a. 将来进行体的形式

基本构成：will / shall be + doing，不随人称和数量的变化而变化。

一般疑问句：把 will / shall 提前至句首。

特殊疑问句：把 will / shall 提前至特殊疑问词后。

b. 将来进行体的用法

表示将来某一特定时刻正在进行的动作或者发生的事件，与另一个较短的动作或时间重叠。将来连续的动作通常在第二个动作或时间之前开始，并可能在第二个动作或时间之后继续。

例如：

① Two days from now I **will be lying** on the beach in the sun. 两天后我**就躺在海滩上晒太阳了**。

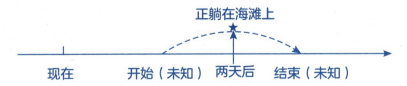

例句①的 lying on the beach in the sun "躺在海滩上晒太阳"的动作可以在两天之后的这个时间点之前发生，并可能在这个时间点之后还延续。

② This time next week, you **will be sitting** in this classroom as a student. 下周的这个时候，你**就**作为一名学生**坐在**这间教室里了。

例句②的 sitting in this classroom as a student "作为一名学生坐在这间教室"这个动作可以在下周这个时候之前就发生，并在下周这个时候还会延续。

③ At eight o'clock, I'**ll be eating** dinner. 八点钟我**正在吃**晚饭。

例句③中 eat dinner "吃晚饭"这个动作在八点前就会开始，并在八点后还会延续。

口语中，将来进行体可以用于谈论"将来计划好的事情"。

例如：

① The boss **will be giving** a lecture tomorrow evening. 老板明天晚上**要做演讲**。

② When **will you be leaving**? 你什么时候**离开**？

例句②这句话比 When will you leave? 更礼貌，没有要求对方离开的含义。

● 注意，现在进行体也可以表示"计划好的将要发生的事情"，所以，在表示计划好将要发生的事情时，be doing 和 will be doing 可以换用。但是二者的区别在于 be doing 在表示"将来"时，是指最近的将来，而 will be doing 在表示"将来"时，既可以表示最近的将来，也可以表示较远的将来。

> 完成体

表示在某一时刻前已经完成的动作，其结果或影响持续到这一时刻；或某一状态在某一个时刻前已经开始并持续到这一时刻（定位时间）；或某一习惯性动作反复出现一直到说话人所指这一时刻（定位时间）。

例如：

① He **has graduated** from middle school. 他已经中学毕业了。

例句①中说话前 has graduated "毕业"的动作已经完成，毕业之后的状态至说话时还在存续。

② I have been a nurse for two years. 我已经当护士两年了。

例句②中说话之前 have been a nurse "作为护士"的状态一直持续。

③ He had left before I arrived. 我到之前他就离开了。

例句③中 arrived "到达"之前已经 had left "离开",而且"离开"后"不在"的状态一直持续到"到达"的动作发生。

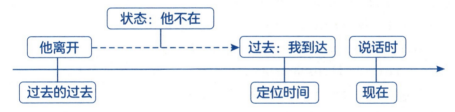

④ Mark will have finished his work by the time we get there. 我们到之前马克就能完成他的工作。

例句④中在将要 get there "到达"之前 work "工作"已经完成,其 have finished his work "完成工作"的状态将一直持续到 get there "到达"的动作发生。

不简单的简单句

A. 现在完成体

a. 现在完成体的形式

肯定句：sb. / sth. have / has done

否定句：sb. / sth. have / has not done

一般疑问句：Have / Has sb. / sth. done...?

特殊疑问句：特殊疑问词 + have / has + 主语 + done...?

b. 现在完成体的用法

现在完成体表示过去发生的动作在过去已经完成，但对现在有影响或到现在有结果，即与现在有联系。与现在完成时连用的时间副词有表示不确定时间的副词和表示频度的副词，如 already、yet、just、ever、never、before、often、sometimes、rarely、once、twice 等。

例如：

① You should return all the books you've **borrowed** from the library. 你要把所有**借**图书馆的书都还回来。

例句①语义为书已被借走，说话时还未还回。

② I **have already finished** my work. 我**已经完成**我的工作了。

③ I **have never driven** a car before. 我此前**从未开过**车。

④ They **have visited** Paris three times. 他们**已经参观**过巴黎三次了。

⑤ We **have often been** there. 我们**经常去**那里。

⑥ I've **sometimes had** letters from him. 我**有时会收到**他的来信。

⑦ I've **lost** the key. (So I can't get into my house.) 我的钥匙**丢了**。（所以我现在进不了家门。）

⑧ She's **hurt** her leg. (So she can't play tennis.) 她的腿**受伤了**。（所以她现在不能打网球。）

● 注意，如果句子中有表示过去某一**具体时间的名词**，例如 just now、yesterday、last night、in 1999 等，一般不使用现在完成时，要用过去时。因为这些时间状语只表示在过去，与现在没有关系。

例如：

① I have written a letter to the company. I **wrote** it **last Wednesday**. 我给公司写了一封信。我是**上个星期三写的**。

② —Have you seen my glasses? 你见过我的眼镜吗?

—I **saw** it on this desk **ten minutes ago.** 十分钟前我看到它在桌子上。

现在完成体与表示未完成的时间状语,例如 this month、this year、today 等连用,表示动作在说话前已发生,之后有可能还会延续。

例如:

① I **haven't seen** him **this month**. 我**这个月没看到**他。

说话的时间在 this month 时段内,haven't seen him "没看到他"的动作一直延续到说话时,并在说话后还在延续。

② She's **drunk** three cups of coffee today. 她今天**喝了**三杯咖啡。

说话的时间还在今天,drink coffee "喝咖啡"的动作延续到说话时已经喝三杯,但在说话之后有可能还会喝更多杯。

③ I've **already moved** house twice this year. 我今年**已经搬了**两次家了。

说话的时间在今年,move house "搬家"的动作到说话时已经发生两次,有可能说话后还会延续。

表示过去发生的动作或者状态并未在过去完成,而是一直持续到说话时。有可能到此结束,也有可能继续下去。经常和"for+ 一段时间"或"since+ 过去的时间"以及 so far 等连用。

例如:

① I **have lived** here for ten years. 我在这儿**住了**十年了。

例句①表示此刻我还在这里居住。

② She **has been** a teacher for 20 years. 她教书**有** 20 年了。

③ So far, the work **has been** easy, but things may change. 目前为止,工作**还比较容易**,但情况会变。

④ We **have been** friends since we were at school. 我们上学时**就是**朋友了。

例句④表示说话时"我们"还是朋友。

⑤ He **has been** in China for over five years. 他**在**中国**已经**五年多了。

⑥ He **has written** 8 books so far. 他目前**写了**八本书了。

● 注意,表示短暂、非延续性意义的动词,如 arrive、leave、borrow、buy、start、begin、die 等不能和表示一段时间的词连用。

例如:

① He has been here for 2 weeks. He arrived here 2 weeks ago. 他来这儿已经两周

了。他是两周前到这里的。

例句①中 be 动词表示可延续的状态，可以和表示一段时间的 for 短语连用；arrive 表示短暂性动作，与表示过去时间的 ago 连用。

② Tom has kept the CD for three days. He borrowed it from Jack three days ago.

汤姆拿着 CD 三天了。他是三天前从杰克那里借过来的。

● 注意：在句型"it be + 一段时间 +since..."中，be 动词可以是完成时态，也可以是一般体。两种时态没有太大差别，只是在语义上，一般体陈述"一个客观事实"，完成体态强调的是"时间的长度"。

例如：

① It **has been** five years since I moved to this city.

　= It **is** five years **since** I moved to this city. 自从我搬到这座城市**已经有**五年了。

② It **has been** ten years since she left me.

　= It **is** ten years **since** she left me. 她离开我十年了。

③ How long **is it since** we visited your mother? 自从我们看望你母亲以来到现在有多长时间了？

④ **It is** 100 years **since** Tsinghua University was found. 清华大学建校一百年了。

句型"That/This/It is the first/second...time + that 从句"和"That/This/It is + the + 最高级 + 名词 + that 从句"中，that 从句的谓语要用**现在完成体**，表示从过去一直到现在这段时间中"最……"。

例如：

① This is the first time I **have been** here. 我是第一次**来**这里。

② This is the most difficult task I **have ever accomplished**. 这是我**完成过的**最难的任务。

在条件、时间、让步状语从句中，表示"将来某时"以前已完成的动作。

例如：

① I will not believe you unless I **have seen** it with my own eyes. 只有我亲自**看到**，我才会相信你的话。

例句①表示在将来"相信"动作发生之前已经完成"看到"的动作。

② I will go with you as soon as I **have finished** my work. 我**做完了**工作就和你一起去。

例句②表示在将来"去"动作发生之前已经完成"做工作"的动作。

口语中 have got 与 have 一样，表示"有"的意思。

例如：

① We **have got** thousands of books in our library.

= We **have** thousands of books in our library. 我们的图书馆**有**上千本图书。

have been to 和 have gone to 的区别——

have been to 表示"已经去过了"，说话时人已经不在所提及的地方。

have gone to 表示"已经去了"，说话时人不在现场。

例如：

① Mr. Lee **has been to** China three times. He knows very well about China. 李先生**去过**中国三次了。他对中国非常了解。

例句①内含"现在已不在中国"之意。

② I **have just been to** Shanghai. 我**刚去过**上海。

例句②内含"现在已不在上海"之意。

③ —Where is Mr. Lee? 李先生在哪儿？

—He **has gone to** China on a business trip. 他**去**中国出差**了**。

例句③表示内含李先生目前"不在现场"之意。

c. 一般过去时和现在完成体的区别

一般过去时与现在完成体虽然都是指过去发生的动作，但是现在完成体更强调用现在的角度来看待已经发生的动作或存在的状态；而一般过去时更强调过去某个时间发生的动作或状态，而与现在无关。具体区别如下：

区别一：提及的时间段是否结束。

现在完成体：所指时间到说话时还未结束。

例如：

① I **have seen** three movies this week. 我本周**看了**三部电影了。

例句①表示说话时 this week "本周"还未结束。

一般过去时：所指时间已经结束。

例如：

② I **saw** three movies last week. 我上周**看了**三部电影。

例句②表示说话时 last week "上周"已经结束。

区别二：谈论的信息的新与旧。

现在完成体：提供的信息为最近的信息，对现在有影响。

例如：

① Martin **has crashed** his car again. 马丁又把车给**撞**了。

例句①的场景为最近发生，说话时车还是"撞坏"的状态。

一般过去时：提供的信息为旧信息，与现在无关。

② Martin **crashed** his car last year. 马丁去年把车**撞**了。

例句②为过去的信息，现在车的状态未知。

区别三：所谈论时间是不是某个特定时间点。

现在完成体：不与明确特定的时间连用。

例如：

① I **have seen** this movie already. 我已经**看过**这部电影了。

例句①的 already "已经"不表示明确的特定时间。

一般过去时：一般与明确特定表示过去的时间短语连用。

例如：

② I **saw** this movie last Tuesday. 我是上周二**看的**这部电影。

例句②的 last Tuesday "上个星期二"，表示明确的特定时间。

区别四：所谈论的动作是否已经结束。

现在完成体：提到的动作持续到说话时，或者到说话时还未结束。

例如：

① I've **lived** in Beijing for ten years. 我**已经**在北京**住了**十年了。

例句①表示到说话时依然在北京居住。

一般过去时：虽然有时也和 for 短语连用，但是提到的动作在过去已经结束，与此刻没有关系。

例如：

② I **lived** in Beijing for ten years. 我在北京**住了**十年。

例句②表示说话时已经不在北京居住。

B. 过去完成体

a. 过去完成体的形式

肯定句：sb. / sth. had + 动词的过去分词

否定句：sb. / sth. had + not + 动词的过去分词

一般疑问句：Had sb. / sth. + 动词的过去分词

特殊疑问句：特殊疑问词 + had + sb. / sth. + 动词的过去分词

例如：

① How many English words **had** you **learnt** by the end of the last semester? 到上学期末你们**学了**多少英语单词？

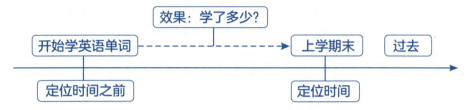

② We **had learnt** over 2000 English words by the end of the last semester. 到上学期末我们**学了** 2000 多个英语单词。

b. 过去完成体的用法

一个动作或状态在过去某一时间或动作前已经完成或结束。这个用法适用于静态动词和动态动词。

例如：

① When we **arrived**, the film **had started**. 当我们**到达**时，电影**已经开始了**。

例句①内含"电影先开始了，然后我们才到"之意。

② I'd **eaten** dinner so I **wasn't** hungry. 我**已经吃过饭**了，所以我**不饿**。

一件事发生在过去，而另一件事先于它发生，那么先发生的事情就是"过去的过去"，须使用过去完成体。一般用 before 或者 after 明确两个动作或事件发生的先后顺序。

例如：

① I **had not considered** that before I **made the decision**. 我**做决定**前**没考虑到**那个（问题）。

例句①中 make the decision "做决定"的动作发生在过去，使用一般过去时；而 consider "考虑"的动作发生在"做决定"之前，为过去的过去，使用过去完成体。

② After I **had finished** cleaning the classroom, I **took** my schoolbag and left. 打扫**完**教室之后，我**拿起**书包离开了。

例句②中 take my schoolbag and leave "拿起书包离开"的动作发生在过去，使用一般过去时；finish cleaning "打扫完"的动作发生在"拿起书包离开"之前，为过去的过去，使用过去完成体。

③ She **had disappeared** before he realized that she was a cheat. 在他发现她是骗子之前她就**消失了**。

表示某事或某状态从过去某时间开始一直延续到过去的另一个时间，常和 by then、by the end of...、by that time、until 等表示过去的时间短语连用；后边也可以跟 "for+ 时间" 的时间状语，表示动作持续了一段时间。

例如：

① He **had worked** in this factory for three years before he joined the army. 在他参军前一直在这家工厂**工作了**三年。

例句①中过去截止的时间为 joined the army "参军"。

② We **hadn't seen** each other for 20 years until the end of 2019. 到 2019 年底，我们已经 20 年**没见面了**。

例句②中过去截止的时间为 the end of 2019 "2019 年底"。

③ Until then, he **had known** nothing about it. 在那之前，他对此一无所知。

例句③中过去截止的时间为 then "那时"。

④ When he graduated, he **had been** in London for six years. 当他毕业时，他已经**在伦敦待了六年**。

与过去完成体连用的时间状语还可以有 already、yet、still、just、hardly... when...、no sooner...than...、scarcely ...when...、ever、never 等。

例如：

① I **had never seen** such a beautiful scenery before. 我**从来没有见过**这么美丽的风景。

② I **had no sooner sat down than** there was a loud knock on the door. 我**刚坐下来就**听到很响的敲门声。

● 注意：no sooner...than...、hardly / scarcely / barely ...when... 等连接的句子结构，可以将否定副词 no sooner、hardly、scarcely、barely 前置，后边形成主语和谓语的倒装结构，即将助动词 had 放在主语前，过去分词 done 仍然跟在主语后。

"Hardly/Scarcely/Barely had+ 主语 + 过去分词（动作①）...when+ 主语 + 动词一般过去时（动作②）..." 和 "No sooner had + 主语 + 过去分词（动作①）...than+ 主语 + 动词一般过去时（动作②）..." 两个结构均表示 "刚刚（动作①）……就（动作②）……" "还没来得及（动作①）……就（动作②）……"。

在结构中，两个动作虽然在语义上几乎同时发生，但是在时间上仍然存在先后顺序，动作①先于动作②发生，所以动作①使用过去完成体，动作②使用一般过去时。

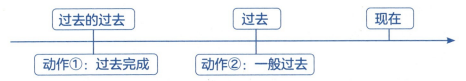

例如：

① **No sooner had** he **got** home **than** the rain poured down. 他**刚**到家**就**开始下雨了。

例句①表示的是他先回到家，然后马上就下雨。

② **Hardly had** I **had** any chance to speak **when** he interrupted me. 我**还没**来得及**有**机会开口，他**就**打断了我。

例句②指"我"先张口，然后他马上打断我。

③ **Scarcely had** we **started when** the car got a flat tyre. 我们**刚出发**，汽车**就**爆胎了。

例句③表示"我们"先出发，然后汽车马上爆胎。

"It was + 一段时间 + since 从句"表示"自从……时候起，有（多长时间）了"。since 从句中的谓语动词先于主句中的动作 was 发生，所以用过去完成体。

例如：

① **It was** three years **since** Jack **had quit** his job as a teacher. 杰克**不当老师已经三年了**。

② **It was** ten years **since** she **had left** him. 她**离开他有十年了**。

句型"This/That/It was the first/second/...time + that 从句"和"This/That/It was + the + 最高级 + 名词 + that 从句"中，that 从句中的谓语动词先于主句中的 was 发生，要用过去完成时。

例如：

① **It was the third time that** you **had made** the same mistake. 同样的错误你**犯了三次了**。

② **That was the best gift that** I **had ever received**. 那是我**收到的最好的礼物**。

表示愿望、打算一类的词，如 hope、expect、mean、intend、want、think、suppose 等的过去完成体表示过去未曾实现的愿望或意图。

例如：

① I **had meant** to help you, but I was too busy at the time. 我**本想**帮你，但是当时我太忙了。

② I **had hoped** to see more of the city, but my time was limited. 我**希望**能多看看这座城市，但是我的时间太紧了。

过去完成体也可以用于表示过去的非真实条件或虚拟假设。

例如：

① If I **had known** you were ill, I would have visited you. 如果我**知道**你生病，我就会去探望你的。

例句①表示事实上我不知道你生病，所以没去探望。

② She would have passed the exam if she **had worked harder**. 如果她**努力**一些就会通过考试。

例句②表示事实上她没有努力，所以没有通过考试。

③ I wish I **hadn't gone to bed** so late! 我真希望当时**没有睡**这么晚！

例句③表示事实上我睡得很晚。

C. 将来完成体

a. 将来完成体的形式

肯定句：sb. / sth. shall / will have done...

否定句：sb. / sth. shall / will not have done...

一般疑问句：Shall / Will sb. / sth. have done...?

特殊疑问句：特殊疑问词 + shall / will sb. / sth. have done...?

例如：

① I shall have reached Shanghai this time next week. 下周的这个时候我就已经到达上海了。

② —Will you have finished reading the book by Friday? 你周五前能读完这本书吗？

—No, I won't have finished it by then. 不，我到那时读不完这本书。

b. 将来完成体的用法

表示到将来某一时间以前已经完成或一直持续的动作或状态，经常与"before /by+ 将来时间"连用，表示推测。

例如：

① It's six o'clock. He will **have arrived** home by now. 六点了，他现在应该**已经到**家了。

例句①语义为他应该在六点前的某个时间回到家。

② By 10 o'clock, I will **have finished** my homework.
= I will finish my homework some time before 10, but we don't know exactly when. 10 点之前我**会完成**我的作业。
= 我会在 10 点以前的某个时间完成作业，但不知道是什么时候。

③ The conference will **have lasted** for a full week by the time it ends. 会议在结束前召开了**持续**整整一周了。

④ I will **have finished** the work by the end of the month. 这个月底前我**就会完成**工作了。

与表示将来具体时间的短语连用，表示动作到该时刻之前已经持续了多久。

例如：

① On her next birthday, she will **have been married** for ten years. 到她下个生日，她**已经结婚**十年了。

② When we get married, I will **have known** Robert for four years. 我们结婚时，我**认识**罗伯特就有四年了。

③ At 4 o'clock, I will **have been** in this office for 24 hours. 到 4 点，我**在**这个办公室就待了 24 个小时了。

完成进行体

完成进行体表示某一个动作在过去发生，直到定位时间还在进行，或者定位时间之前刚结束的动作其影响或效果直到定位时间还在持续，或习惯性动作直到定位时间还在反复。这些持续的动作或影响，或者反复的动作在定位时间之后还会继续。

A. 现在完成进行体

a. 现在完成进行体的形式

肯定句：sb. / sth. have / has + been + doing

否定句：sb. / sth. have / has not + been + doing

一般疑问句：Have / Has + sb. / sth. + been + doing

特殊疑问句：特殊疑问词 + have / has + sb. / sth. + been + doing

b. 现在完成进行体的用法

动作从过去某一时间开始，一直持续到说话时，并且有可能持续下去。经常和 recently、lately、for the last three years 等表示一段时间的短语连用。

例如：

① You **have been working** so hard recently. 你最近**工作**很努力。例句①表示说话时还在努力工作。

② She **has been learning** English for 10 years. 她**学习**英语 10 年了。

例句②表示学习英语不仅坚持到说话时，而且说话后还会继续。

③ It **has been raining** for three days. 雨**下了**三天了。

例句③表示说话时还在下雨。

④ How long **have** you **been waiting** here? 你在这儿**等了**多久了？

例句④表示提问时还在等。

⑤ It seems that you've made no progress. What **have** you **been doing**? 你好像没有取得什么进步。你**都在做**什么？

例句⑤"没有进步"的状态截止到说话时，有可能说完后情形会发生变化，所以用现在完成体；但是提问时"正在干的事情"还在持续，提问后还会持续，所以用完成进行体。

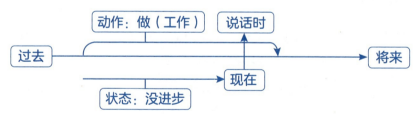

强调过去某一时间一直到说话时的重复性、习惯性动作，而且在说话后还要继续重复。

例如：

① **Have** you **been working out**? 你经常**锻炼**吗？

在例句①中提问时未必锻炼，但是锻炼在提问前后反复发生。

② He **has been saying** that for many years. 多年来，他**一直**这么**说**。

在例句②中，说话时"他这么说"的动作未必发生，但是说话前后会反复发生。

③ I **have been going** to the gym a lot lately. 我最近总**去**健身房。

在例句③中，说话时不在健身房，但是说话前后"去健身房"的动作经常发生。

与 lately、recently 等连用，也表示动作、行为的临时性。

例如：

① **Lately**，I **have been losing sleep**. **最近**我总**失眠**。

② We **have seen** quite a lot of each other **recently**. **最近**我们总**见面**。

B. 过去完成进行体

a. 过去完成进行体的形式

过去完成进行体的基本构成：had + been+ doing

b. 过去完成进行体的用法

动作从较早的过去持续到过去某一时间，并强调这一动作在过去某时产生影响或仍在持续。也可以表示过去经常重复的动作。

例如：

① She **had been suffering from** a bad cold when she took the exam. 考试时，她**正患**重感冒。

② It was midnight and he was tired, because he **had been working** since dawn. 正值半夜，他筋疲力尽，因为他从清晨就开始**工作**了。

C. 将来完成进行体

a. 将来完成进行体的形式

将来完成进行体的基本构成：will / shall have been doing

b. 将来完成进行体的用法

表示某个动作持续或重复到将来的某一时刻，并有可能继续持续或重复下去。

例如：

① By tomorrow, I **will have been doing** exercises for 100 days. 到明天，我**就坚持运动** 100 天了。

② By next Friday, they **will have been working** on it for nine days. 到下周五，他们**就持续工作**九天了。

（4）动词的语态

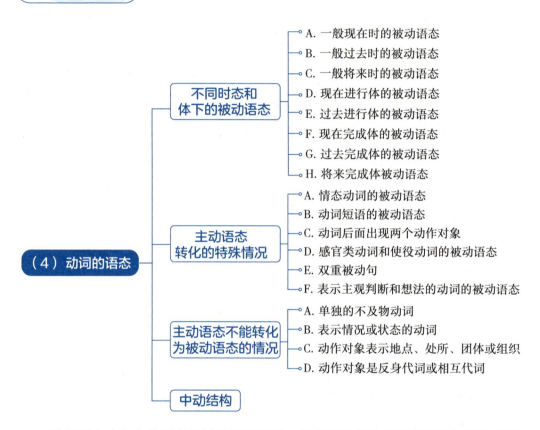

动词语态分为主动语态和被动语态两种，是根据主语与谓语动词之间的关系划分的，如果主语是谓语动作的执行者，谓语动词就用主动语态，如果主语是谓语动作的承受者，就用被动语态。

主动语态：主语（动作的执行者）+ 谓语（及物动词）+ 宾语（动作的承受者）+ 其他 + 状语

被动语态：主语（动作的承受者）+ be（及物过去分词）+ by 动作的执行者 + 其他 + 状语

不同时态和体下的被动语态

被动语态的构成：助动词 be+ 动词的过去分词。被动语态的时态变化只改变助动词 be 的形式，过去分词部分不变。

A. 一般现在时的被动语态

一般现在时的被动语态常表示通常性、规律性、习惯性、真理性的被动性动作。可根据具体情况翻译为"被、受、给"等。

a. 一般现在时的被动语态的形式

肯定句：sb. / sth. + am / is / are + 动词过去分词

否定句：sb. / sth. + am / is / are not + 动词过去分词

一般疑问句：Am / Is / Are + sb. / sth. + 动词过去分词

特殊疑问句：特殊疑问词 + am / is / are + sb. / sth. + 动词过去分词

b. 一般现在时的被动语态的用法

没有必要说出动作的执行者或不知道动作的执行者时，会使用被动语态。

例如：

① It **is thought** that reading can broaden one's horizon. 有人**认为**阅读可以开阔一个人的眼界。

② Silk **is produced** in Suzhou. 丝绸**产自**苏州。

③ Rice **is grown** in the south of the country. 大米**长在**南方。

④ **Is** English **spoken** in North America? 北美**说**英语吗？

⑤ This kind of car **is made** in Japan. 这种汽车是日本**制造**的。

强调动作的承受者时，也会用到被动语态。可以在后边加上介词 by 引导动作执行者。

例如：

① This play **is written** by Shakespeare. 这部戏是莎士比亚**写的**。

有时，被动语态中 be 动词可以用 get 来替代，强调动作的结果，暗示主语对于动作的发生具有主观责任。多数情况下，get 引导的被动结构的主语多为表示"人"的名词或代词。

例如：

① He was angry because he didn't **get invited**. 他很生气，因为自己没有**受到邀请**。

② How did he **get invited** to the party? 他是怎么**得到邀请**参加聚会的？

不简单的简单句

③ In this way, you won't **get stuck** after writing one sentence. 用这种方法，你就不会在写完一个句子后**卡住**了。

④ He **got killed** trying to save some other men. 他在试图救别人的时候**牺牲**了。

⑤ He **got punched** in the nose by his opponent. 对手一拳**打在**他的鼻子上。

● 注意：当 get 替代 be 动词用于被动结构中时，get 不能当作助动词使用，在变为疑问句和否定句时要增加助动词。

例如：

① He **got hit** by a car. 他**被**车**撞**了

② He **didn't get hit** by a car. 他**没有被**车**撞**。

③ **Did** he **get hit** by a car? 他**被**车**撞**了吗?

get 用于被动结构有时也可以表示主动行为"自己为自己做……"，起到强调主语的作用。

例如：

① Joe **got dressed** and walked out of the room. 乔**穿上衣服**走出房间。

② The team **got lost** in the forest. 这一组在森林里**迷路**了。

③ Mary **got married** right after she graduated from college. 玛丽大学毕业后就**结婚**了。

B. 一般过去时的被动语态

一般过去时的被动语态表示过去经常性、习惯性、被动性动作或过去某一时刻发生的被动性动作。

a. 一般过去时的被动语态的形式

肯定句：sb. / sth. + was / were + done

否定句：sb. / sth. + was / were not + done

一般疑问句：Was / Were + sb. / sth. + done...?

特殊疑问句：特殊疑问词 + was / were + sb. / sth. + done...?

例如：

① This **was given** to me by my father on my birthday.

这是我过生日时我爸爸**送**给我的。

C. 一般将来时的被动语态

一般将来时的被动语态表示即将发生的被动性动作，特别是客观性事情或在某条件下要发生的事情。

a. 一般将来时的被动语态的形式

肯定句：sb. / sth. + shall / will + be + done...

否定句：sb. / sth. + shall / will not + be done...

一般疑问句：Shall / Will + sb. / sth. + be done...?

特殊疑问句：特殊疑问词 + shall / will + sb. / sth. + be done...?

shall 用于第一人称，will 可用于任意人称。

例如：

① The movie **will be released** next month. 电影**将**在下个月**上映**。

② **Will** this work **be finished** today? 今天工作**能完成**吗？

b. 其他被动语态形式

be going to be done 也可以表示一般将来时被动语态。通常指计划或安排好的事情，也可以表示有迹象表明肯定要发生的事情。

例如：

① These old buildings **are going to be put down**. 这些老旧建筑**要被拆除**。

② The meeting **is going to be held** next Friday. 会议**将**在下周五**举行**。

D. 现在进行体的被动语态

a. 现在进行体的被动语态的形式

现在进行体的被动语态表示此时此刻或现阶段正在进行的被动性动作。

肯定句：sb. / sth. + am / is / are + being done...

否定句：sb. / sth. + am / is / are + not being done...

一般疑问句：Am / Is / Are + sb. / sth. + being + done...?

特殊疑问句：特殊疑问词 + am / is / are + sb. / sth. + being + done...?

例如：

① My sister **is being interviewed** now. 我姐姐**正在接受**采访。

② Your car **is being repaired** now in the factory. 你的汽车**正在工厂修理**。

E. 过去进行体的被动语态

a. 过去进行体的被动语态的形式

过去进行体的被动语态表示过去某个时刻正在进行或者发生的被动动作。

肯定句：sb. / sth. + was / were + being + done...

否定句：sb. / sth. + was / were not + being + done...

一般疑问句：Was / Were + sb. / sth. + being + done...?

特殊疑问句：特殊疑问词 +was / were + sb. / sth. + being + done...?

例如：

① The movie **was being shown** at this time yesterday. 昨天的这个时候**正在上映**这部电影。

② She **was being examined** by the doctor when you called. 你打电话时她**正在接受**大夫的**检查**。

F. 现在完成体的被动语态

表示被动的动作发生在说话之前，强调对现在造成的影响和结果；或者被动的动作开始于过去，持续到现在，并可能持续下去。根据语义需要，可翻译为"已经被……"。

a. 现在完成体的被动语态的形式

肯定句：sb./ sth. + have / has been + done...

否定句：sb./sth. + have / has not been + done...

一般疑问句：Have / Has + sb. / sth. + been + done...?

特殊疑问句：特殊疑问词 +have / has + sb. / sth. + been done...?

例如：

① Out classroom **has been cleaned**. There is no need to clean it again. 我们的教室已经**打扫过了**，现在没有必要再打扫了。

② Until now, his work **hasn't been finished** yet. 目前为止，他的工作**还没做**完。

③ The complaint **has been withdrawn**. 投诉已经**被撤回**了。

G. 过去完成体的被动语态

表示过去某一时间以前已经完成的被动性动作，常和 by the end of / by / before + 过去的时间点连用。

a. 过去完成体的被动语态的形式

肯定句：sb./ sth. + had + been + done...

否定句：sb. / sth. + had not been + done...

一般疑问句：Had + sb. / sth. + been + done...

特殊疑问句：特殊疑问词 + had + sb. / sth. + been + done...

例如：

① The door **had been opened** before I came close to it. 在我靠近之前，门就**被打开了**。

② **Had** the task **been finished** before 12 yesterday? 昨天 12 点前，任务**完成了吗**?

H. 将来完成体被动语态

将来完成体被动语态表示从现在看将来某一时间之前完成的被动性动作。

a. 将来完成体被动语态的形式

肯定句：sb. / sth. + shall / will + have been + done...

否定句：sb. / sth. + shall / will not + have been + done...

一般疑问句：Shall / Will + sb. / sth. + have been + done...

特殊疑问句：特殊疑问词 +shall / will + sb. / sth. + have been + done...

例如：

① The project **will have been completed** by the end of next July. 项目会在明年七月底**完成**。

② My work **will have been finished** before you arrive tomorrow. 明天你到之前，我的工作就**做完了**。

主动语态转化的特殊情况

A. 情态动词的被动语态

句子中如果含有情态动词 can、could、may、might、must 等，变被动语态时，情态动词不变，只将它后面的及物动词变为被动语态即可。

a. 情态动词的被动语态的形式

肯定句：情态动词 +be + 过去分词

否定句：not 放在情态动词后

一般疑问句：情态动词提前，放在特殊疑问词之后。

例如：

① The problem **may be solved** in a number of different ways. 这个问题**可以**用不同的方法**解决**。

② The exhibits in the museum **mustn't be touched**. 博物馆的展品**禁止被触摸**。
③ **Can** these boxes **be stored** flat? 这些箱子**可以平**放吗?

b. 其他

多数情态动词后可以使用动词完成体，即"情态动词 + have done"，和过去的动作或事件相关，可以表示过去的推测。

例如：

① The lighter **may have caused** the explosion. 打火机**可能引起了**这场爆炸。

● 注意：例句①可以变为被动语态，其基本结构为"情态动词 + have been done..."。

即：

② The explosion **may have been caused** by the lighter. 这场爆炸**可能是由**这个打火机**引起的**。

B. 动词短语的被动语态

有些动词相关短语在变为被动语态时，不可以省略其中任何部分。

例如：

① We should **pay more attention to** the teenagers. 我们应该**更多关注**青少年。

→ The teenagers should **be paid more attention to** by us. 青少年应该**得到更多关注**。

C. 动词后面出现两个动作对象

有的动词后面会出现两个动作对象，例如 give、send、show、lend、refuse。这些动词后边一般有两个动作对象。

例如：

① He gave **me a book**. 他给了**我一本书**。

　　　　　　间接对象　直接对象

"动词 + 间接对象 + 直接对象"结构改为被动时，可以将间接对象作为被动句的主语。

例如：

① The teacher **gave** me a book.

→ I **was given** a book by the teacher. 老师**给了**我一本书。

② I **bought** a blouse for her.

→ She **was bought** a blouse (by me). 我给她**买了**一件衬衫。

③ We **left** him some cake.

→ He **was left** some cake (by us). 我们给他**留了**一些蛋糕。

也可以将直接对象作为被动句的主语，但需要用 to 或 for 引出原句的间接宾语。

例如：

① The teacher **gave** me a book.

→ A book **was given** to me (by the teacher). 老师**给了**我一本书。

② His father **made** him a kite.

→ A kite **was made** for him (by his father). 他的父亲给他**做了**一个风筝。

③ I **bought** a blouse for her.

→ A blouse **was bought** for her (by me). 我给她**买了**一件衬衫。

④ We **left** him some cake.

→ Some cake **was left** for him (by us). 我们给他**留了**一些蛋糕。

D. 感官类动词和使役动词的被动语态

包含感官类动词、使役动词，如 hear、see、make 的主动语态时，如果基本结构为"动词＋动作对象＋动词原形"，变为被动语态时，动词原形前要加上表示不定式的 to。

例如：

① He **saw** a stranger enter the hall.

→ A stranger **was seen to** enter the hall. 他**看到**一个陌生人走进大厅。

② They **made** him tell them everything.

→ He **was made to** tell them everything. 他们**让**他说出了一切。

③ Someone **saw** him steal something from the room.

→ He **was seen to** steal something from the room. 有人**看到**他从房间里偷走了什么东西。

E. 双重被动句

当句子结构"动词＋sb.＋to do sth."变为被动语态时，有两种变化。

> 不简单的简单句

变化一：将动词的动作对象 sb. 提前到句首作主语。

例如：

① She **asked** us to discuss the problem at once.

→ We **were asked** to discuss problem at once. 她**让**我们立刻讨论这个问题。

② We **persuaded** her to help him.

→ She **was persuaded** to help him. 我们**劝**她帮他一把。

变化二：将 to do 后边的动作对象提到句首作主语，to do 变成了 to be done。此时，句子中出现了两个被动结构，句子被称为双重被动句。

例如：

① She **asked** us to discuss the problem at once.

→ The problem **was asked** to be discussed by us at once. 她**要求**我们立刻讨论这个问题。

② We **persuaded** her to help him.

→ He **was persuaded** to be helped by her. 我们**说服**她帮助他。

③ The teacher **often asks** the children to do too much homework.

→ Too much homework **is often asked** to be done by the children. 老师**经常让**孩子们做太多的家庭作业。

F. 表示主观判断和想法的动词的被动语态

表示主观判断和想法的动词有 consider、believe、know、recognize、report、say、think 等，它们的被动结构为：sb. / sth. + be + 动词过去分词 +done+to do sth...。这个被动语态结构可以被理解为是将此类动词后边的宾语移至主语位置，将此类动词变为被动语态结构（be + 动词过去分词），而原来宾语后边起补语作用的不定式短语依然保留为原形。

例如：

① The good weather **is expected** to last another week. 好天气**有希望**再持续一周。

② The pandemic **is thought** to be under control. 大流行病**被认为**得到了控制。

③ She **was said** to have succeeded in developing the vaccine. 据**说**她成功研发了疫苗。

④ He **was considered** to be authority in this field. 他**被认为是**这个领域的权威。

主动语态不能转化为被动语态的情况

A. 单独的不及物动词

单独的不及物动词如 appear、happen 等，不能用于被动语态。

例如：

① I am afraid this incident may **occur** during my absence. 我担心这件事会在我不在的时候**发生**。

② As reported in the newspaper, a severe traffic accident **happened** this morning. 据报纸报道，今天早晨**发生**了一起严重的交通事故。

③ I can't find my keys anywhere. They completely **disappeared**. 我在哪都找不到我的钥匙。它们彻底**消失了**。

B. 表示情况或状态的动词

表示情况或状态的动词如 lack、cost、fit、belong to、weigh 等，也不能用于被动语态。

例如：

① This woolen coat **fits** you well.（√）

　You are fitted well by this woolen coat.（×）这件毛呢外套很**适合**你。

② The coat **costs** me 100 dollars. 这件外套**花了**我一百块。

③ We won't hire her because she **lacks** work experience. 我们不会雇佣她，因为她**没有**工作经验。

④ This house **belongs to** me. 这座房子是**属于我的**。

C. 动作对象表示地点、处所、团体或组织

当动作对象表示地点、处所、团体或组织时，动词不能用作被动语态。这些动作对象虽然从语法结构来看是谓语动词宾语，但是从语义来看则是主语动作发生的环境或范围。

例如：

① We will **leave London** tomorrow morning. 明天早晨我们要**离开伦敦**。

② Tomorrow, I want to **enter culinary school**. 明天，我想**去烹饪学校**。

③ You can **join my team**. 你可以**加入我的队伍**。

D. 动作对象是反身代词或相互代词

当动作对象是反身代词或相互代词时，也不用被动语态。

例如：

① Why don't you **learn from each other**? 你们为什么不**相互学习**？

② You should **take care of yourself** out there. 你在外边要**照顾好自己**。

③ They **found themselves** to be bankrupt. 他们**发现自己**破产了。

中动结构

中动结构形式上表现为"主语（非人）+（动词＋副词）"，它在形式上是主动形式，但在语义上为被动含义。中动结构的主语多是表示非人的名词，是谓语动词动作的受事者；谓语动词是主动形式的及物动词；副词与动词密切连接用来描述主语的特点、性状或功能，一般不能省略。中动结构具有非事件性，只凸显主语的属性。

例如：

① Porcelain breaks easily. 瓷器很容易打碎。

例句①中 porcelain "瓷器" 并不能主动做出 break "打碎" 的动作，而是该动作的承受者。但是此处 breaks 却是主动语态，和副词 easily 一起凸显了 porcelain "易碎" 的特性，这句话就是中动结构。

② The book reads easily. 这本书很容易读。

③ The car handles smoothly. 这辆车开起来很平稳。

与动词结合使用的副词多表示"容易、好操作"等通过动词动作体现主语性质、特点等含义。但是在个别情况下，副词也可以省略，或由含动词在内的其他要素替代。

例如：

① This coat buttons, but that one zips. 这件大衣是系扣的，但那一件是拉锁的。

例句①省略副词。

② The meat doesn't cut. 这肉没切开。

例句②的否定副词 not 替代副词。

③ The umbrella folds up. 伞折起来了。

例句③的副词是 up。

④ The steak cut like butter. 牛排切起来像黄油。

例句④的介词短语 like butter 替代副词。

（5）动词的语气（Mood）

谓语动词用不同的形式表达说话人的意图、看法和态度，这种不同的形式被称为语气（Mood）。语气分为陈述语气、祈使语气和虚拟语气。

陈述语气

陈述语气是用来陈述一个事实，或提出一种看法，有肯定、否定、疑问、感叹等形式。使用陈述语气的句子有陈述句、疑问句、感叹句等。

例如：

① The spring is coming. 春天要来了。

② He didn't learn it well. 他学得不好。

③ Is this seat taken? 这个座位有人吗？

④ What do you do? 你做什么工作？

⑤ What a great day! 多么好的一天啊！

祈使语气

祈使语气用来表示请求、要求、建议、命令、警告或劝告等意图。使用动词祈使语气的句子被称为祈使句，由于大多数用于发布命令，所以也被称为命令句。祈使语气的构成为动词原形短语，如果是否定式，则要用助动词 do 加 not 放在句首，一般 do not 要合并为 don't。

例如：

① Don't be late. 不要迟到。

② Open the door, please. 请开门。

> 虚拟语气

虚拟语气用来表示说话人所说并非事实,而是一种可能性很小或者不存在的假设,或表示愿望、意图、建议;客气、谦虚、委婉等。

例如:

① I wish I could fly. 我希望我会飞。

例句①内含"其实不会飞"之意。

> A. 假设条件虚拟语气

a. 假设条件虚拟语气

假设条件虚拟语气是指由 if 引导的假设条件句使用虚拟语气的情况,在虚拟的假设条件下,表示结果的主句一般也用虚拟语气。

由于过去时不仅指时间上的距离感,同时也表示与客观事实或情感上的距离感,而虚拟语气表达的正是与客观事实相反或不符的内容,所以,英语中使用过去时来表示这种与客观事实的距离感。因此,虚拟语气可理解为在陈述语气的基础上将时间向过去倒退一步,变为过去。

过去完成	一般过去	过去将来	一般现在	一般将来
		虚拟 ←		陈述
	虚拟 ←		陈述	
虚拟 ←		陈述		

假设条件虚拟语气中与各时间情况相反的虚拟动词形式如表 2-4(以动词 do 或者 be 为例)所示。

表 2-4 假设条件虚拟语气句型

虚拟假设时间	虚拟假设条件句	结果主句
与过去事实相反	If + 主语 + had done	主语 +should / would / could / might + have done
与现在事实相反	If+ 主语 + did / were	主语 +would / should/ could/ might + do
与将来事实相反	If+ 主语 + { did / should do / were to do }	主语 +would / should / could / might + do

例如：

① If I were you, I would accept his advice. 如果我是你，我会接受他的建议。

表示与现在事实相反。

② If it rained/should rain/were to rain tomorrow, I would stay at home. 如果明天下雨，我会待在家里。

表示与将来事实相反。

③ If you had studied hard before, you would have passed the exam. 如果你以前好好学习，你会通过考试的。

表示与过去事实相反。

b. 错综时间虚拟语气

当从句主句所表示的行为所发生的时间不一致时，动词的形式要根据它所表示的时间做出相应的调整。

例如：

① If you had followed my advice **just now**（过去）, you would be much better **now**（现在）. 如果你**刚才**听我的建议，你**现在**就会好很多。

② If you had studied harder **before**（过去）, you would be a college student **now**（现在）. 如果你**过去**努力学习，**现在**就会成为一名大学生。

c. 省略 if 的条件从句倒装

if 从句中如果有 were、had（完成时态标志）、should，可以把 if 省略，将 were、had 或者 should 放在句首构成倒装结构。但是，如果有否定词 not，not 则不能前置。该用法常用于较为正式的语体中。

例如：

① If it were not for the heavy fog, the plane would have taken off on schedule.

→ Were it not for the heavy fog, the plane would have taken off on schedule. 要不是因为浓雾弥漫，飞机就会按预定时间起飞。

② If I had not seen him then I would not have been so happy.

→ Had I not seen him then, I would not have been so happy. 如果当初没有遇到他，我不会这么幸福。

③ If it should/were to rain tomorrow, I would stay at home.

→ Should it / Were it to rain tomorrow, I would stay at home. 如果明天下雨，我就待在家。

d. 含蓄条件虚拟语气

有时条件虚拟语气的条件不是由 if 引导的从句表达，而是由介词词组或上下文等表达的，这样的虚拟语气称为含蓄条件虚拟语气，在虚拟语气中，并不总是出现 if 引导的条件句，而通过其他手段代替条件句。

常用的有介词 with、without、but for；连词 or、but；副词 otherwise；等等。

例如：

① I was ill that day. **If I hadn't been ill that day**, I would have taken part in the sports meeting. 那天我病了。**如果那天我没有生病**，我就参加运动会了。

→ I was ill that day. **Otherwise**, I would have taken part in the sports meeting. 我那天生病了。**否则**，我会参加运动会的。

② He telephoned to inform me of your birthday, **if he hadn't telephoned to inform me of your birthday**, I would have known nothing about it. 他打电话告诉我你的生日，**如果他没有打电话告诉我你的生日**，我就什么也不知道了。

→ He telephoned to inform me of your birthday, **or** I would have known nothing about it. 他打电话告诉了我你的生日。**否则**，我是一无所知。

③ I should have given you more help, **but I was too busy**. 我应该多帮你一把，**但是我太忙了**。

例句③中的 but I was too busy 与假设 if I weren't so busy 相反。

④ What would you do **if you had a million dollars**?

→ What would you do **with a million dollars**? **如果你有一百万美元**，你会用它干什么?

⑤ **If it hadn't been for your help**, we couldn't have finished the work ahead of time.

→ **Without / But for your help**, we couldn't have finished the work ahead of time. **没有你的帮助**，我们不可能提前完成工作。

B. 授意型虚拟语气

含有命令、建议、要求、请求等意义的宾语从句、主语从句或同位语从句中也要使用虚拟语气，被称为授意型虚拟语气（mandative subjunctive）。因为这些从句表达的是说话人心中希望实现的主观意愿，但同时也存在远离现实、难以实现的情况。因此这种愿望与现实空间之间存在距离，附着虚拟特征，所以使用虚拟语气。使用授意型虚拟语气的从句，谓语动词的结构一般为"should+ 动词原形"的形式，其中，should 可以省略。

  a. 含有命令、建议、要求等意义的动词后的宾语从句

例如：

  ① The teacher insisted that **we (should) be** in his office at 5 o'clock. 老师坚持让**我们**五点钟到他的办公室去。

  ② The general ordered that **his troops retreat** from the frontline. 将军命令**部队**从前线**撤退**。

  ● 注意：

引导虚拟语气宾语从句的动词有 advise、agree、decide、demand、insist、move、order、prefer、propose、request、require、suggest 等表示意见、建议、请求、恳求、命令、要求等的动词。

当 suggest 表示"表明、暗示"等意思时，其后的宾语从句不用虚拟语气，而使用陈述语气。

例如：

  ① Her pale face **suggested** that she was ill. 她脸色苍白，**表明**她生病了。

  ② The teacher **suggested** that she should be sent to hospital. 老师**建议**立刻把她送到医院。

当 insist 表示"坚持说、坚持认为"时，其后的宾语从句不用虚拟语气，而使用陈述语气。

例如：

  ① He **insisted** that he hadn't stolen the money. 他**坚称**自己没有偷钱。

  ② He **insisted** that he should be set free immediately. 他**坚持要求**立刻把自己放了。

  b. 使用虚拟语气的同位语从句或表语（主语补足语）从句

引导使用虚拟语气从句的名词表示意见、建议、请求、恳求、命令、要求等含义，它们有 decision、advice、demand、instruction、order、insistence、proposal、requirement、resolution、suggestion 等。

例如：

  ① **My request** of you is that you (should) be punctual.（表语从句）

   我**只要**你准时到。

  ② **Instructions** are issued that the war prisoners (should) be released.（同位语从句）

   释放所有战犯的**命令**已经下达。

③ I made **a suggestion** that he (should) go there at once.（同位语从句）

我**建议**他立刻去那儿。

④ It is the committee's **decision** that the meeting (should) be put off until next Friday.（同位语从句）

委员会**决定**会议延至下星期五举行。

c. "It is + 过去分词 +that 从句"中的虚拟语气

当"It is + 过去分词 +that 从句"结构中的过去分词是表示意见、建议、请求、恳求、命令、要求等含义的动词转化而来时，that 从句（主语从句）中的谓语也要使用虚拟语气结构。该结构可以理解为是动词后跟宾语从句的被动语态结构，即宾语从句本应前置为主语从句，但因结构较长外置句尾，主语位置用形式主语 it 填充。

例如：

① It is **suggested** that the meeting (should) be put off till next week. 有人**建议**会议应推迟到下周举行。

② It is **demanded** that the committee (should) reconsider its decision. 人们**要求**委员会重新考虑它的决定。

d. "It is + 形容词 +that（主语）从句"中的虚拟语气

当"It is + 形容词 +that（主语）从句"结构中的形容词表示可能、适当、较好、迫切、紧急、重要、惊讶等含义时，that 从句（主句从句）中的谓语也要使用虚拟语气结构，表示在说话人的角度对 that 从句的内容进行评价。这些形容词如下。

表示恰当、适合、喜悦：natural, appropriate, best, advisable, preferable, better, desirable,...

表示迫切、紧迫、重要：necessary, important, imperative, urgent, essential, vital, crucial, compulsory, ...

表示可能：probable, possible, ...

表示惊讶：strange, incredible, odd, shocking,...

表示遗憾：regrettable, unfortunate, embarrassing, irritating, misfortunate,...

例如：

① It is **essential** that the new technique (should) be introduced. 引进新工艺**很重要**。

② It's **appropriate** that he (should) get the reward. 他**应该**得到奖赏。

③ It's **strange** that you (should) say such a thing. 你能说这种话，真**奇怪**。

④ It's **misfortunate** that she (should) have made such a mistake. 她犯了这样的错误，真是**不幸**。

C. 方式状语从句中的虚拟语气

as if / as though 后接的方式状语从句内容如果表达非真实或不可能发生的情况时，从句谓语使用虚拟语气。

● 注意，从句谓语动词的时态变化以主句谓语为参照：从句谓语如果与主句谓语同时发生，从句谓语则用虚拟语气现在时；从句谓语如果先于主句谓语发生，从句谓语为虚拟语气过去时；从句谓语如果比主句谓语晚发生，从句谓语则为虚拟语气将来时。（从句谓语以 do/ be 为例）

表示与现在事实相反，从句谓语用 did / were。

表示与过去事实相反，从句谓语用 had done。

表示与将来事实相反，从句谓语用 would / could / might + do

例如：

① He talked about the accident as if he had seen it. 他说起那起事故，仿佛亲眼看到过一样。

例句①中从句动作先于主句动作发生。

② I feel as if my heart were bursting. 我感觉心脏要爆炸了。

例句②中从句动作将要发生：进行体表示将来要发生的动作。

③ She treated me as if I were her son. 她对待我好像亲生儿子一样。

例句③中主从句动作同时发生。

④ She acted as if she had never met me before. 她表现得好像从来没见过我似的。

例句④中从句动作先于主句动作发生。

若表示的确有某种可能（尤指天气），也可不用虚拟语气。

例如：

① Look! The clouds are gathering. It looks as if it's going to rain. 看！云堆积起来了，好像天要下雨。

D. "It is (high / about) time that 从句"结构

It is (high / about) time 后的关系从句（定语从句）使用虚拟语气。

"It is (high / about) time that 从句"结构表示 it is time to do something that should have been done a long time ago，即"是时候做（但还没做）……"或"早该做（但没有做）……"，从句使用虚拟语气，表示说话人认为在说话时，从句的动作就应该"发生"或"在进行中"，但是实际上并未发生，或者还未开始。该结构中谓语动词用过去时或者should do...，that 在从句中作状语（相当于 at this time，但几乎不与 when 互换），可以省略。

总结上述结构为：It is (high / about) time (that) sb. **did** / **should do** / **was (were) doing**... "……是时候**做**……了"。

例如：

① It is high time you turned over a new leaf. 现在该是你改过自新、重新做人的时候了。

② It was high time that she faced the facts. 她是时候面对现实了。

③ It is high time that government reconsidered how it is going to deal with the drug problem. 政府是时候考虑解决毒品问题了。

④ It's about time we should have lunch. 我们该吃午饭了。

● 注意：以下例句表明 "it's high time that 从句"结构使用时也存在例外情况。偶尔，"it's (high) time that"从句也可以使用陈述语气，但不建议考试学生使用。

例如：

① It is **high time** the institution **builds** a system of counterchecking the documents and visas it issues.

是时候需要这个机构**建立**一个系统复核其签发的文件和签证了。

例句①中从句谓语是陈述语气一般现在时。

It is high time that the ballet teachers behind the famous skaters **are recognized for their contributions**.

现在是时候**认可**这些著名滑冰运动员背后芭蕾老师们为**他们作出的贡献**了。例句从句是陈述语气现在时被动语态。

有时候，that 从句的谓语动词存在直接使用动词原形的情况，也可以理解为从句谓语部分省略了助动词 should（传统理论认为从句中 should 不能省略，但是如果不能省略，这样的例外情况无法解释）。

例如：

① I would suggest that it is high time that the federal jurisdiction **follow** it as well.

我想说，现在是时候让联邦司法部门也**遵循**这一原则了。

例句①中的从句主语 the federal jurisdiction 是单数第三人称，但是谓语动词 follow 则保持原形。

E. wish 后的宾语从句和 if only 后的条件从句

如果 wish 表达的愿望没有实现的可能或可能性很小，从句使用虚拟语气；if only 后的从句一般都使用虚拟语气，表达一种强烈遗憾或者是与现实情况不符的愿望。

● 注意：从句谓语动词的时态变化以主句谓语为参照。从句谓语如果与主句谓语同时发生，从句谓语则用虚拟语气现在时；从句谓语如果先于主句谓语发生，从句谓语为虚拟语气过去时；从句谓语如果比主句谓语晚发生，从句谓语则为虚拟语气将来时。（从句谓语以 do/ be 为例）

表示与现在事实相反，从句谓语用 did / were。

表示与过去事实相反，从句谓语用 had done / could have done。

表示与将来事实相反，从句谓语用 could / would / might do。

例如：

① I wish that he could visit us tomorrow. 我希望他明天就来看我们。

② I wish we were together now. 我希望我们现在就能在一起。

③ I wish we had watched movie together last night. 我希望昨晚我们在一起看电影。

④ If only you had followed my advice! 如果你听了我的建议就好了。

⑤ If only I were a bird and could fly in the sky! 如果我是一只小鸟，能在天空飞翔就好了！

⑥ If only they could leave us alone! They are so annoying here. 如果他们能让我们单独待着多好！他们在这儿真是太烦人了。

F. would rather 等短语后的从句

would rather / would sooner / would just as soon 等短语后边一般直接跟不带 to 的不定式动词（动词原形），表示"宁愿……"，但是如果后边跟宾语从句，则表示"某人宁愿让另一个人做某事"，此时从句要用虚拟语气，谓语动词用过去时或过去完成体。

表示对现在或将来的愿望谓语用 did / were

表示对过去的愿望谓语用 had done

例如：

① I'd rather Jack left on an earlier train. 我宁愿杰克能坐早一班的火车离开。

② "Shall I open the window?" "I'd rather you didn't." "要我打开窗户吗？" "我希望你别开。"

③ Where would you rather I slept? 你希望我睡在哪儿？

④ Tim would sooner I returned his camera. 蒂姆希望我能把他的相机还给他。

⑤ I'd just as soon you didn't take those important papers with you. 我希望你不要随身带着这些重要的文件。

⑥ I'd rather he hadn't been present. 我真希望他当时不在场。

G. whether 引导让步状语从句中的虚拟语气

在 whether 引导的让步状语从句中，存在谓语使用虚拟语气的情况，即谓语动词使用动词原形，没有数、人称、时态和体的变化。Whether 后从句的虚拟语气表示了说话人认为无论条件如何，都不影响主句谓语动作的发生。

a. 自然语序中的虚拟语气

例如：

① After all, all living creatures live by feeding on something else, whether it be plant or animals. 毕竟，所有的生物都得靠吃东西才能生存，无论植物还是动物。

② Whether she invite me or not, I still will attend her wedding. 无论她有没有邀请我，我都要去参加她的婚礼。

③ Whether they be roses from the garden or lilies from the field, my wife loves fresh flowers. 我的妻子很喜欢鲜花，无论它们是花园里的玫瑰还是田野里的百合。

b. 倒装语序的虚拟语气

在上述虚拟从句中，如果谓语结构是 be 动词原形，可以将 whether 省略，把 be 放在主语前边构成倒装。

例如：

① All matter, whether it be gaseous, liquid, or solid, is made up of atoms.

→ IAll matter, be it gaseous, liquid, or solid, is made up of atoms. 所有物质，无论是气态、液态或是固态，都是由原子构成的。

② Whether she be right or wrong, she will get my unswerving support.

→ Be she right or wrong, she will get my unswerving support. 无论她是对还是错，

都会得到我坚定不移的支持。

Ⅱ 动词短语

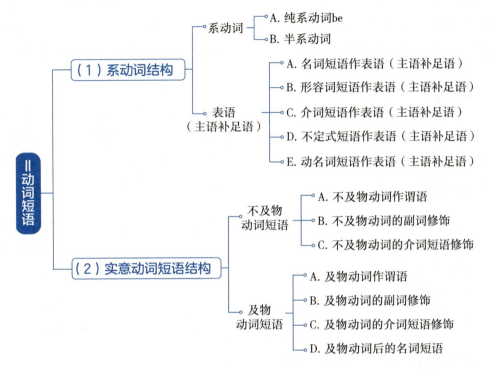

作为谓语结构的核心部分，动词短语相对于助动词部分结构更加复杂。简单句中谓语部分的动词短语一般可以分为系动词结构和实意动词短语结构。系动词结构一般是用来表示主语的状态，而实意动词短语结构一般表示主语发出的动作。

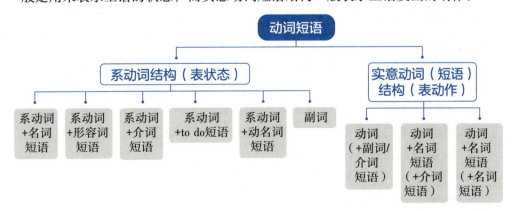

> 不简单的简单句

(1) 系动词结构

系动词结构是由系动词后边加上其他形式的非动词短语构成的结构，一般我们把跟在系动词后边的结构称为表语，所以系动词结构也通常被称为系表结构。在现代语法中，表语也被认为是对主语进行的补充说明，所以也被称为主语补足语。如果要了解系表结构，我们先来了解一下什么是系动词。

系动词

系动词也称联系动词，本身有词义，但意义不完整，不能单独使用，后面需要跟名词、形容词、某些副词、介词短语或动词不定式短语等，说明描述对象的状况、性质、特征等情况。根据用法，系动词可以分为两种：纯系动词和半系动词。

A. 纯系动词 be

纯系动词是只能作系动词的动词，也叫状态系动词，后面可以跟名词、形容词、副词（多表示地点、方位）、介词短语、动词不定式短语，一般用于描述主语的特征、状态或身份。

a. 纯系动词 be 的变化形式

表示现在时，be 的形式：am, is, are

表示过去时，be 的形式：was, were

表示现在分词，be 的形式：being

表示过去分词，be 的形式：been

例如：

① He is a teacher. 他是一位老师。

例句①中系动词 is 后跟名词短语 a teacher "一位老师"。

② The doctor is not in. 医生不在。

例句②中系动词 is 后跟副词 in（表示地点、方位的副词只能跟在纯系动词后边作表语或主语补语）。

③ Your job is to help me. 你的工作是帮助我。

例句③中系动词 is 后跟不定式短语 to help me "帮助我"。

④ The door is closed. 门是关着的。

例句④中系动词 is 后跟形容词 closed "关着的"。

⑤ The cup is on the kitchen table. 杯子在厨房桌子上。

例句⑤中的系动词 is 后跟介词短语 on the kitchen table "在厨房桌子上"。

B. 半系动词

半系动词是既能作实意动词又能作系动词的动词。

a. 感官系动词

感官系动词即表示人的感觉的系动词 look、sound、smell、taste、feel。

大多数情况下感官系动词后边接形容词。如：This fabric feels soft. "这种织物摸起来柔软。" The idea sounds great. "这个主意听起来不错。"

个别情况下，感官系动词后也可以加名词，此时感官系动词就是具有实际含义的及物动词。如：Stop stretching your leg if you feel any pain. "如果感到疼痛，就不要伸展腿了。"

感官系动词 smell 和 taste 后加名词时，系动词和名词中间用介词 like 或 of 连接。后接 like 时表示"闻起来像……""尝起来像……"；后接 of 时，表示"闻起来有……的味道""尝起来有……的味道"。

例如：

① The coffee **tastes like** dishwater. 咖啡**喝起来像**泔水。

② The chips **taste like** chicken. 薯片**尝起来像**鸡肉。

b. 表象系动词

表象系动词描述人和事物的表象，主要有 seem、appear、look，意思是"看起来、似乎"。

例如：

① The baby **seems** (to be) hungry. 宝宝**似乎**是饿了。

look、appear、seem 三者虽然都有"看起来"的意思，但是意思上还是有差别的。appear 指从表面看似乎如此，有时含不符合实际的感觉；seem 指对某事物的判断虽不很肯定，但有一定的依据，可能性比 appear 大；look 比 appear 含有较多真实性，侧重外观。

例如：

① He **appears** quite old, but he is only 20 years old. 他**看起来**很老，但他只有20岁。

② The baby **seems** hungry, because he is crying all the time. 宝宝**好像**饿了，因为他一直在哭。

③ She **looked** very nervous. 她**看起来**很紧张。

> 不简单的简单句

表象系动词 seem、appear 能用两种否定形式，一种是借助助动词，另一种是后面接 not。

例如：

① Your idea **doesn't seem** to work.

→ Your idea **seems not** work. 你的主意**好像不**起作用。

c. 持续系动词

表示描述对象继续或保持某种身份、特征或状态，有 keep、stay、remain、stand 等，后面接表示状态的形容词。当然，这些系动词还有实意动词的一些特征，在问句中需要借助助动词。

例如：

① Why **do** you **keep** silent at the meeting? 你为什么开会时**保持**沉默？

② The candle **keeps** burning until the fire is out. 蜡烛**一直**燃烧到熄灭。

③ Don't panic. **Stay** calm and be silent please. 别慌，请**保持**冷静。

d. 变化系动词

变化系动词是表示描述的对象从一种状态转换到另一种状态的系动词，主要有 become、get、go、grow、turn 等。

● become 比较正式，主要指暂时性的身心变化或永久性的自然变化。

例如：

① After years of efforts, he finally **became a famous scholar**. 多年的努力之后，他**最终成为了一位著名的学者**。

② On hearing the news, he **became angry**. 一听到这个消息，他**非常生气**。

● get 比 become 更加口语化，表示"逐渐变得……"，是一种变化过程，常接形容词的比较级。

例如：

① As spring is coming, it's **getting warmer and warmer**. 春天来了，天气**越来越暖和**。

② We have to run, because the rain is **getting heavier**. 我们必须要跑了，因为雨**越下越大**。

● go 往往是变成不好的状态，也可以表示颜色的变化。

例如：

① Don't tell him the news, otherwise, he would **go mad**. 不要告诉他这个消息，否

则他会**非常生气**。

② He started to **go grey** in his forties. 他四十多岁头发就**开始白了**。

● grow 强调变化需要经历一定过程，如 grow tired、grow old、grow quiet 等。

例如：

① It began to **grow dark**. 天开始**变黑了**。

② The young girl is **growing old** as time went by. 随着时间的流逝，年轻的小女孩**年纪越来越大了**。

● turn 多接表示颜色的形容词，也可以接表示天气的形容词。

例如：

① The flowers **turned red** in summer. 花在夏天**变红了**。

② The weather **turns cold** in winter. 冬天天气**变冷了**。

● 注意：turn 后边接单数名词时，名词前通常不用不定冠词，意思是"成为"。

例如：

① He finally **became a doctor**.

= He finally **turned doctor**. 他最后**成了医生**。

e. 终止系动词

终止系动词表示描述对象已终止动作，主要有 prove、turn out，表示"结果是……"。prove 往往表示得到**预期结果**；turn out 往往是**出乎意料的结果**。

例如：

① The operation **proved** a complete success. 这个手术**果然**大获成功。

② This news **turns out** to be false. 这一则新闻**竟然**是假的。

表语（主语补足语）

表语用于说明句子主语的身份、特征、性质和状态等信息，也称为主语补足语。表语（主语补足语）紧跟在系动词后边，二者联系紧密，被称为系表结构。简单句中可以用来作表语的词汇有名词（短语）、形容词（短语）、介词短语、不定式短语和动名词短语。

A. 名词短语作表语（主语补足语）

例如：

> 不简单的简单句

① Ruth and Thelma are **my best friends**. 露丝和西尔玛是**我最好的朋友**。

B. 形容词短语作表语（主语补足语）

例如：

① Our slogans and characters are **more than memorable**. 我们的口号和人物**非常令人难忘**.

② His performance is **rather disappointing**. 他的表现**很让人失望**。

例句②中的 disappointing 是现在分词形容词化了，所以被当作形容词来用。

③ The news is **exciting**. 这个消息**振奋人心**。

例句③中的 exciting 是现在分词形容词化了，所以被当作形容词来用。

C. 介词短语作表语（主语补足语）

例如：

Finding a job is **like finding a match when dating**. 找工作就**像约会找对象一样**。

D. 不定式短语作表语（主语补足语）

例如：

The organization's mission is **to identify a select number of public issues**. 该组织的使命是**确定一定数量的公共问题**。

E. 动名词短语作表语（主语补足语）

例如：

① My job is **teaching English**. 我的工作是**教英语**。

② My cat's favorite activity is **sleeping**. 我的猫喜欢**睡觉**。

形容词化的现在分词和动名词作表语的区别：动名词作表语（主语补足语）可以和主语调换位置，而形容词化的现在分词则不能。因为形容词作表语（主语补足语）与主语之间是修饰关系，而动名词作表语（主语补足语）和主语之间是对等关系。

例如：

③ **My job** is teaching English.

 = **Teaching English** is **my job**.

如前文例句 The news is exciting. 改为 Exciting is the news. 是错误的，形容词不

能作主语。

(2) 实意动词短语结构

不及物动词短语

A. 不及物动词作谓语

不及物动词可以直接跟在主语后边作谓语。

例如：

① The movie **had begun**. 电影**开始了**。

② He **is living**. 他**活着**。

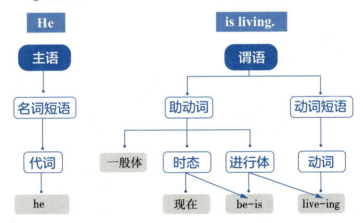

B. 不及物动词的副词修饰

不及物动词作谓语可以由副词来修饰。

例如：

① The movie had **already** begun. 电影**已经**开始了。

② He is **still** living. 他**还**活着。

在例②这个句子中，副词 still 修饰谓语部分的动词 living，在句子中被称为状语。

不简单的简单句

C. 不及物动词的介词短语修饰

不及物动词作谓语可以由介词短语来修饰。

例如：

① He is still living **with his mother**. 他还**和他母亲**一起生活。

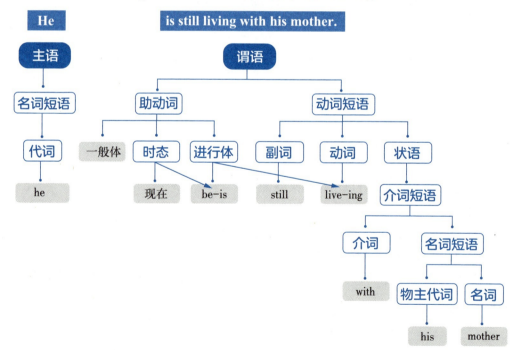

在例句①中，介词短语 with his mother 修饰谓语部分的动词 living，在句子中被称为状语。

及物动词短语

A. 及物动词作谓语

及物动词作谓语时，后边一般要跟一个名词性短语将及物动词含义补充完整。例如：

① He **painted a picture**. 他画了一幅画。

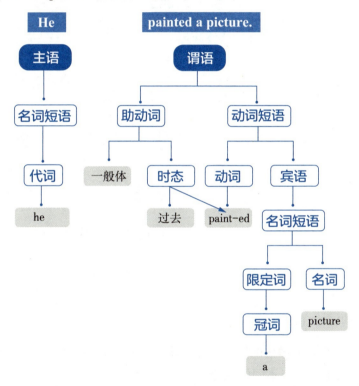

在例句①中，painted 作为及物动词，后边跟了一个名词短语 a picture，把 painted 的动作意义补充完整。这个名词短语在句子中被称为宾语。

B. 及物动词的副词修饰

及物动词短语也可以用副词来修饰。

不简单的简单句

例如：

① He painted a picture **wholeheartedly**. 他**全心投入地**画了一幅画。

在例句①中，谓语部分中副词 wholeheartedly 修饰动词 painted，在句子中被称为状语。

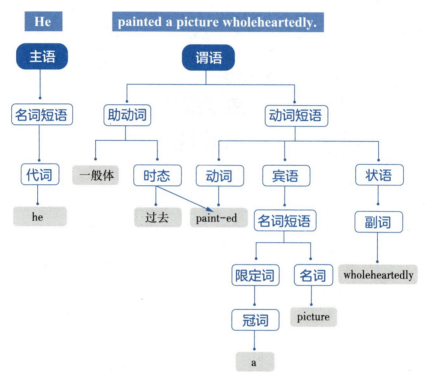

C. 及物动词的介词短语修饰

及物动词后跟名词短语的同时也可以跟一个介词短语。但是介词短语根据修饰对象的不同在句子中充当不同的成分。

例如：

① He examined the surface **of the picture** carefully. 他认真地检查**画的**表面。

第二讲　简单句的结构

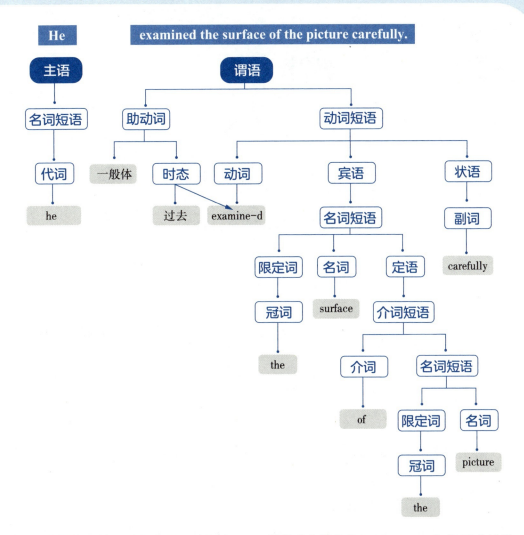

　　在例句①中，介词短语 of the picture 修饰名词短语 the surface，在句子中被称为定语。

　　但是，有时候谓语部分的介词短语修饰谓语动词部分，此时介词短语在句子中就被称为状语。

　　例如：

　　② She examined herself closely **in the mirror**. 她**在镜子前**仔细地审视自己。

不简单的简单句

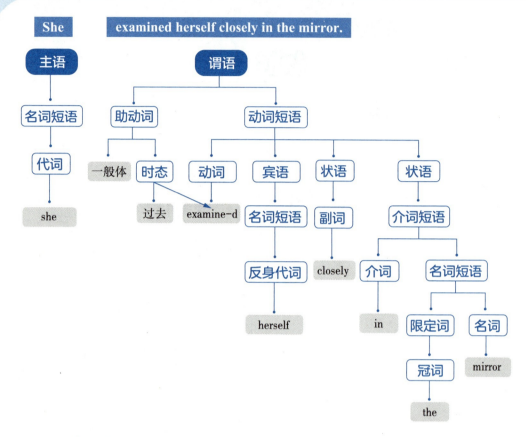

在例句②中，谓语部分中介词短语 in the mirror 修饰动词 examined，在句子中被称为状语。

D. 及物动词后的名词短语

有时，及物动词后边除了跟一个名词或名词短语外，后边还可以再跟一个名词或名词短语。它们根据指称不同，在句子中充当不同的成分。

例如：

① We elected him **our new leader**. 我们选他作为**我们的新领导**。

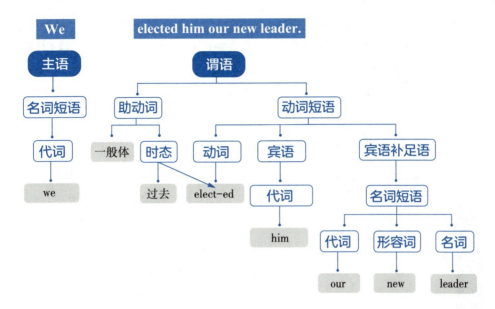

在例句①中，谓语部分中动词 elected 后边跟了代词 him 和名词短语 our new leader。him 在句子中为 elected 的宾语，而名词短语 our new leader 是对 him 进行的补充说明，被称为宾语补足语。

② Later in the year, she'll assign the students **research paper**. 年末，她要给学生布置**研究论文**。

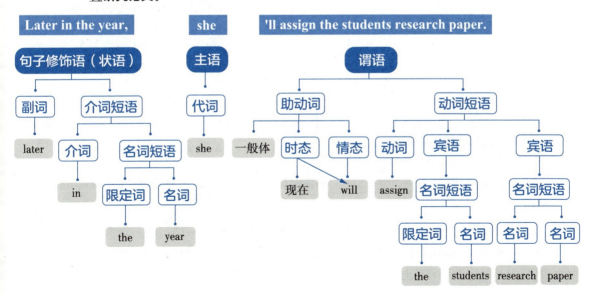

> 不简单的简单句

在例句②中，谓语部分中动词 assign 后边跟 the students 作宾语，另一个名词短语 research paper 也是 assign 的施动对象，所以也是 assign 的宾语。这句话的时态是情态动词 will 的现在时表示"将要发生"的含义。

Ⅲ 非谓语动词

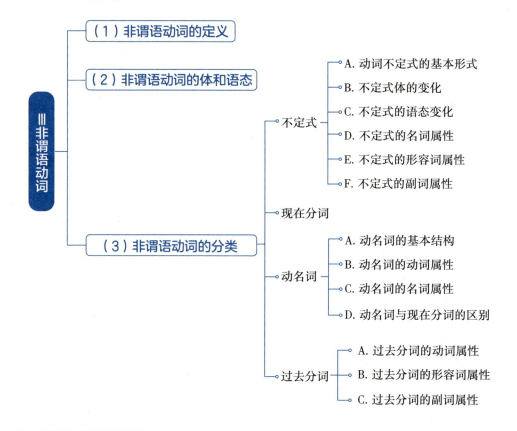

(1) 非谓语动词的定义

动词根据形态不同，可以分为**限定动词**（finite verb）和**非限定动词**（non-finite verb）。

限定动词是在句子中与主语在人称和数上保持一致的动词，同时也受到时态和语气的限制，例如动词过去时、现在时、单数第三人称、进行体、完成体、一般体等形式。限定动词在陈述句中单独作谓语或在谓语部分的第一个位置。

非限定动词是不受人称和数限制的动词形式，不能单独作谓语动词。如果在谓语动词短语中，不能位于动词短语的首位。非限定动词包括分词、动名词、不定式。非限定动词没有时间上的变化，但有体和语态的变化。

例如：

① She **calls** her mother every day. 她每天都给她妈妈**打电话**。

例句①中的限定动词 calls 单独作谓语且有单数第三人称标记。

② She **is calling** her mother right now. 她现在**正在**给她妈妈**打电话**。

例句②中的限定动词为现在时的 is，且有单数第三人称标记；非限定动词为现在分词形式的 calling。

③ She **has called** her mother. 她已经给她妈妈**打过电话了**。

例句③中的限定动词为现在时的 has，且有单数第三人称标记；非限定动词为过去分词的 called。

④ The Council **requires** that every member **attend** at least one meeting per year. 国会**要求**每一位成员每年至少**参加**一次会议。

例句④中的限定动词为现在时的 requires，且有单数第三人称标记；限定动词为现在时的 attend，其中的虚拟语气标记 should 省略。

上述例句中，非限定动词在谓语动词短语中跟在限定动词后与限定动词一起构成了谓语部分的动词短语。但是，这些非限定动词也可以放在句子的其他位置充当其他成分。

例如：

① **Calling** her mother every Sunday has been a routine for Mary. 每周日给妈妈**打电话**成了玛丽的惯例。

例句①中的非限定动词 calling 为动名词作主语。

② **Having called** her mother, Mary went to work. 给妈妈**打完电话**，玛丽去上班了。

例句②中的非限定动词 having called 为现在分词短语作状语，且为完成体，没有人称变化标记。

③ I am glad **to see** you. **见到**你很高兴。

例句③中的非限定动词 to see 为不定式短语作补语。

④ I regret **having started to smoke**. 我很后悔**开始抽烟**。

例句④中的非限定动词 having started 为现在分词短语作宾语，且为完成体，跟在限定动词 regret 后；非限定动词 to smoke 为不定式短语作宾语，跟在非限定动词 having started 后。

⑤ This will be the last cigarette **to be smoked** tonight. 这是今晚**要抽的**最后一支烟了。

例句⑤中的非限定动词 to be smoked 为不定式被动语态作定语，没有人称和数的变化。

通过以上例句可知，非限定动词在句子中充当谓语动词之外的其他成分，例如主语、状语、宾语、补语、定语等成分时，我们可以将这些非限定动词称作**非谓语动词**，包括不定式、现在分词、过去分词、动名词。非谓语动词在句子中充当其他成分时，没有人称和数的变化。

(2) 非谓语动词的体和语态

非谓语动词含有不定式、动名词、现在分词和过去分词。它们虽然没有时间变化，但是有语态变化，同时它们在句子中还有相对谓语动词所处状态的变化，即一般体、完成体、进行体和完成进行体，如表 2-5 所示。

表 2-5　非谓语动词的体和语态

非谓语动词	语态	一般体	完成体	进行体	完成进行体
不定式	主动	to do	to have done	to be doing	to have been doing
	被动	to be done	to have been done	—	—
动名词	主动	doing	having done	—	—
	被动	being done	having been done	—	—
现在分词	主动	doing	having done	—	—
	被动	being done	having been done	—	—
过去分词	主动	—	done	—	—
	被动	done	—	—	—

第一，非谓语动词在句子中作除了谓语外其他句子成分，例如主语、宾语、宾语补足语、表语、定语、状语等。

第二，非谓语动词主动或被动语态的使用取决于它与自己逻辑主语的关系。所谓**逻辑主语**，即非谓语动词动作的施动者或者受动者。

非谓语动词作状语，如果非谓语动词的逻辑主语是非谓语动词动作的发出者，非谓语动词使用**主动语态**。

例如：

① When the clock stroke twelve, I turned off the light and went to bed.

→ **The clock striking** twelve, I turned off the light and went to bed. 时钟敲响了十二点，我关了灯上床睡觉了。

例句①中的 the clock 和 strike 为主动的主谓关系，故转换后 the clock 为逻辑主语，striking 使用现在分词形式。

② Because his friends will come tonight, he is busy preparing the dinner.

→ **His friends to come** tonight, he is busy preparing the dinner. 他的朋友们今晚来，他正在忙着准备晚饭。

例句②中的 his friends 和 come 为主动的主谓关系，故转换后 his friends 为逻辑主语，to come 为不定式。

如果非谓语动词的逻辑主语是非谓语动作的承受者，非谓语动词使用**被动语态**。

例如：

① If we are united, we stand; if we are divided, we fall.

→ **United**, we stand; divided, we fall. 团结则立，分裂则倒。

例句①中的 we 和 united 为被动的动宾关系，故转换后 we 为逻辑主语，united 使用过去分词形式。

如果非谓语动词作定语或宾补，就看被修饰名词与非谓语动词的关系。如果被修饰名词是非谓语动作的发出者，非谓语动词就用主动语态；如果被修饰名词是非谓语动作的承受者，非谓语动词就用被动语态。

例如：

① Those skills that are combined contribute to great testing.

→ **Those skills combined** contribute to great testing. 这些技能结合在一起有助于出色的测试。

例句①中的 those skills 和 combined 为被动的动宾关系，故转换后 those skills 为逻辑主语，combined 使用过去分词形式。

如果非谓语动词在句子中作名词性成分，其逻辑主语有可能是句子的主语，也可能泛指人们等。非谓语动词的体参照谓语动作，如果先于谓语动作发生，则使用完成体。

> 不简单的简单句

例如：

① I regret **having argued** with my mother this morning. 我很后悔今天早晨跟妈妈**争吵了**。

例句①中的逻辑主语 I 和现在分词完成体 having argued 为主动的主谓关系，having argued 先于谓语动作 regret 发生。

② **Formulating foreign phrases** requires the use of grammar skills. **构造外文短语**需要运用语法技巧。

例句②的动名词短语 formulating foreign phrases 的逻辑主语泛指任何一个想要构造外文短语的人。这个"人"是 formulate 的动作发出者，所以使用主动语态。

第三，非谓语动词的体以谓语或引导该非谓语动词的动词动作为参照。如果非谓语动作先于谓语动作发生，则是完成体；如果非谓语动作与谓语动作同时发生，则是一般体。

例如：

① **Having** nowhere to sit, she **stood** in the back of the lecture hall. 无处**可**坐，她只好**站**在讲堂后边。

例句①中的 have nowhere to sit 的动作表示原因，与谓语动作 stood 同时存在，所以使用现在分词的一般体。

② **Having taken** a wrong turn, he **ended up** in a dangerous neighborhood. 由于**转错了**弯，他**来到了**一个危险的地区。

例句②中的 take a wrong turn 的动作先于谓语 end up 动作发生，所以使用现在分词的完成体。

③ I regret **having argued** with my mother this morning. 我很后悔今天早晨跟妈妈**争吵了**。

例句③中的动名词 having argued 动作在谓语动词 regret 之前发生，所以使用完成体。

● **注意**：非谓语动词没有时间变化，所以它不受谓语动词的时间影响。例如例句③，如果 regret 使用过去时，非谓语动词的动作只要是在 regret 之前发生，其形式依然不变。

例如：

① I regretted **having argued** with my mother that morning. 我很后悔那天早晨跟妈妈**争吵了**。

第四，非谓语动词的否定式直接在非谓语动词前加 not。

例如：

① **Not knowing** where to go, I decided to stay here and wait. **不知道**去哪儿，我决定在这儿等着。

② The teacher demanded the students **not to leave** the classroom before the bell rang. 老师要求学生们打铃前**不要离开**教室。

(3) 非谓语动词的分类

不定式

动词中不带词形变化，从而不指示人称、数量、形态的一种形式。其词形不因其他因素发生变化，称为动词不定式。

A. 动词不定式的基本形式

动词不定式的基本形式为"to + 动词原形"。

例如：

① I want **to go** to the party with you. 我想和你一起**去**参加聚会。

在感官动词后的不定式不带 to，表示看或者听了不定式动作的整个过程。

例如：

② I **saw her dance**. 我**看过她跳舞**。

例句②表示看了全过程。

③ I **heard him sing**. 我**听过他唱歌**。

例句③表示听了整个过程。

B. 不定式体的变化

a. 不定式一般体

不定式一般体表示的动作与引导不定式的动词动作同时发生，或在其后发生，结构为"动词 + to do..."。

例如：

① I **hope to see** you again. 我**希望**能**看到**你。

例句①中的 hope 动作先发生，to see 动作后发生。

② He **seems to know** this. 他**好像知道**这件事。

例句②中的 seem 动作与 to know 动作同时发生。

b. 不定式完成体

不定式完成体表示的动作一般发生在引导不定式的动词动作发生之前，结构为"动词 +to have done..."。

例如：

① I'm **sorry to have given** you so much trouble. 我很**抱歉给**你**带来了**这么多麻烦。

例句①中的 give trouble 的动作发生在 be sorry 之前。

② I'm **glad to have had** such a wonderful conversation with you. 我**很高兴跟你进行了**愉快的交谈。

例句②中的 have a conversation 的动作发生在 be glad 之前。

c. 不定式的进行体

不定式的进行体一般表示动作正在进行或者将要发生，结构为"动词 +to be doing..."。

例如：

① He **seems to be eating** something. 他**好像正在吃**东西。

例句①中的 seem 与 eat 动作同步发生。

② He **happened to be sleeping**. 他当时**正好正在睡觉**。

③ They **are said to be coming**. 听说他们**要来**。

④ The danger **is feared to be drawing**. 恐怕危险**正在逼近**。

d. 不定式的完成进行体

不定式的完成进行体一般表示在引导不定式的动词动作之前一直进行的动作，结构为"动词 +to have been doing..."。

例如：

① You **seem to have been writing** for a long time. 你**好像已经写了**很长时间了。

例句①中的 write 动作先于 seem 动作发生，并一直持续到 seem 所指时间。

C. 不定式的语态变化

a. 当不定式的逻辑主语是不定式动作的承受者时，不定式一般使用被动语态，即 to be done。

例如：

① He asked **to be sent** to the countryside. 他要求**被送到**乡下。

例句①中 he 是 send 动作的承受者。

② **I** knew **him to have been caught** by the police. 我知道**他被**警察**抓走了**。

例句②中 him 是 catch 动作的承受者。

③ **He** preferred **to be assigned** something difficult to do. **他**希望能**被安排**难一点的任务。

例句③中 he 是 assign 动作的承受者。

b. 当作后置定语的不定式与修饰的名词是动宾关系（即名词是不定式动作的承受者），同时句子的主语又与不定式动作是主谓关系（即主语是不定式动作的发出者）时，不定式一般用主动形式表示被动含义。可以通过能否将主语、不定式与不定式修饰的名词组合成一个主谓宾结构的句子判断是否使用不定式主动形式表示被动关系。

例如：

① **I** have many **difficulties** to **overcome**. 我有很多**困难**要**克服**。

例句①中主语 I 和 overcome 为主谓关系，overcome 和 difficulties 为动宾关系，I、不定式 to overcome 和不定式修饰的名词 many difficulties 可以组合成主谓宾结构的句子 I overcome many difficulties. "我克服了许多困难。"

② **I** want **a book** to **read**. 我想**读本书**。

例句②中主语 I 和 read 为主谓关系，read 和 a book 为动宾关系，该句中的三个成分可组合成主谓宾结构 I read a book. "我读了一本书。"

③ **We** have **a broken car** to be **repaired**. 我们有**一辆坏了的汽车**需要（别人）**修理**。

例句③中，repair 和 a broken car 为动宾关系，we 不是 repair 的逻辑主语，无法与 car 和 repair 组合成主谓宾结构，所以不定式使用被动语态。此时 repair 的动作发出者不是句子的主语，而是其他未被提及的人。

c. 当句子中谓语动词跟双宾语，同时直接宾语后跟不定式时，如果间接宾语是不定式动作的发出者（即主谓关系），而直接宾语是不定式动作的承受者（即动宾关系）时，不定式可以用主动形式表示被动意义。此时可以通过能否将直接宾语、不定式和间接宾语组合成主谓宾结构的句子进行判断。

例如：

① My mum bought **me a book** to **read**. 妈妈给**我**买了**本书**来**读**。

例句①中间接宾语 me 和 read 为主谓关系，read 和 a book 为动宾关系，句中 me、to read、a book 可以组合为 I read a book. "我读了一本书。"

不简单的简单句

② I will show **you the right path** to take. 我会告诉**你要走哪条路**。

例句②中间接宾语 you 和 take 为主谓关系，take 和 the right path 为动宾关系，句中 you、the right path、to take 可以组合为 You take the right path. "你选择了正确的道路。"

动宾关系 solve a series of problems

③ He showed us **a series of problems** to be **solved**. 他给我们展示了**一系列**需要**解决的问题**。

例句③中的 solve a series of problems 可以构成动宾关系，问题由未提及的其他人解决，而非 us，所以 us 和 solve 之间不构成主谓关系，不能和 problem 和 solve 组成主谓宾结构，因此不定式 solve 使用被动语态。

d. 在 there be 句型中，修饰主语的不定式用主动和被动皆可，口语多用主动。若不定式有自己的逻辑主语，要用主动式，不用被动式。

例如：

自己做　别人做

① There is much work to do / to be done this week. 本周有很多工作要做。

主谓关系 I do, me 是 to do 的逻辑主语

② There is much work for me to do this week. 本周我有很多工作要做。

例句②中 me 是 to do 的逻辑主语，可构成主谓关系 I do...。

e. 表语为表示看法或感受的形容词，如 easy、difficult、hard、simple、dangerous、convenient、pleasant、interesting、healthy、awkward 等，其后作状语的不定式与句中主语有逻辑上的动宾关系时，不定式用主动。因为这种句子是说话者从自己的主观角度，以自己对句子主语施以动作的感受为判断依据，有说话者为不定式动作发出者的隐含结构，所以说话者与不定式构成主谓结构，如果要在句子中体现出该结构则可以使用 for me。

例如：

① **The question** was difficult (for **me**) to **answer**. 这个问题（对**我**来说）很难**回答**。

例句①中 the question、me 和 answer 可以组合成一个主谓宾结构的句子：I answer the question.。由此判断，不定式应用主动形式表示被动。

② **The machine** is impossible (for **me**) to **repair**. 这个机器（对**我**来说）不可能**修好**。

例句②中 the machine、me 和 repair 可以合成一个主谓宾结构：I repair the

machine。由此判断，不定式应该用主动形式表示被动。

f. 表语为描述主语的人或物所具有的特性的形容词，如 good、strong、heavy、clear、rough、valuable、smooth、sleepy、attractive、beautiful、thin、bright 等，其后作状语的不定式与句中的逻辑主语呈动宾关系时，该不定式要用主动式，不用被动式。因为这种句子也是说话者从自己的主观角度进行的性质描述，以自己对句子主语施以动作的感受为判断依据，含有说话者为不定式动作发出者的隐含结构，所以说话者与不定式构成主谓结构，如果要在句子中体现出该结构则可以添加 for me。

例如：

① **The sofa** is comfortable (for **me**) to **sit in**. 沙发（对**我**来说）**坐起来**很舒服。

例句①中，the sofa、me 和 sit in 可以组合成主谓宾结构：I sit in the sofa。由此可判断，不定式应使用主动形式表示被动。

② **The box** is too heavy (for **me**) to **carry**. 盒子（对**我**来说）太重**搬**不动。

例句②中，the box、me 和 carry 可以组合成一个主谓宾结构：I carry the box。由此可判断，不定式应使用主动表示被动。

g. 少数作表语的不定式，如 to blame、to let、to do 等，尽管与句中主语有动宾关系，常用不定式主动表示被动。

例如：

① You are not **to blame** for what happened. 发生的事不该**怪你**。

② These small houses are **to let** at a low rent. 这些小房子**将**以低廉的租金**出租**。

③ A lot remains **to do**. 还有很多事情**要做**。

D. 不定式的名词属性

不定式短语可以在句子中作主语、宾语等名词性成分。

例如：

① **To eat more fruits daily** is the first thing you should do. **每天多吃水果**是你应该做的第一件事。

例句①中不定式短语 to eat more fruits daily 在句子中作主语。

② Doctor forbade me **to eat fat**. 医生不让我**吃肥肉**。

例句②中不定式短语 to eat fat 在句子中作宾语补足语。

③ He wants **to go to Uganda** tomorrow. 他想明天**去乌干达**。

例句③中不定式短语 to go to Uganda 在句子中作宾语。

E. 不定式的形容词属性

不定式可以作为定语修饰名词，但是通常要放在名词后边。

例如：

① He is the first one **to enter the room**. 他是第一个**进房间**的人。

② He is the best man **to choose**. 他是最好的**选择**。

不定式可以放在 be 动词后边，表示下指令或说明未来的安排。

例如：

① You are **to wait here** until I return 你要**在这儿等**到我回来。

② They are **to be married** next month. 他们下个月**结婚**。

F. 不定式的副词属性

不定式短语可以修饰谓语动词短语，表示目的、原因、结果等含义。

例如：

① She got braces **to straighten her teeth**. 她用牙套**矫正牙齿**。（目的）

② She was shocked **to receive an award for being nosey**. 她**因为爱管闲事而得奖励**，为此她感到很震惊。（原因）

现在分词

形式为动词加上 ing，即 V-ing，表示主动或者正在进行的动作，也表示与句中谓语动词同时或几乎同时发生的动作。

例如：

① She is in the kitchen, **cooking dinner for us**. 她在厨房**为我们做饭**。

例句①中 cooking 就是现在分词，与 be in the kitchen "在厨房" 的动作同时发生。

现在分词的完成体为 having+ 过去分词，表示主动及该动作已经先于谓语动词的动作发生或者已经完成，即现在分词是否使用完成形式，其参照对象是谓语动词。如果现在分词动作先于谓语动作发生，则用完成形式；如果现在分词动作与谓语动作同时发生，则使用一般形式。

例如：

① **Having worked hard all day**, I went to bed early. **辛苦工作一整天**，我早早上床睡觉了。

例句①中，having worked 就是现在分词的完成形式，表明"工作"完成后，再"上床睡觉"，即分词动作先于谓语动作发生。

② **Having done the shopping**, we went to Starbucks for a cup of coffee. **购物之后**，我们去星巴克喝了杯咖啡。

现在分词否定式为在现在分词前加 not。

例如：

① **Not having done it well**, I tried again. **由于没做好**，我又试了一次。

现在分词还有形容词属性：

现在分词可以用于修饰句子中的名词性成分。

例如：

① **The barking dog** wake up the neighborhood. **吠叫的狗**把邻居们吵醒了。

② **The growing population** needs more resources. **不断增长的人口**需要更多的资源。

现在分词还具有副词属性：

现在分词短语可以用于修饰句子、句子中的谓语部分或定语。

例如：

① Solve the questions **using what I have taught you**. **用我教你的知识**解决问题。

例句①中的 using what I have taught you 作副词性成分，表示方式，修饰谓语 solve the questions。

动名词

与现在分词的结构完全相同，即动词后加 ing 形式。动名词既有动词属性，又有名词属性。

A. 动名词的基本结构

动名词的基本结构为动词后加 ing。表示的动作与谓语动作同时发生，或者表示一般性动作，即不明确表示发生的时间。

例如：

① The machine has stopped **running**. 机器停止**运转**了。

例句①中动名词 running 表示没有明确时间的动作。

② The fuel begins **burning**. 燃料开始**燃烧**。

例句②中动名词 burning 表示与 begins 同时发生。

不简单的简单句

B. 动名词的动词属性

动名词有体的变化，其完成体为 having done，表示动作发生在谓语动词所表示的动作之前。

例如：

① I'm sorry for **having wasted your time**. 很抱歉**浪费了你的时间**。

例句①中 having wasted 动作发生在 be sorry 动作之前。

动名词后可以跟动作承受者，即宾语。

例如：

① After **reading the novel**, I went to bed. **读完小说**后，我上床了。

例句①中 the novel 是动名词 reading 动作的承受者。

动名词可以由副词来修饰。

例如：

① Would you mind **speaking slowly**? 您能**说慢一点**吗？

例句①中副词 slowly 修饰动名词 speaking。

动名词有被动语态。

例如：

① We all are brothers and I for one appreciate their pain and feelings of **being unappreciated for their service**. 我们都是兄弟，我理解他们的痛苦，也理解他们的**服务不被赏识**的感觉。

例句①中动名词短语被动语态 being unappreciated for their service 作介词 of 的补语。

C. 动名词的名词属性

动名词可以作定语修饰名词，一般表示被修饰名词的用途。

例如：

① I saw him reading in the **reading** room. 我看到他正在**阅览**室读书。

② Where is the **fitting** room? **试衣**间在哪儿？

动名词可以放在介词之后。注意，to 既可以用于不定式，后跟动词原形，也可以作介词，后接动名词。

例如：

① I am looking forward to **meeting** you soon. 我希望很快就能**见到你**。

② I really object to **being charged** for **parking**. 我反对**停车收费**。

③ The students objected to **increasing** the tuition fees. 学生们反对**增加学费**。

④ You will soon get used to **living** in this place. 你很快就能适应这个地方的**生活**。

动名词可在及物动词之后作宾语或宾语补语。常与动名词连用的动词有 admit、avoid、enjoy、finish、keep 等。

例如：

① I **enjoy playing** tennis. 我**喜欢打**网球。（宾语）

② I am sorry to have **kept** you **waiting**. 抱歉**让你久等了**。（宾语补语）

③ He was careful enough to **avoid making** mistakes. 他很小心，**避免犯错**。（宾语）

④ The suspect finally **admitted committing** the theft. 嫌疑人最终**承认犯**了盗窃罪。（宾语）

动名词位于系动词之后时，可以说明主语的身份、性质、品性、特征和状态，表示比较抽象、习惯性动作。

例如：

① My job is **collecting** information. 我的工作是**收集**信息。

D. 动名词与现在分词的区别

动名词和现在分词都可以用于系动词之后。

动名词和主语指的是同一件事，通常把动名词和主语的位置互换，语法和意思不变。

例如：

① My job is **writing** articles.

→ **Writing** articles is my job. 我的工作是**写**文章。

现在分词主要用来说明主语的性质，不能与主语互换位置。

② The story is **boring**.

→ Boring is the story.（×）这个故事很**无聊**。

例句②中 bore 的现在分词 boring 主要用来说明"这个故事"的性质，不能与主语互换位置。

动名词和现在分词都可以修饰名词。

动名词主要表示名词的用途，动名词和它修饰的名词可以改为"名词＋介词＋动名词"；而现在分词主要表示名词的性质、状态或者动作，分词和名词不能改为

不简单的简单句

"名词+介词+分词"形式，但是可以改为"名词+定语从句（从句谓语：进行体和主动语态）"。

例如：

① He is regarded as a **walking** dictionary. 他被认为是**活字典**。

此处 walking 表示的是 dictionary 的动作，不能改为 the dictionary for walking，但是可以改为名词加定语从句的结构，即 the dictionary that is walking，所以 walking 属于现在分词。

② I saw him reading in the **reading** room. 我看见他在**阅览**室读书。

reading 表明了 room 的功能，可以改为 the room for reading 的结构，所以 reading 属于动名词。

过去分词

动词的过去分词在句子中表示被动（及物动词）或者动作已经完成（不及物动词）。

A. 过去分词的动词属性

过去分词与助动词 be 和 have 结合构成被动语态和完成体。

例如：

① The window **is broken** by the naughty boy. 窗户被一个淘气的男孩**打破了**。

② The door **is closed** by mom. 门被妈妈**关上了**。

③ Everything **has gone**. 一切**都过去了**。

④ I **have completed my paper** already. 我已经**完成论文**了。

B. 过去分词的形容词属性

动词的过去分词可以用在系动词后，说明主语的状态、感受等。这时，过去分词大都已经形容词化。

例如：

① The window **is broken.** 窗户**破了**。

② I **feel** very **disappointed**. 我**感到**非常**失望**。

③ The shops have **remained closed** for a month. 商店已经**关了**一个月了。

过去分词可以作定语修饰名词。

单个过去分词修饰名词时，常放在名词之前。如果是及物动词过去分词修饰名词，通常表示被动；如果是不及物动词过去分词修饰名词，一般表示动作已经完成。

例如：

① a **broken** glass

→ a glass that **is broken** 打破的杯子

② **fallen** leaves

→ the leaves that **have fallen** 落叶

③ a **retired** worker

→ a worker who **has retired** 退休工人

单个过去分词作定语修饰的名词如果是不定代词，例如 something、anything、nothing 等，或者指示代词 this、that、these、those 时，过去分词通常放在被修饰名词后边。

例如：

① There is **nothing changed** here. 这儿**什么都没有变**。

② Among **those invited** to the conference are some prestigious scholars. 在那些**受邀参会的人**中有一些是知名学者。

a. 动词过去分词短语作定语

动词过去分词短语作定语修饰名词时，要放在名词后。

例如：

① He showed the students some old maps **borrowed from the library**. 他给学生们看了**从图书馆借来的**旧地图。

例句①中动词过去分词短语 borrowed from the library 作定语来修饰名词 old maps，置于名词后。

② Don't use phrases **known only to people with specific knowledge**. 不要使用**只有具备专业知识的人才懂的**短语。

例句②中动词过去分词短语 known only to people with specific knowledge 作定语来修饰名词 phrases，置于名词后。

b. 结构 have sth. done

在结构 have sth. done 中，过去分词作宾语补足语来表示被动，对 sth. 进行进一步补充说明，表示"完成某事、遭遇某事、请／让别人做某事"。

例如：

① You must **have the room cleaned** right away. 你必须立刻**把房间打扫干净**。

② I **had my hair cut**. 我**去理发了**。

③ She **had her bike stolen**. 她的**自行车被偷了**。

c. 感官动词 +sb. / sth. + 过去分词

在此结构中，过去分词作宾语补足语来表示被动，对感官动词后的名词宾语进行补充说明。

例如：

① I've **heard him criticized** many times. 我**听到他挨批**很多次了。

② I've **heard the song sung** in English. 我**听到有人用英语唱过这首歌**。

C. 过去分词的副词属性

过去分词可以在句子中起到修饰谓语或给主语提供补充信息的作用，发挥状语功能。

例如：

① **Shaken**, he walked away from the wrecked car. 他**吓了一跳**，从撞坏的汽车旁走开了。

例句①中过去分词 shaken 作状语，表示主句主语 he 被吓到的状态。

② The church, **destroyed by a fire**, was never rebuilt. 这座教堂**被大火烧毁**，再也没有重建过。

例句②中过去分词短语 destroyed by a fire 作状语，表示原因。

③ **Used in this way**, participles can make your writing more concise. **用这种方式**，分词可以使你的写作更简洁。

例句③中过去分词短语 used in this way 作状语，表示条件"如果"。

④ **Worried by the news**, she called the hospital. **听到这个消息，她很担心**，给医院打了电话。

例句④中过去分词短语 worried by the news 作状语，表示原因。

2.2 简单句的血肉：补充和修饰成分

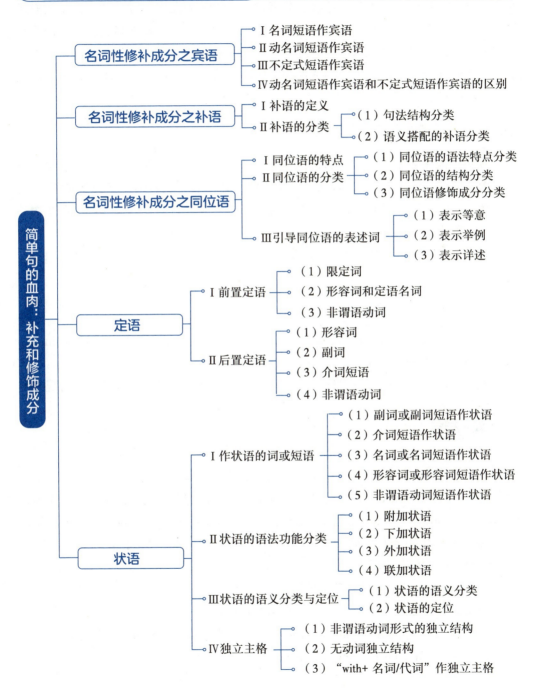

不简单的简单句

简单句除了主干结构以外，还需要使主谓结构信息丰满的补充修饰成分，比如宾语、补语、定语、状语等。这些成分就像一个躯体的血肉一样，和骨架结构有机结合，形成一个内容完整、含义清晰、信息丰满的句子。根据充当这些成分的词汇不同的词性，可以将这些修补成分分为名词性修补成分（宾语、补语、同位语）、形容词性修补成分（定语）和副词性修补成分（状语）。以下内容将对这三个部分进行详细解释。

2.2.1　名词性修补成分之宾语

在英语简单句中，名词或名词性短语除了可以在句子中作主语以外，还可以跟在及物动词或介词后作宾语。现代语法认为由于介词后要跟名词才能表达完整含义，因此介词后的名词性成分被称作宾语。这一节主要讲解名词或名词性短语在及物动词后作宾语的用法。

在简单句谓语部分中，及物动词后的宾语可以由名词短语、动名词短语和不定式短语来充当。

Ⅰ　名词短语作宾语

一般情况下，谓语部分及物动词后跟一个名词短语作宾语。如 He painted a picture. 这个句子中，a picture "一幅画"就是谓语动词 painted "画"的宾语。

但是谓语动词后还可以出现两个名词短语作宾语的情况，而且这两种情况并不相同。

情况一：

① We elected **him** our new leader. 我们推选**他**作为我们的新领导。

在例句①中，谓语动词 elected "推选"后边既出现了代词 him "他"，又跟了一个名词短语 our new leader "我们的新领导"。其中，代词 him 是 elected 的宾语，而 our new leader 是对 him 进行的补充说明，告知读者选举他成为什么角色，所以 our new leader 与 him 共指同一个人，被称为 him 的宾语补足语。在句子中，宾语补足语始终都在宾语的后边。

② We call **him** John. 我们叫**他**约翰。

例句②中的 him 为宾语，John 为宾语补足语。

③ His brother appointed **him** attorney general. 他哥哥任命**他**为司法部部长。

例句③中 him 为宾语，attorney general 为宾语补足语。

> **情况二：**

④ Later in the year, she'll assign **the students research paper**. 年末，她要**给学生**布置**研究论文**。

在例句④中，谓语动词 assign 后边也出现了两个名词性的短语，一个是 the students"学生"，一个是 research paper"研究论文"。两个名词性短语并非共指一个对象，二者没有直接关系。the students 是谓语动词 assign"布置"的施动对象，是动词的宾语。research paper 是谓语动词 assign"布置"的另一个施动对象，也为动词的宾语。research paper 是 assign 这个动作的直接承受者，称为**直接宾语**；the students 是 assign 的间接施动对象，即接受"被布置的内容"，为**间接宾语**。两个宾语的位置除了间接宾语在直接宾语前以外，还可以调换为直接宾语后跟介词 for 或者 to 再跟间接宾语的结构。即：

Later in the year, she'll assign **the students research paper**.

= Later in the year, she'll assign **research paper to the students**.

年末，她要**给学生**布置**研究论文**。

以上句子结构被称为双宾语结构，从以上例句可以看出，含有双宾语结构的句子特征如下。

（1）谓语动词为表示"传递某一客体"动作的动词。

（2）直接宾语为动词动作的承受者，即被传递的客体，例如物体或者信息等。

（3）直接宾语和间接宾语为两个不同的个体，间接宾语是接受传递动作的另一方，即接受被传递客体的另一个主体，一般多为有行为能力、有生命的个体。

（4）谓语部分中直接宾语和间接宾语的位置可以进行调换，即"动词＋间接宾语＋直接宾语"可调换为"动词＋直接宾语＋to/for＋间接宾语"。

例如：

① He **gave me a book**.

 = He **gave a book to me**. 他**给了我一本书**。

例句①中的 me 是间接宾语，a book 是直接宾语，to 表示"给"动作发出的方向。

② My mother **cooks us dinner** every day.

 = My mother **cooks dinner for us** every day. 我妈妈每天**为我们做饭**。

例句②中的 us 是间接宾语，dinner 是直接宾语，for 表示我妈妈"做饭"的原因。

Ⅱ 动名词短语作宾语

当充当宾语的短语表示一个动作时，如果该动作没有相应的名词形式，可以用动词的动名词形式 doing 来作谓语动词的宾语。

例如：

① She likes **reading detective novels**. 她喜欢**读侦探小说**。

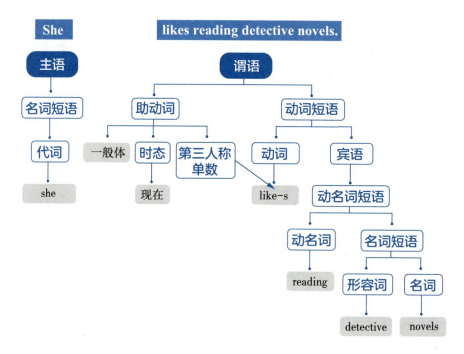

在这个句子中，动名词短语 reading detective novels 由动词短语变形而来，变形后的动名词短语是非谓语形式的一种，可以在句中充当名词性成分。在这句话中，动名词短语 reading detective novels "读侦探小说" 充当谓语动词 likes 的宾语。

② They deny **conspiring together to smuggle drugs**. 他们否认**共谋走私毒品**。

例句②中 conspiring together to smuggle drugs 是一个动名词形式的短语，跟在及物动词 deny 后作宾语。

③ I would normally suggest **taking time off work**, but in this instance I'm not sure that would do any good. 我通常会建议**休假**，但就这个情况而言，我不敢保证休假会有什么好处。

例句③中动名词短语 taking time off work 就是谓语动词 suggest 的宾语。

④ We strongly recommend **reporting the incident to the police**. 我们强烈建议**将此事报警**。

例句④中动名词短语 reporting the incident to the police 是谓语动词 recommend 的宾语。

Ⅲ 不定式短语作宾语

有些动词后如果跟表示将要发生或打算发生的动作时，一般使用非谓语动词的另一种形式——不定式短语作宾语。

例如：

① My mother refused **to go there with us**. 我母亲拒绝**和我们一起去那里**。

在例句①中，不定式短语 to go there with us 跟在及物动词 refused 后边作宾语。

② We aim **to help the poorest families**. 我们的目标是**接济最贫困的家庭**。

例句②中不定式短语 to help the poorest families 是谓语动词 aim 的宾语。

③ He wants **to make a massive cake**. 他想**做一个巨大的蛋糕**。

例句③中不定式短语 to make a massive cake 是谓语动词 wants 的宾语。

动词与不定式之间可以加特殊疑问词，"动词＋特殊疑问词（who、whom、which、how、whether、when 等）＋to do"这个结构可以理解为作动词宾语的疑问从句简化成了不定式短语。

例如：

① I wonder **who to invite**.

= I wonder **who I shall invite**. 我不知道**邀请谁**。

② I don't know **how to start this process**.

= I don't know **how I shall start this process**. 我不知道**如何开始这个过程**。

③ I don't know **whether to answer his letter**.

= I don't know **whether I shall answer his letter**. 我不知道**要不要回他的信**。

Ⅳ 动名词短语作宾语和不定式短语作宾语的区别

动名词短语作宾语讨论动作或行为本身，该行为或动作为普遍意义，不是具体的打算；不定式短语含有 to，具有倾向性，可以表示习惯、风俗或个人的行为偏好或倾向。不定式表示个人行为的偏好或倾向时，比动名词短语的概念更加具体。

例如：

① Just imagine **travelling in a hot air balloon around the world**. 想象一下**乘坐热气球环游世界**。

例句①中动名词短语 travelling in a hot air balloon around the world 是谓语动词 imagine "想象"的宾语，表示"想象"到的一个普遍意义的行为，但不意味着一定要去做这件事。

② I am considering **getting a vaccination to avoid the flu**. 我正在考虑**接种疫苗来预防流感**。

例句②中动名词短语 getting a vaccination 是谓语动词 consider 的宾语，表示正在考虑"接种疫苗"这件事情是否可行，而非将要实施的具体打算，所以没有倾向性。

③ I hate **telling lies**. 我讨厌**撒谎**。

例句③中动名词短语 telling lies 是谓语动词 hate 的宾语，表示说话人针对"撒谎"这件事的明确态度。"撒谎"的动作为普遍含义，泛指一切说谎行为。任何时候自己撒谎或者别人撒谎都是"我"所讨厌的。

④ Do students like **to do their homework on their phones**? 学生喜欢**在手机上做作业**吗？

例句④中不定式短语 to do their homework on their phones 是一个具体的行为，表示学生的偏好。

⑤ Women tend **to live longer than man**. 女性往往**比男性寿命长**。

例句⑤中 tend 本身具有"倾向"的含义，不定式短语 to live longer than man 跟在后边表示规律性的、习惯性的行为倾向。

⑥ I hate **to tell** you the truth. 我不想**告诉**你真相。

例句⑥中不定式短语 to tell you the truth 是一个具体行为，没有泛指含义，只表示说话人此刻不愿意做"告诉真相"这一具体事情的倾向。

动名词表示现在已经发生或者正在发生的动作或状态；不定式一般表示具体要去做的动作，例如计划、打算或结果，有可能发生，也有可能不发生。

例如：

① Why don't you quit **smoking**? 你为什么不戒**烟**？

例句①中动名词 smoking 是谓语动词 quit 的宾语，表示停止正在发生的动作。

② I miss **being a kid and living on a big ranch**. 我怀念**小时候在大牧场的日子**。

例句②中并列结构的动名词短语 being a kid and living on a big ranch 是谓语动词 miss 的宾语，表示怀念已经发生过的事件和经历。

③ I vaguely remember **hearing him come in**. 我隐约记得**听到他进来**。

例句③中动名词短语 hearing him come in 作谓语动词 remember 的宾语，表示记得当时已经发生过的事情。

④ You could try **being a little more encouraging**. 你可以试着**多给人一些鼓励**。

例句④中动名词短语 being a little more encouraging 是谓语动词 try 的宾语，表示"尝试"当下正在做的事情，强调对过程的体验，而非最终要求。

⑤ He didn't plan **to travel in a hot air balloon around the world**. 他不打算**乘坐热气球环游世界**。

例句⑤中不定式短语 to travel in a hot air balloon around the world 是谓语动词 didn't plan 的宾语，表示不打算做尚未做的事情。

⑥ He pretended **to work** very hard. 他假装**工作**非常努力。

例句⑥中不定式短语 to work very hard 是谓语动词 pretended 的宾语，表示"假装"要做但实际未发生的动作。

⑦ Did you remember **to tip the waiter**? 你记得**给服务员小费**了吗？

例句⑦中不定式短语 to tip the waiter 是谓语动词 remember 的宾语，表示"记得"要做的事情，但是否已做不得而知。

⑧ Let's try **to sort out the mess**. 让我们来**收拾一下残局**吧。

例句⑧中不定式短语 to sort out the mess 是谓语动词 try 的宾语，表示努力的最终目标是把残局收拾好，通过 sort 这个动作达到"收拾好残局"的目的。

有些动词后边直接跟动名词作宾语，表示行为或动作本身，不存在具体所指；但是如果出现宾语动作的发出者，此时动名词要变为带 to 或不带 to 的不定式短语，表示宾语动作发出者要做的具体动作或行为。

例如：

① Some doctors advise **setting aside some time each day for relaxation**. 有些医生建议**每天留出一些时间来放松**。

例句①中动名词短语 setting aside some time each day for relaxation 是谓语动词 advise 的宾语，表示建议的内容是一个普遍意义的行为，不针对具体行为实施者。

② The doctor advised him **to set aside some time each day for relaxation**. 医生建议他**每天拿出一些时间来放松**。

例句②中不定式短语 to set aside some time each day 是宾语 him 的补语，表示宾语"他"在将来需要具体实施的行为。

③ We strongly recommend **insuring against sickness or injury**. 我们强烈建议**投伤病保险**。

例句③中动名词短语 insuring against sickness or injury 是建议的内容，为泛指含义，任何人都应该"投伤病保险"。

④ We'd recommend you **to book your flight early**. 我们建议你**早点预订航班**。

例句④中建议的内容 to book your flight early 有具体的实施者 you，所以是说话人针对宾语"你"提出的具体的需要在将来实施的行为。

2.2.2 名词性修补成分之补语

I 补语的定义

补语属于谓语动词或谓语动词短语的依附成分，通常在谓语动词之后，为宾语、主语或其他词性的成分添加信息以实现语义的完整性。

例如：

① We elected him **our new leader**. 我们推选他做**我们的新领导**。

第二讲　简单句的结构

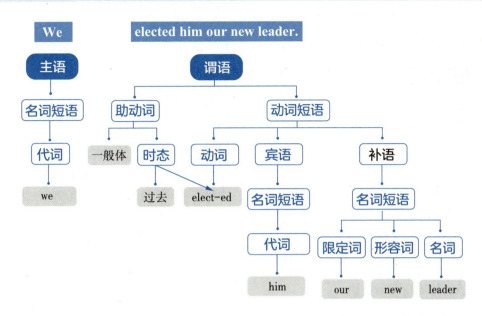

在例句中，谓语动词后有两个名词性成分，代词 him 是谓语动词 elected 的宾语，而后边的名词短语 our new leader 为宾语 him 的补足语，补充说明 him 具体的身份，与 him 共指同一个体。同时，补语 our new leader 为句子中的必要成分，不能省略，否则句子意思不完整。

补语的分类根据角度不同而不同。从句子层面来看，补语作为构成句子的成分之一，可以分为主语补语和宾语补语；从短语层面来看，补语作为语义搭配的补充要素，可以分为形容词补语、动词补语。

Ⅱ　补语的分类

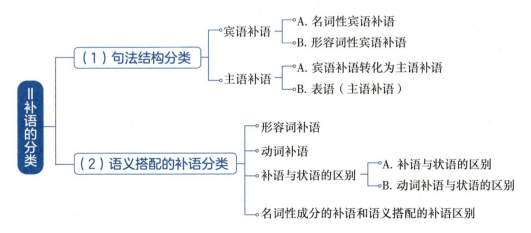

> 不简单的简单句

(1) 句法结构分类

宾语补语

有一类及物动词被称为使役动词（factitive verb），它们后边不仅要跟宾语，同时还要跟对宾语补充说明的补语成分，此时宾语和后边的补语语义上形成"主谓关系"。这类动词也被称为宾补动词。较常用的此类动词有 appoint、designate、assign、elect、choose、call、name、find、judge、prove、think、imagine、deem、consider 等。这些动词后边的宾语要跟名词性短语或形容词性短语作补语，对宾语进行补充说明。

此外，感官动词后边也可以跟宾语和宾语补语。此类动词有 see、listen、hear、watch、notice、observe、feel 等。

A. 名词性宾语补语

a. 名词短语作宾语补语

例如：

① We call him **John**. 我们叫他**约翰**。

② She deemed him **a person of high quality**. 她认为他是**一个素质很高的人**。

③ The school appointed Mr. Smith **principal**. 学校任命史密斯先生为**校长**。

b. 动名词作宾语补语

例如：

① We call this activity **hiking**. 我们把这个活动称为**徒步**。

② How can you call this **working hard**? 你怎么能把这称为**努力工作**？

B. 形容词性宾语补语

a. 形容词短语作宾语补语

例如：

① The jury found the defendant **not guilty**. 陪审团裁定被告**无罪**。

② I think this dress **pretty**. 我认为这条裙子**很漂亮**。

③ The gentle music rendered Jane **quite drowsy**. 轻音乐让简感到**昏昏欲睡**。

b. 分词短语作宾语补语

感官动词后跟现在分词短语作宾语补语，表示正在发生的动作片段。

例如：

① We came across him **lying in the yard**. 我们偶然发现他**躺在院子里**。

② My mother noticed the baby **walking by himself**. 我妈妈注意到婴儿**在自己走路**。

c. 不定式短语作宾语补语

使役动词后跟不定式短语作宾语补语时不带 to；感官动词后加不带 to 的不定式作宾语补语，表示完整的动作过程。

例如：

① We advised him **to play basketball in the park**. 我们建议他**在公园打篮球**。

② We saw him **run out of the building**. 我们看到他**跑出了那座大楼**。

③ I didn't expect you **to approve**. 我没想到你会**同意**。

d. 介词短语作宾语补语

例如：

① I found myself **on an unknown island**. 我发现自己**在一座无名岛上**。

② John put the book **on the table**. 约翰把书放**在桌子上**。

e. 副词作宾语补语

副词作宾语补足语的情况有限，多为方位副词。

例如：

① Let me **out**. 让我**出去**。

② Put your dirty socks **away**. **收起**你的脏袜子。

③ The crowd parted to allow her **through**. 人群向两旁闪开让她**通过**。

例句③中 through 是不定式短语中动词 allow 的宾语 her 的补语。

> 主语补语

主语补语对主语提供必要的补充信息说明，分为由宾语补语被动语态转化而来的主语补语和系动词后的主语补语。

A. 宾语补语转化为主语补语

例如：

① We advised <u>him</u> <u>to play basketball in the park</u>.
　　　　　　　宾语　　　　宾语补语

→ <u>He</u> was advised <u>to play basketball in the park</u> (by us).
　主语　　　　　　　　　主语补语

·125·

不简单的简单句

我们建议他在公园里打篮球。

② The evaluation made **me** **feel ashamed**.
　　　　　　　　　　宾语　宾语补语

→ **I** was made **to feel ashamed** (by the evaluation).
　主语　　　　　主语补语

这个评价让我感到很羞愧。

● 注意：在使役动词 make 或感官动词（see、watch、hear、feel、notice、observe）跟宾语和宾语补足语的结构中，如果宾语补语为不定式，表示完整的动作过程，不定式不带 to；但是，如果该结构改为被动语态，不定式需要保留 to。

例如：

① We **made him tell** the truth.

→ He **was made to tell** the truth. 我们**逼他说**实话。

② Someone **saw him run** out of the building.

→ He **was seen to run** out of the building. 有人**看见他跑**出大楼。

B. 表语（主语补语）

系动词后边的表语也被称为主语补语。由于独立的系动词不能表达完整含义，所以后边必须加上名词短语、形容词短语或其他词性的短语才能补充说明主语的性质、特点、身份等信息。

例如：

① She is **happy**. 她很**快乐**。

例句①中主语补语为形容词 happy。

② My father was **very proud**. 我爸爸感到**很骄傲**。

例句②中主语补语为形容词短语 very proud。

③ The book is **on the table**. 书**在桌子上**。

例句③中主语补语为介词短语 on the table。

④ His motive remains **a mystery**. 他的动机仍是**一个谜**。

例句④中主语补语为名词短语 a mystery。

⑤ Your job is **feeding giraffe**. 你的工作是**喂长颈鹿**。

例句⑤中主语补语为动名词短语 feeding giraffe。

⑥ My watch seems **to have vanished**. 我的手表好像**不翼而飞了**。

例句⑥中主语补语为不定式短语 to have vanished。

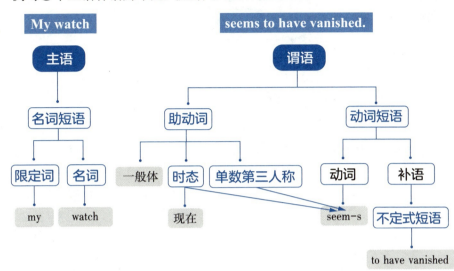

(2) 语义搭配的补语分类

形容词补语

一些形容词在主语补语的结构中虽然实现了句子结构的完整性，但无法表达完整的意义，需要跟一些增补内容来实现语义的完整。这些增补内容就可以成为形容词后边的补语。

例如：

① I am glad **to meet you**. 很高兴**见到你**。

例句①中不定式短语 to meet you 作形容词 glad 的补语。

② The boy is easy **to get along with**. 这个男孩很好**相处**。

例句②中不定式短语 to get along with 作 easy 的补语。

③ Are you afraid **of spiders**? 你害怕**蜘蛛**吗?

例句③中介词短语 of spiders 作 afraid 的补语。

④ The old man was fond **of his grandson**. 这个老人很喜欢**自己的孙子**。

例句④中介词短语 of his grandson 作 fond 的补语。

不简单的简单句

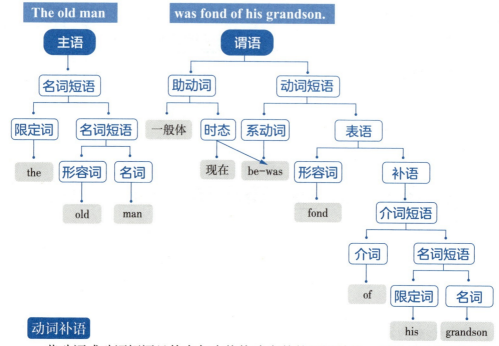

动词补语

一些动词或动词短语虽然在句中能构建完整的谓语结构，但是单独使用依然无法保证意思完整，此时需要一些副词、介词之类的小品词将意思补充完整。

例如：

① The price went **up**. 价格**上**涨了。

例句①中副词 up 作动词 went 的补语。

② He relies **on his parents** for a living. 他**靠父母**生活。

例句②中介词短语 on his parents 作动词 relies 的补语。

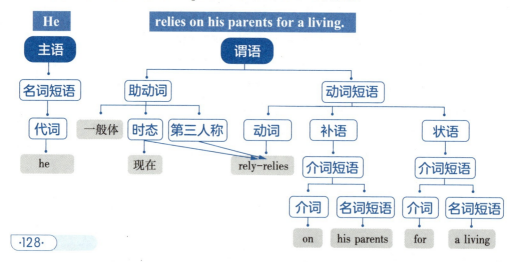

补语与状语的区别

A. 补语与状语的区别

补语是为了实现谓语部分的完整性。没有补语，句子语义不完整。所以补语是句子中的**必备**成分。

例如：

① I found myself **on an unknown island**. 我发现我自己**在一座无名岛上**。

例句①中介词短语 on an unknown island 在句子中作宾语的补语，若省略补语则句子为 I found myself. "我发现我自己。"其语义不完整。

状语修饰谓语或者整个句子；省略状语不改变谓语语义的完整性或者谓语的主要意思，说明状语是修饰性成分的，**不具有必备性**。

例如：

① I found many beautiful shells **on the beach**. 我**在海滩上**发现了很多美丽的贝壳。

例句①中介词短语 on the beach 在句子中作状语，即使省略状语则句子为 I found many beautiful shells. "我发现了很多美丽的贝壳。"其语义依然完整。

B. 动词补语与状语的区别

① The price went **up**. 价格**上**涨了。

例句①中副词 up 是动词 went 的补语，若省略补语则句子为 The price went. "价格变得。"其语义不完整。

② The plane landed **safely**. 飞机**安全**落地。

例句②中副词 safely 是动词 landed 的状语，若省略状语则句子为 The plane landed. "飞机落地了。"其语义依然完整。

名词性成分的补语和语义搭配的补语的区别

简单句中的名词性成分，例如主语和宾语，其补语对其补充说明信息以实现语义的完整性，同时在句子结构中也属于句子层面的构成成分。如果去掉补语，句子不仅语义发生变化，结构也会发生变化。

例如：

① I found the story **interesting**. 我发现这个故事**很有趣**。

→ I found the story. 我发现了这个故事。

例句①中省略补语前，形容词 interesting 作宾语 the story 的补语，整个句子结构为主语＋谓语动词＋宾语＋补语。若句子中去掉了补语 interesting，省略后的句子结构为主语＋谓语动词＋宾语。

不简单的简单句

在固定搭配中，补语只属于短语中的一个成分，不是句子层面的构成要素。去掉补语后，会导致短语的语义不完整，但是不影响句子的结构。

例如：

① I am fond of **music**. 我很喜欢**音乐**。

→ I am fond. 我喜欢。

例句①中省略补语前，介词短语 of music 是主语补语 fond 的补语；句子结构为主语 + 谓语动词 + 主语补语。去掉介词短语后的主语补语 fond 意思不完整，句子结构为主语 + 谓语动词。

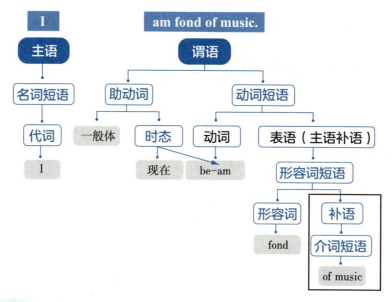

2.2.3　名词性修补成分之同位语

同位语是一种语法关系，由两个位置相邻、所指相同、句法功能相同的语言单位构成，其中一个成分被称为**主体词**，紧挨着它的成分被称为**同位语**。

例如：

① **Mr. Smith**, **our new teacher**, is very kind to us. **我们的新老师史密斯先生**对我们非常好。

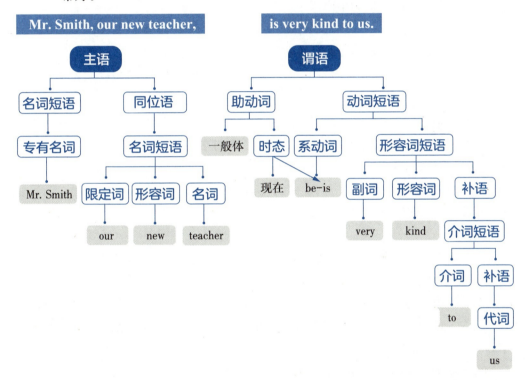

在例句①中，our new teacher 和 Mr. Smith 构成同位语关系，Mr. Smith 是主体词，our new teacher 是同位语。二者位置相邻并置，且所指为同一人，在语义上呈"共指"关系。

Ⅰ 同位语的特点

凡是同位关系，都可以转换为"主表"关系，即两个名词短语中其中一个作主语，另一个作表语（主语补足语），二者用系动词联系。

例如：

不简单的简单句

① **Mr. Smith**, **our new teacher**, is very kind to us.
　我们的新老师史密斯先生对我们非常好

例句①中两个名词短语 Mr. Smith 和 our new teacher 其中一个作主语，另一个作表语（主语补足语），二者用系动词联系，可转化为 Mr. Smith is our new teacher. 或 Our new teacher is Mr. Smith.。

同位语也可以被理解为由主系表结构的非限定性定语从句简化而来，引导从句的关系词替代主体词在从句中作主语。

例如：

① Mr. Smith, **who is our new teacher**, is very kind to us.

→ Mr. Smith, **our new teacher**, is very kind to us. **我们的新老师**史密斯先生对我们很好。

例句①中同位语 our new teacher 可以被理解为由主系表结构的非限定性定语从句简化而来，引导从句的关系词 who 替代主体词在从句中作主语，is 为系动词，our new teacher 为表语。

同位语在数上可以不与主体词一致，但是如果主体词在句子中作主语，谓语要与作主语的主体词保持一致。

例如：

① **Lotteries**, a money-raising device, **are** popular here. **彩票，一种筹款手段**，在这里很受欢迎。

例句①中主语 Lotteries 为复数，a money-raising device 作为同位语为单数，可以不与主体词 Lotteries 一致，但 Lotteries 在句子中作主语，谓语要与作主语的主体词保持一致，故使用 are。

② **They each have** 50 cents. **他们每个人都有** 50 美分。

例句②中主语 They 为复数，each 作为同位语为单数，可以不与主体词一致，但 They 在句子中作主语，谓语要与作主语的主体词保持一致，故使用 have。

同位语的属格要与主体词保持一致，即如果主体词为所有格，同位语也要是所有格形式。

例如：

① You may ask **anyone** here—**him, her or me**. 你可以问这里的**任何人：他、她或我**。

例句①中同位语 him, her or me 的属格与主体词 anyone 保持一致。

② I saw her at **her aunt's—Mrs. Smith's**. 我看到她在**她姑妈史密斯夫人家**。

例句②中主体词 her aunt's 为所有格，同位语 Mrs. Smith's 也是所有格形式。

● 注意：如果主体词和同位语关系紧密，此时将同位语变为所有格形式即可。

例如：

① I want to borrow **your brother Johnson's** bike. 我想借**你哥哥约翰的**自行车。

例句①中 your brother 为非所有格，Johnson's 为所有格。

② **The author Jane Austen's** second novel is *Pride and Prejudice.* **作家简·奥斯汀**的第二部小说是《傲慢与偏见》。

例句②中 The author 为非所有格，Jane Austen's 为所有格。

Ⅱ 同位语的分类

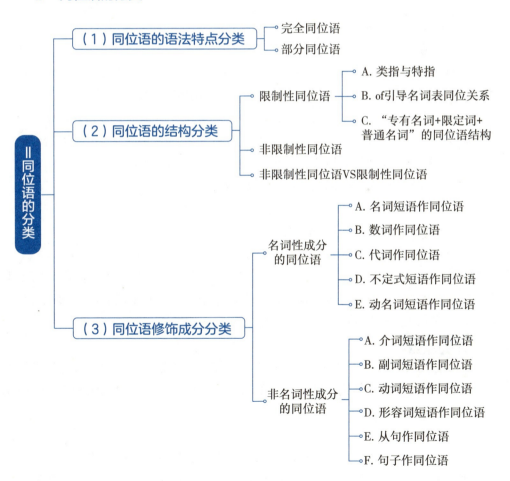

> 不简单的简单句

(1) 同位语的语法特点分类

根据同位关系中主体词和同位语之间共指程度的不同可以将同位语分为完全同位语和部分同位语两类。

完全同位语

同位关系中，主体词和与其并置的同位语共指一类人或物，二者位置可以互换，省略其中一项不影响整句的结构与含义。

例如：

① **My brother, James**, was admitted to Harvard University. **我哥哥詹姆斯**被哈佛大学录取了。

→ **James, my brother**, was admitted to Harvard University. **詹姆斯，我哥哥**，被哈佛大学录取了。

→ **My brother** was admitted to Harvard University. **我哥哥**被哈佛大学录取了。

→ **James** was admitted to Harvard University. **詹姆斯**被哈佛大学录取了。

例句①中，my brother 和 James 共指一个人。同位语 James 与 my brother 一起作主语部分，二者位置可以互换。如果省略其中一项，剩下的名词短语依然可以作主语，并与句子的其他部分组合成一个与原句语义相同的句子。

② This is my **husband, George**. 这是**我丈夫乔治**。

→ This is **George, my husband**. 这是**乔治，我的丈夫**。

→ This is my **husband**. 这是我**丈夫**。

→ This is **George**. 这是**乔治**。

例句②中，my husband 和 George 共指同一个人，且在句子中共同作表语（主语补语）部分，二者位置可以互换。如果省略其中一项，剩下的名词依然可以作表语，和句子其他部分组合成一个与原句语义相同的句子。

部分同位语

同位语关系中主体词和同位语在意义上不能完全共指，同位语有可能只表示部分主体词含义，所以主体词不能省略。如果省略主体词，同位语无法替代主体词充当句子中的所需成分。

例如：

① He writes **a lot of books, including novels**. 他写了**很多书，包括小说**。

例句①中，主体词 a lot of books 和同位语 including novels 是整体包含部分的同位关系。如果省略主体词，剩下的同位语不能替代主体词作 writes 的宾语。

有时候，当同位语比较长或者需要强调时，也可以不与主体词并置，而是后置发挥不同的信息功能，实现"尾重"的效果。此时主体词和同位语就只能是间断的完全同位关系。这种结构不能省略主体词，否则句子结构不成立。

例如：

① **The man** is difficult to work with, **an unsurely individual who scowls at just about everyone he encounters**. 这个人很难共事，缺乏自信，对每一个遇到的人都怒目而视。

→ Is difficult to work with, an unsurely individual who scowls at just about everyone he encounters. （ × ）

例句①中，虽然主语 the man 是主体词，但是由于同位语 an unsurely individual who scowls at just about everyone he encounters 过长，如果放在谓语前边则会造成主语部分过长、谓语部分过短的头重脚轻的问题。所以为了确保句子结构的平衡，可以将过长的同位语后置，达到"句尾重心"的效果。此时，如果省略主体词，剩下的句子结构就会因为缺少主语而不成立。

② **Who** is to blame, **John or Mary**? 该批评谁？约翰还是玛丽？

→ Is to blame, John or Mary? （ × ）

③ **He** is a complete idiot, **that brother of yours**. 你那个弟弟是个十足的白痴。

→ Is a complete idiot, that brother of yours. （ × ）

例句②③中，同位语可以被理解为是说话人想要强调的信息，即信息焦点。一般情况下信息焦点常出现在尾部，叫作"句尾焦点"。所以两个例句中的同位语位于句尾，以强调其内容。如果省略主体词，剩下的部分会因为缺少主语而不成立。

(2) 同位语的结构分类

根据同位语与主体词之间结构关系可以分为限制性同位语和非限制性同位语。

限制性同位语

限制性同位语是指同位语与主体词关系紧密，不用逗号将其隔开。主体词一般为类指概念，明确主体词所属类别，但本身不能独立指称某一具体的人或物，需要结合同位语的特指概念共同合作实现一个指称。如果去掉二者之一，会导致所指不明，句子意思不完整，但是语法结构不受影响。

A. 类指与特指

一般情况下，主体词一般具有类指含义，而同位语具有特指含义，用以明确主体词的具体所指。

例如：

① **We Chinese** are brave and hardworking. **我们中国人**勇敢又勤劳。

例句①中，主语部分 We 和 Chinese 是同位关系。主体词 We 为类指概念"我们"，但不能明确"我们"是哪些群体。同位语 Chinese 为特指概念，明确了主体词 We 的具体所指，二者一起合作才能实现一个指称。如果省略主体词 We，主语部分的 Chinese 也无法明确所指是哪一类群体，导致主语部分所指不明。

以下例句②～⑤中作主语成分的名词短语和同位语也都是限制性同位关系。

② **You girls** are much more active than **us boys**. 你们女孩子比我们男孩更活跃。

③ **Secretary of Labor Arthur Goldberg** will speak Sunday night. 劳工部部长亚瑟·戈德堡将在周日晚上发表讲话。

④ I have two sisters. **My sister Mary** is a professional dancer, and **my sister Jane** is still at university. 我有两个姐妹。**我姐姐玛丽**是一位职业舞蹈家，**我妹妹珍妮**还在上大学。

⑤ **The term crime** can be defined as an offence against a public law. **犯罪一词**可以定义为违反公法的罪行。

B. of 引导名词表同位关系

介词 of 引导名词短语可以与被修饰名词构成同位关系，of 后边的名词短语与被修饰名词共指同一个人或物。介词 of 前的名词为主体词，是类指概念，明确了主体名词所属类别。后边的名词短语为特指概念。二者具有同一指称，缺一不可。

例如：

① A small team at head office has been assigned **the task** of **setting up a central database**. 总部的一个小组被指派了**建立一个中央数据库**的**任务**。

例句①中主体词 the task 是类指概念，同位语名词短语 setting up a central database 为特指概念。

② **The city** of **Newcastle** lies at the mouth of Newcastle river. **纽卡斯尔市**位于纽卡斯尔河口。

例句②中主体词 The city 是类指概念，同位语名词短语 Newcastle 为特指概念。

③ This ship has **a length** of 112 meters. 船的**长度**为 112 米。

例句③中主体词 a length 是类指概念，作为同位语的名词短语 112 meters 为明确指称。

那么，如何判断 of 后的名词短语与被修饰名词是同位关系还是单纯的后置定语？

of 后的名词短语如果能与被修饰名词构成主系表结构，二者为同位关系；如果二者不能构成主系表结构，那么 of 后的名词短语和 of 一起作被修饰名词的后置定语。

例如：

① the city of Newcastle 纽卡斯尔市

→ The city is Newcastle.（√）

→ Newcastle is the city.（√）

例句①中 of 后的名词短语 Newcastle 与被修饰名词 the city 能与构成主系表结构，故 the city 与 Newcastle 为同位关系。

② the department of foreign language 外语系

→ The department is foreign language.（×）

→ Foreign language is the department.（×）

例句②中 of 后的名词短语 foreign language 与被修饰名词 the department 不能构成主系表结构，故 the department 和 foreign language 一起作被修饰名词的后置定语。

C. "专有名词 + 限定词 + 普通名词"的同位语结构

在这个同位语结构中，专有名词也只能表示类指概念，需要后边加上限定词 the 和普通名词，明确主体词的具体指称。二者不可或缺，缺任何一个都会造成所指不明。

例如：

① **Dolly the sheep** is the world's first cloned mammal, and died at the age of six.

多利羊是世界上第一只克隆哺乳动物，6 岁时死亡。

例句①中 Dolly 作为普通名字，可以指所有叫"多利"的人或物，后边跟同位语 the sheep 就明确了 Dolly 是一只羊的名字。

② **Rudolph the reindeer** has a red nose. **驯鹿鲁道夫**有个红鼻子。

例句②中 Rudolph 可以用来命名不同的人或物，后边跟同位语 the reindeer 明确了此处的鲁道夫就是一只驯鹿的名字。

③ **Einstein the physicist** made groundbreaking contributions to the theory of relativity. **物理学家爱因斯坦**对相对论做出了开创性的贡献。

例句③中的同位语 the physicist 明确了句中人物 Einstein 的身份。

> 非限制性同位语

非限制性同位语是指同位语不具有限制性，主体词有明确所指，可以独立指称某人或物。同位语为主体词提供额外信息作为补充说明，二者之间一般用逗号隔开。同位语对主体词具有非限制性和非必需性，如果将同位语去掉，句子的意思和句子结构都不发生改变。

例如：

① **Neil Alden Armstrong, the first man on the moon**, was born in Ohio. 尼尔·奥尔登·阿姆斯特朗，**第一个登上月球的人**，出生于俄亥俄州。

② My mother lost **her favorite earrings, a gift from my father.** 我母亲弄丢了**她最喜欢的耳环，那是我父亲送给她的礼物**。

③ **Mexico city, one of the biggest cities in the world**, has many interesting archeological sites. **墨西哥城是世界上最大的城市之一**，有许多有趣的考古遗址。

④ **His car, a sporty, yellow roadster with a sun roof**, is brand new. **他的车**是一辆崭新的黄色敞篷跑车。

非限制性同位关系中的主体词和同位语有时可以调换顺序，即同位语可以挪到主体词前。

例如：

① We invited **Leon, a priest**, to our wedding.

→ We invited **a priest, Leon**, to our wedding. 我们邀请了**一个叫里昂的牧师**来参加我们的婚礼。

② **Industrialization, a major boost to economies**, presented a major threat to traditional manufacturers.

→ **A major boost to economies, industrialization** presented a major threat to traditional manufacturers. **工业化作为经济的主要推动力**，对传统制造业构成了重大威胁。

非限制性同位语除了可以用逗号隔开以外，还可以用冒号、破折号或者连词 or 连接。

例如：

① Professor Wang is an expert in **linguistics, or the science of language.** 王教授是**语言学，即语言科学**的专家。

例句①中的 or 此时连接的是主体词的解释性同位语，不能按照并列连词的含义翻译为"或者"，而是要翻译为表示同位关系的"即"。

② The train finally arrived and **two young men — one big and broad, the other small and slight**—stepped onto the platform. 火车最后终于来了，**两个年轻人——一个壮硕，一个瘦小**——踏上了月台。

③ They had been putting in place **the tools** of my new business: **currycomb, brush, pitchfork**. 他们已经把我新业务的**工具**放好了，有**一个马梳、一把刷子和一把干草叉**。

④ I made up the bed in **one of the other compartments — that of the young American gentlemen, Mr. Ratchett's secretary**. 我在**另一间车厢**里铺好了床——**那是年轻的美国绅士，拉契特先生的秘书的**。

在例句④中，主体词 one of the other compartments 为介词短语的补语，破折号后边的名词短语 that of the young American gentlemen, Mr. Ratchett's secretary 是主体词的同位语，一起作介词 in 的补语。在这个同位语中，Mr. Ratchett's secretary 又是名词短语 the young American gentlemen 的同位语，跟在 that of 后作介词的补语。

> 非限制性同位语 VS 限制性同位语

非限制性同位关系中，主体词有明确所指，同位语只对主体词提供补充信息，如果省略，不改变句子结构与含义；限制性同位关系中，主体词没有明确所指，要结合同位语才能明确主体词所指，如果省略，会导致主体词所指不清，含义不明确。

例如：

① **My brother, Bob,** is a dentist. **我兄弟鲍勃**是一位牙医。

例句①中 Bob 为 my brother 的非限制同位语。主体词 my brother 有明确指称，表明我只有一位兄弟，他的名字叫鲍勃。所以鲍勃只用来提供补充信息，并不用于明确主体词 my brother 的所指。

② **My brother Bob** is a dentist. **我兄弟鲍勃**是一位牙医。

例句②中 Bob 为 my brother 的限制性同位语。主体词 my brother 指称并不明确，说明我不只有一个兄弟，而是有多个，其中一位名叫鲍勃。所以同位语 Bob 在这里是为了明确 my brother 所指，因此不能省略。

非限制性同位语的主体词由于其明确指称的特性，可以跟介词短语或关系从句进行修饰，但限制性同位语中主体词则不能有这些修饰成分。

例如：

① Have you read **the novel** *Gone with the Wind*？你读过小说《飘》吗？

例句①中，主体词 novel 为泛指概念，需要同位语明确其指称，所以作为书名的同位语 Gone with the Wind 就是 the novel 的限制同位语。

→ Have you read the novel by Margaret Mitchell *Gone with the Wind?* （×）

转换后主体词 the novel 后加了介词短语 by Margaret Mitchell "由玛格丽特米歇尔所著"作后置修饰语，明确了 the novel 的所指，所以作为同位语的书名 Gone with the Wind 就不再是必不可少的限制信息，因此它与主体词就不再是限制性同位关系，所以此处要用逗号隔开，正确例句如下：

Have you read **the novel by Margaret Mitchell**, *Gone with the Wind*?

Have you read *Gone with the Wind,* **the novel by Margaret Mitchell**? （√）

你读过玛格丽特·米切尔的小说《飘》吗？

非限制性同位关系中主体词和同位语可以调换顺序，意思和语法功能依然不变。

(3) 同位语修饰成分分类

同位语一般多为句子中与名词性成分呈同位关系的语言单位，但是也有个别非名词性成分后跟同位语的情况。

名词性成分的同位语

A. 名词短语作同位语

多数情况下修饰句子中名词性成分的同位语也多是名词短语，与主体词成为共指关系。

例如：

① **Daisy, the dog that lives next door**, barks at the mailman. 黛西，邻居家的那条狗，冲着邮递员狂吠。

例句①中主语 Daisy 为主体词，the dog that lives next door 为同位语，属于句子主语后跟同位语的情况。

② **Shari**, **the girl who plays tennis**, is my friend. **莎丽，那个打网球的女孩**，是我的朋友。

例句②中主语 Shari 为主体词，the girl who plays tennis 为同位语，也属于句子主语后跟同位语的情况。

③ They visited **several cities**, such as **Rome and Athens**. 他们参观了**一些城市**，例如，**罗马和雅典**。

例句③中宾语 several cities 为主体词，Rome and Athens 为同位语，属于句子宾语后跟同位语的情况。

④ They handed it to **Bob Peterson**, **a man of integrity**. 他们把它交给了**鲍勃·彼得森**，**一个正直的人**。

例句④中宾语 several cities 为主体词，Rome and Athens 为同位语，属于句子宾语后跟同位语的情况。

B. 数词作同位语

数词也可以作句子中名词性成分的同位语，用来明确主体词的数。它与主体词形成限制性同位语关系。

例如：

① **They two** have gone to seek for help. **We three** stay here waiting. **他们俩**去找人帮忙。**我们仨**在这儿等着。

例句①中，两个句子的数词 two 和 three 分别作为同位语修饰句子中的主语 They 和 We。

C. 代词作同位语

代词也可以作为句子中名词性成分的同位语。

例如：

① **Myra herself** had got a medal for her work for the aged. **迈拉自己**因为老年人服务获得了奖章。

例句①中反身代词 herself 作主语 Myra 的同位语。

② **You** had better go and see him **yourself**. **你**最好**亲自**去看他。

例句②中反身代词 yourself 作主语 you 的同位语，置于句尾起强调作用。

③ **They all** agree to my plan. **他们都**同意我的计划。

> 不简单的简单句

例句③中代词 all 作主语 they 的同位语。

D. 不定式短语作同位语

不定式短语也可以作句子中名词性成分的后置修饰语，表示同位关系。

例如：

① We all have **one desire—to build a community of common destiny for all mankind**. 我们有**一个共同的愿望——建立一个人类命运共同体**。

例句①中不定式短语 to build a community of common destiny for all mankind 与宾语 one desire 之间用破折号连接，呈同位关系。

② I have given up **the plan to build a new house**. 我已经放弃了**盖新房子的计划**。

例句②中不定式短语 to build a new house 与宾语 the plan 呈同位关系。

③ I have **a wish to travel around the world someday**. 我**希望有一天能环游世界**。

例句③中不定式短语 to travel around the world someday 与宾语 a wish 呈同位关系。

在此可以对比不定式短语作同位语和不定式短语作后置定语：

不定式短语作同位语与被修饰的名词有共指关系，二者可以构成主系表结构；而单纯起修饰作用的后置定语则不能与被修饰名词构成主系表结构。

例如：

① I have given up **the plan to build a new house**. 我已经放弃了**盖新房子的计划**。

→ The plan is to build a new house.（√）

→ To build a new house is the plan.（√）

例句①中不定式短语 to build a new house 与被修饰的名词 the plan 有共指关系，二者可以构成主系表结构，故不定式短语作同位语。

② He is **the first man to come**. 他是**第一个来的人**。

→ The first man is to come.（√）

→ To come is the first man.（×）

例句②中单纯起修饰作用的后置定语 to come 不能与被修饰名词 the first man 构成主系表结构。

E. 动名词短语作同位语

动名词短语也可以作为句子中名词性成分的同位语。

例如：

① **Her dream** of taking up residence in China has come true. **她**在中国居住的**梦想**终于实现了。

② **His ambition**, conquering the world, was never fulfilled. **他的野心**是**征服世界**，最终也未实现。

以上两个句子中例句①是限制性同位语，表明她有诸多"梦想"，其中一个是"在中国居住"；例句②是非限制性同位语关系，表明他的"野心"只有一个，那就是"征服世界"。

非名词性成分的同位语

有时候，句子中一些非名词性短语（如介词短语、副词短语、动词短语、形容词短语）或从句构成的成分（如状语、补语、谓语）也可以有共指含义的短语或从句与其形成同位关系。

A. 介词短语作同位语

例如：

① The hotel is closed **during low season**, i.e., **from October to March**. 酒店**在淡季**，即**从十月到三月**关闭。

例句①中 during low season 为句子的状语成分，同时也是主体词，介词短语 from October to March 为其同位语。

② He explained it **to his class**, especially **to the older students**. 他向**全班同学**，特别是**大一点的学生**解释了这件事。（状语）

例句②中 to his class 为句子的状语成分，同时也是主体词，介词短语 to the older students 为其同位语。

③ It's **on the first floor**, that is, **at street level**. 它**在一楼**，也就是说，**在街道上**。

例句③中 on the first floor 为句子的主语补足语，同时也是主体词，介词短语 at street level 为其同位语。

B. 副词短语作同位语

例如：

① Our English teacher often asks us to speak **so—slowly, loudly and clearly**. 我们的英语老师经常让我们**这么说话：慢一些、大声点、清楚点**。

例句①中 so 为句子的状语成分，同时也是主体词，副词短语 slowly, loudly and clearly 为其同位语。

② I have **never** met him—**not formally**, that is. 我从未见过他——也就是说，**没有正式见过他**。

例句②中 never 为句子的状语成分，同时也是主体词，副词短语 not formally 为其同位语。

③ I'll be there **this afternoon**, that is, **after about 4 o'clock or so**. 我**今天下午**到那儿，也就是说，**大约 4 点以后**。

例句③中 this afternoon 为句子的状语成分，同时也是主体词，副词短语 after about 4 o'clock or so 为其同位语。

C. 动词短语作同位语

句子中动词短语成分后也可以跟具有共指或近义含义的同位语对其进行解释、强调或者举例等。

例如：

① The issuing house will **underwrite the issue**, i.e., **agree to buy up any unsold shares**, for free. 证券发行公司将**包销这次发行**，即**同意免费买下所有未出售股份**。

例句①中 underwrite the issue 为句子的谓语成分，同时也是主体词，动词短语 agree to buy up any unsold shares 为其同位语。

② My sister **hates**—**absolutely loathes**—spinach. 我妹妹**讨厌**——**绝对讨厌**——菠菜。

例句②中 hates 为句子的谓语成分，同时也是主体词，动词短语 absolutely loathes 为其同位语。

D. 形容词短语作同位语

例如：

① The price must be **more realistic**, i.e., **lower**. 价格必须**更加实在**，即**更低**。

例句①中 more realistic 为句子的主语补足语，同时也是主体词，形容词 lower 为其同位语。

② She is **better**, **very much better**, than she used to be. 她比以前**更好**，**要好很多**。

例句②中 better 为句子的主语补足语，同时也是主体词，形容词短语 very much better 为其同位语。

E. 从句作同位语

句子中有的从句后面也可以跟另一个与其有共指含义、句法功能相同的从句作同位语对其进行解释说明或者强调。

例如：

① **Although she was reluctant, although she felt an understandable hesitation**, she eventually agreed. 尽管她不情愿，尽管她觉得犹豫无可厚非，但是她最终还是同意了。

例句①为让步状语从句，其中 Although she was reluctant 为主体，although she felt an understandable hesitation 为其同位语。

② **When the closed circuit is broken at any point**—that is, **when the path of conducting material is interrupted**—there will be no current. 当闭合电路在任一点上断开，也就是说，**当导电材料的通路中断时**，就不会有电流。

例句②为时间状语从句，其中 When the closed circuit is broken at any point 为主体，when the path of conducting material is interrupted 为其同位语。

F. 句子作同位语

两个句子呈并列结构时，一个句子对另一个句子进行说明、例证或阐释，则这两个句子互为同位关系。

例如：

① **John ran away; he didn't wait**. 约翰跑掉了；他没有等着。

例句①中 John ran away 和 he didn't wait 是呈并列结构的两个句子，John ran away 为主体，he didn't wait 为其同位语，是对"约翰跑掉了"的解释。

② **I explained the whole document to him**, that is to say, **I went through it word for word with him**. 我把整份文件都给他解释了，也就是说，**我和他逐字逐句地看了一遍**。

例句①中 John ran away 和 he didn't wait 是呈并列结构的两个句子，John ran away 为主体，he didn't wait 为其同位语，是对"约翰跑掉了"的解释。

有的句子后还可以跟名词短语作同位语，这也说明名词短语作同位语是最常见的。

例如：

① **The leaves are falling from trees, an indication that the summer is over**. 树叶纷纷落下，表明夏天已经过去了。

例句①中 The leaves are falling from trees 为主体，an indication that the summer is over 为其同位语，是对"树叶纷纷落下"的解释。

② **I met my uncle after all these years, an unforgettable moment I will always treasure**. 这么多年过去了，我见到了我的叔叔。这是一个难忘的时刻，我将永远珍惜。

例句②中 I met my uncle after all these years 为主体，an unforgettable moment I will always treasure 为其同位语，是对"这么多年过去了，我见到了我的叔叔"的强调。

Ⅲ　引导同位语的表述词

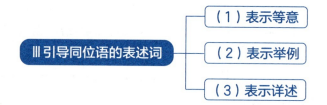

有些短语用于引导非限制性同位语，放在主体词和同位语之间。根据含义，可以将这些引导同位语的表述词分为表示等意、举例和详述的三类。

（1）表示等意

表示等意的词有 namely（或 viz.）、that is（或 i.e., ie）、that is to say、in other words、for short 等。

例如：

① Only **one person** can do the job, **namely you**. 只有**一个人**可以做这件工作，**就是你**。

② **Our friend, that is (to say) my husband's friend**, will come meet us at the airport. 我们的朋友，也就是我丈夫的朋友，要来机场接我们。

③ He is rather **introverted, in other words, quiet, shy and difficult to talk to other people**. 他很**内向，也就是说，很安静、害羞、难以与人交流**。

④ Jack Ma and Mask had an in-depth discussion about **artificial intelligence**, or **AI for short**. 马云和马斯克就**人工智能，简称 AI**，进行了一次深入的交谈。

(2) 表示举例

表示举例的词有 for example、for instance（或 e.g., eg）such as、say、let us say、including 等。

例如：

① **The reading strategies**, **such as skimming and scanning**, can help you to improve the reading speed. **阅读策略，例如略读与跳读**，可以帮助你提高阅读速度。

(3) 表示详述

突出强调某一示例，如 especially、particularly、chiefly、mostly、mainly、notably 等。

例如：

① The book contains **some fascinating passages, notably an account of their trips to South Africa**. 这本书有**一些引人入胜的章节，特别是关于他们南非之行的叙述**。

② Children like **some animals, particularly the monkeys**. 孩子们喜欢**一些动物，尤其是猴子**。

③ We want to invite **a number of friends, especially Mary and Peter**. 我们想邀请**一些朋友，尤其是玛丽和彼得**。

2.2.4 定语

定语是在句子中修饰名词性成分的修饰性成分，根据它在句子中相对于名词性成分的位置，可以分为前置定语和后置定语。前置定语位于名词性成分的前边，后置定语位于名词性成分的后边。

不简单的简单句

I 前置定语

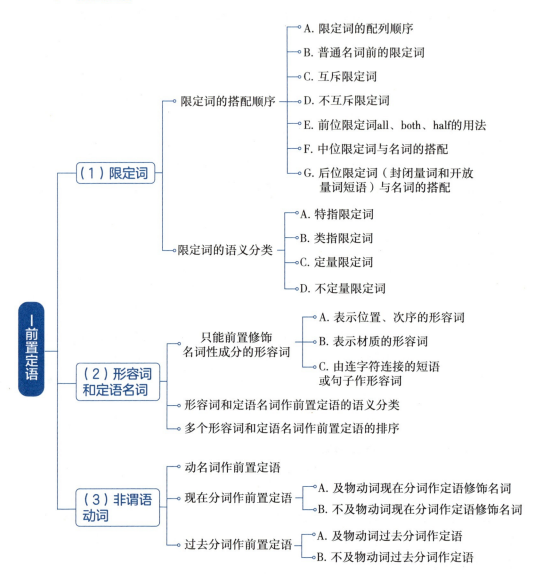

在句子中，作前置定语的多为单词形式，这符合英语结构的尾重原则，可以避免头重脚轻的情况。可以作前置定语的单词多为限定词、形容词、名词、非谓语动词等。

(1) 限定词

限定词的搭配顺序

限定词位于名词短语前表示名词的泛指、特指、数和量等含义，如果名词前有形容词，限定词要位于形容词前。限定词范畴比较宽泛，包括冠词、形容词性物主代词、指示代词、疑问代词、量词等词类。如果有多个限定词修饰同一个名词，根据它们修饰名词短语的位置可以分为前位限定词、中位限定词和后位限定词，如表 2-6 所示。

表 2-6　限定词顺序

前位限定词	中位限定词	后位限定词
all、both、half 倍数、分数 such (a / an)、what (a / an)	冠词：a、an、the、零冠词 指示形容词：this、that、these、those 物主限定词：my、your、his、her、its、your、their、所有格 疑问限定词：what、which、whose 关系限定词：who、whom、whose、which、that wh-ever：whatever、whichever、whoever、whomever 不定量词：some、any、every、each、either、neither、no、enough 等	基数词、序数词 封闭量词：many、much、little、less、least、few、more、most、several 等 一般顺序词：next、last、past、other、another 等

A. 限定词的配列顺序

一个名词短语前多个限定词的排列顺序：前位 + 中位 + 后位 + 核心名词

例如：

① **all my three** good friends 我所有三个好朋友

例句①中 all、my、three 分别为前位、中位、后位限定词。

② **double the** normal price 正常价格的**两倍**

例句②中 double、the 分别为前位、中位限定词。

③ **those last few** days 最后的那几天

例句③中 those、last、few 分别为中位、后位、后位限定词。

④ For **whatever** reason, don't be late. **不管什么**原因，不要迟到。

例句④中 whatever 为中位限定词。

B. 普通名词前的限定词

普通名词前都需要限定词。其中，中位限定词在名词短语中不可或缺，如表 2-7 所示。

表 2-7 普通名词前的限定词

前位限定词	中位限定词	后位限定词	（形容词 +）核心名词
all	my	three	good friends
double	the		normal price
	those	last few	days
both	his		daughters
	whatever		reasons

注意，可数名词复数或不可数名词泛指一类人或物时，前面限定词是零冠词。

例如：

① He works harder than **all the other** students in the class. 他比班里**其他**同学都努力。（特指）

② Faculty, teachers and **all other** students were asked to stay away from campus. **工作人员、教师和所有其他学生**都要待在校外。（泛指）

对比例句①与例句②可以看出，当特指"班里其他同学"时，使用了定冠词 the，当泛指"其他学生"时，使用了零冠词。

C. 互斥限定词

前位限定词之间相互排斥、中位限定词之间也相互排斥，即一个核心名词前不能并用两个前位限定词或两个中位限定词。

例如：

① **that my** book （×）

    that book of mine （√）**我的那本书**

例①中 that 和 my 都是中位限定词，不能同时使用。

② **His this** daughter is really beautiful. （×）

    This his daughter is really beautiful. （×）

    This daughter of **his** is really beautiful. （√）**他的这个女儿真漂亮。**

例句②中 this 和 his 都是中位限定词，不能同时使用。

● 注意，such 在 such a/an 结构中是前位限定词；如果不与 a/an 连用，也可以跟在 any、no、many 或者基数词后边，跨类为后位限定词。同样，what 与 a/an 连用时是前位限定词，不连用时是中位限定词。

例如：

① There is **no such a** student in our class.（×）

　　There is **no such** student in our class.（√）

　　There is **not such a** student in our class.（√）我们班**没有这样**的学生。

例句①中通过错误例子的对比可以发现，such a/an 为前位限定词，不能放在中位限定词 no 之后；such 为后位限定词，应放在中位限定词 no 之后；而 not 为副词，应放在限定词前。

② Occurrences of student disputes in this school became frequent last year, but hardly **any such** incidents were properly resolved.

　　去年，这个学校的学生纠纷频繁发生，但是这些事件**几乎没有**得到妥善解决。

例句②中 such 为后位限定词，可以跟在中位限定词 any 后。

③ Occurrences of student disputes in this school became frequent last year, but **many such** incidents were properly resolved.

　　去年，尽管这个学校的学生纠纷频繁发生，但是**很多**事件都得到妥善解决。

例句③中 such 为后位限定词，可以跟在后位限定词 many 后。

④ Occurrences of student disputes in this school became frequent last year, and **forty-one such** incidents were properly resolved.

　　去年，这个学校的学生纠纷频繁发生，有 **41 起**得到了妥善解决。

例句④中 such 为后位限定词，可以跟在后位限定词基数词 forty-one 后。

⑤ **Every such** hearing could turn into a reexamination of the evidence. **每次这样**的听证会都可能变成对证据的重新审查。

例句⑤中 such 为后位限定词，可以跟在中位限定词 every 后。

such 和 all 虽然都是前位限定词，但是个别情况下可以共同使用。

例如：

① The commission shall make **all such** information publicly available. 委员会应公开**所有这些**资料。

中位限定词 every 有时可以放在物主限定词或所有格后与其连用。

例如：

① May **your every** wish come true. 希望**你所有的**愿望都能实现。

例句①中的中位限定词 every 放在物主限定词 your 之后。

many 作为后位限定词，一般放在表示特指的限定词后；但也可以跨类为前位限定词，放在不定冠词前。

例如：

① He said good-bye to **his many** friends. 他向**他的很多**朋友告别。

例句①中 many 作为后位限定词，一般放在表示特指的限定词 his 后。

② **Many a** man has tried, but few men succeeded. **很多人**都试过了，但是几乎没有人成功。

例句②中 many 为前位限定词，放在不定冠词 a 前。

D. 不互斥限定词

后位限定词不互斥，只要符合逻辑，句中可以同时使用两个或多个后位限定词。

例如：

① **many more** books 更多的书

例①中 many 和 more 均为后位限定词。

② **his last two** books 他最后的两本书

例②中 his 为中位限定词，last 和 two 为后位限定词。

③ **all these last few** days 最后的这一段日子里

例③中 all 为前位限定词，these 为中位限定词，last 和 few 为后位限定词。

● 注意：有一些量词短语，例如 plenty of、a lot of、lots of、a great / large / good number of、a great / good deal of、a large / small amount of 等，也可以归类为后位限定词，但是用法比较灵活。

例如：

① **A lot of the** technology you wouldn't expect comes from China. 你没有预料的**很多技术**都来自中国。

E. 前位限定词 all、both、half 的用法

三个限定词后可以与其他限定词连用，但是由于这三个词都表示数量，所以后

边不跟表示数量的限定词（如 every、each、neither、either、any、no、enough）连用，数词除外。

例如：

① I asked where they had been staying **all those** days. 我问他们**那些**天**都**待在哪儿。

② **All the three** brothers were arrested. 三个兄弟**都**被捕了。

限定词 all、both、half 也可以作代词使用，后边需要加 of。

例如：

① **all the** students

　= **all of** the students 所有的学生

② **half** his income

　= **half of all** his income 他所有工资的**一半**

all 和 both 用于否定式时表示部分否定。

例如：

① I can't promote **both** of you. 你们两个，我**不能都**提拔。

② **Not all** (of) the books I have are science fiction novels.

　= **All** (of) the books I have are **not** science fiction novels. 我的书**不都**是科幻小说。

● 注意：every 的否定式也有类似用法。

例如：

① **Every** student **wouldn't** like it.

　= **Not every** student would like it. 并不是每一位学生都会喜欢它。

both 用于表示"两者都"，后跟复数可数名词；all 用于三者或三者以上复数可数名词，或者不可数名词。

例如：

① How much time did it take you to finish **all** this work? 你完成**全部**工作需要多长时间？

② The answer to **both** your questions is simple and clear. 你**两个**问题的答案**都**简单明了。

F. 中位限定词与名词的搭配

中位限定词与名词的搭配见表 2-8。

表 2-8　中位限定词与名词的搭配

中位限定词	单数名词	复数名词	不可数名词
the, 物主限定词，疑问限定词，关系限定词，wh-ever, no	√	√	√
零冠词，some，any，enough	×	√	√
this, that	√	×	√
these, those	×	√	×
a/an, every, each, either, neither	√	×	×

例如：

① Where do you want me to put **the chair / the chairs**? 你想让我把**椅子**放在哪里？

例句①中为"中位限定词（定冠词 the）+ 复数名词或单数名词"。

② **Salt** dissolves in **water**. **盐**溶于**水**。

例句②中为"中位限定词（零冠词）+ 不可数名词 salt 和 water"。

③ Do you have **enough food / books** for all the kids? 你们有**足够的食物（书籍）**给所有孩子吗？

例句③中为"中位限定词（不定量词 enough）+ 可数名词单数或复数名词"。

④ This style is different from **that one**. 这个风格和**那个**不同。

例句④中为"中位限定词（that）+ 单数名词"。

⑤ Have you read **these / those books**? 你读过**这些（那些）书**吗？

例句⑤中为"中位限定词（复数指示代词 these / those）+ 复数名词"。

⑥ I want to interview **each / every student** individually. 我想单独采访**每一位同学**。

例句⑥中为"中位限定词（不定量词 each / every）+ 单数名词"。

● 注意：

第一，no 的用法相当于 not a / not any；但是后边如果跟动名词短语（doing）时，不能和 not a / any 互换。

例如：

① **No snowflake (not a snowflake/not any snowflake)** in an avalanche ever feels responsible. 雪崩时，**没有一片雪花**感觉自己有责任。

② **No smoking** here. 此处**禁烟**。

第二，some 与可数名词单数连用时，表示"某一"；any 与可数名词单数或复数名词使用时，表示"任一、任何"。

例如：

① There must be **some mistake**. 一定出了**什么差错**。

② I'd welcome **any suggestions**. 我欢迎**任何建议**。

第三，enough 作为限定词在与名词连用时，不与其他限定词一起使用。

例如：

① Have you made **enough copies**? 你**复制的份数够**了吗？

② That's **enough noise**. **够闹**的啦！

第四，each VS every

each 强调单一个体；every 强调整体概括。

例如：

① **Every** artist is sensitive. **每位**艺术家都很敏感。

例句①中的 every 强调集体特征。

② **Each** artist sees things differently. **每位**艺术家对事物的观察都不一样。

例句②中的 each 强调个体差异。

第五，表达"二者中的每一个"时只能用 each，不能用 every。

例如：

① She wore anklets on **each ankle**. 她的**每个**脚腕上都戴着脚链。

例句①中 each 表示"二者中的每一个"。

第六，当表达时间频率时，不能用 each，只能用 every。

例如：

① I study **every night**. **每天**晚上都学习。

第七，如有其他限定词同时修饰中心词，each 可作代词取 each of 的形式，后边的名词跟可数名词复数形式，而 every 则只能作限定词。

例如：

① **Each** of the students will be given a dictionary.

　　Every student will be given a dictionary.

　　Every one of the students will be given a dictionary. **每一位**学生都会得到一本字典。

第八，在非正式表达中，each and every 的用法约等于 every single，强调"每一个"。

例如：

① **Each and every person** responsible for his murder will be brought to justice. **每一个**谋杀他的**人**都会被绳之以法。

② **Each and every building** in this town was rebuilt after the war. 这个城镇的**每一栋建筑**都是战后重建的。

第九，either VS neither

二者作为限定词表示"二者中的任一个"，在与名词连用时，不与其他限定词连用，名词用单数。

例如：

① **Either side**, or both, could be bluffing. **任何一方**或者双方都可能是在虚张声势。

② **Neither contestant** won. 两名选手都失败了。

第十，如果 either 和 neither 要与其他限定词连用，则需要将二者作为代词来使用，即变为 either of 和 neither of。

例如：

① **Either of** the two applicants are quite capable of the work. **两名**求职者都胜任这项工作。

② **Neither** of the two contestants won. **两名**选手**都**失败了。

G. 后位限定词（封闭量词和开放量词短语）与名词的搭配

后位限定词与名词的搭配如表 2-9 所示。

表 2-9　后位限定词与名词的搭配

后位限定词	单数名词	复数名词	不可数名词
many, (a) few, several, a (great/ large/ good) number of	×	√	×
much, (a) little, a (large/ small) amount of, a (great/ good) deal of	×	×	√
plenty of, a lot of, lots of, a quantity of	×	√	√

例如：

① She has only got **(a) little** money. 她**没有多少**钱（她只有一点钱）。

② There were too **many / only a few / very few / several** mistakes in your essay. 你的论文中有**很多 / 只有一些 / 很少 / 一些**错误。

③ We have **plenty of / lots of / a lot of** money / books. 我们有**很多**钱 / 书。

④ He wrote **(a) few** books. 他没写（写了）**几本**书。
⑤ The hall contained **a large number of** students. 大厅容纳了**很多**学生。
⑥ **A quantity of** books / money have been stolen. **一些书** / 钱被偷了。

> 限定词的语义分类

根据限定词表达的含义不同，可以将限定词分为特指限定词、类指限定词、定量限定词和不定量限定词

A. 特指限定词

专门指特定的人或物的限定词被称为特指限定词，根据特指限定词的确定性和非确定性可以分为确定特指限定词和非确定特指限定词。

a. 确定特指

明确指出何人何物的限定词被称为确定特指限定词，对话双方都确切知道所指是谁或什么。

第一，定冠词 the

定冠词 the 具有唯一性、熟知性和可识别性三大特性。

● the+ **名词**

❶ 表示独一无二或社会共知的人或事物。（唯一性、熟知性）

例如：

① When **the earth** comes between **the** full **moon** and **the sun** along the ecliptic, a lunar eclipse occurs. 当**地球**沿黄道进入满**月**和**太阳**之间时，就会发生月食。

例句①中的 earth "地球"，moon "月亮" 与 sun "太阳" 均具有唯一性和熟

知性的特征，故其前加定冠词 the。

② We went on camel rides to **the Pyramids**. 我们骑骆驼去参观**金字塔**。

例句②中的 Pyramids "金字塔"表示独一无二的事物，故其前加定冠词 the。

● 注意：如果表示"独一无二的事物"的名词前有修饰性成分，此时该名词不再使用 the 作限定词。

例如：

① **A bright moon** is hanging in **the sky**. **天空**挂着一轮**明月**。

② Fluffy white clouds are floating across **a summer blue sky**. 蓬松的白云飘过**夏日蓝色的天空**。

❷ the 后边跟上文相同的名词，回指上文中提到过的同一名词（语境回指）。

例如：

① John bought a TV and **a video** recorder, but he returned **the video**. 约翰买了一台电视和**一台录像机**，但是他把**录像机**退了。

② I bought **a car** a couple of days ago. **The car** costed me half of my annual income. 几天前我买了**一辆车**。**这辆车**花了我半年的工资。

❸ the 后跟上义词（对事物的概括性抽象性说明），回指前文提到过的事物。（可识别性）

例如：

① I don't like **New York**, and everything related to **the city**. 我不喜欢**纽约**，也不喜欢关于**这座城市**的一切。

❹ the 后跟语义相关名词，表示与上文名词存在某种关系。

例如：

① I gave Tom **a book**. He later told me **the author** was not his favorite. 我给了汤姆**一本书**。后来他跟我说他不喜欢**那个作者**。

② I saw **a car** parked by the roadside, and **the driver** was sleeping. 我看到**一辆车**停在路边，**司机**正在睡觉。

❺ 直接语境：根据当时情景，对话双方都知道具体所指是什么。（熟知性）

例如：

① Pass me **the salt**, please. 请把**盐**递给我。

② There is a wind coming off **the river**. 河上刮起了风。

❻ "the+身体的某部位"放在介词后边特指前边提到的动作承受者的身体部位，

the 替代物主限定词。

例如：

① She banged herself on **the forehead**. 她撞到了自己的**额头**。

② They pulled her by **the hair**. 他们抓住她的**头发**。

● **the+ 修饰语 + 名词；the+ 名词 + 修饰语**

例如：

① This is the **main building**. 这是**主楼**。

例句①中 main "主要的" 为修饰语，building 为名词。

② The **boy in blue** is my younger brother. **穿蓝色衣服的男孩**是我弟弟。

例句②中 boy 为名词，in blue 为修饰语。

● **定冠词 the 的特殊用法**

❶ "the+ 名词短语" 可表示方向、处所、视角；名词短语中的名词一般用单数表示复数概念。

例如：

① The boy scribbled **on the living-room wall**. 小男孩**在卧室的各面墙上**乱写乱画。

例句①中 "介词 on + the+ 单数名词短语" 表示方位。

② The writer had a great idea, so he sat down **at the computer** and began to write. 作家有了一个很棒的想法，所以他**在电脑旁**坐下开始写起来。

❷ the 可表示一种常规行为或具有模式化特征的事物。用于表达最原始、最普通的行为或事物的名词可以不带限制性修饰语。

❸ the 用在表示 "机构" 或 "活动团体" 的普通名词前时，有时只表示去往某 "机构" 或 "团体"，不需要明确机构或团体的具体名称。

例如：

① My sister goes to **the theater** every month. 我姐姐每个月都去**戏院**。

例句①中只强调 "每个月重复去剧院" 的动作，可以在任何时间去任何地方的剧院。

② You don't have to go to **the bank** in person. 你不需要亲自去**银行**。

❹ the 还可以用在表示 "某种新闻媒体形式" 的普通名词前，表示 "某种方式的新闻媒体"，但不明确媒体的具体名称。

例如：

① What's in **the newspaper** this evening? 今晚**报纸上**有什么新闻？

> 不简单的简单句

❺ the 还可以用在表示"现代交通或通信手段"的普通名词前，表示使用某一类交通工具或通信手段，但不具体到车次、航班。此类交通工具或通信手段具有固定路线、常规运行方式或者固定运输模式。

例如：

① Mary took **the bus / the train** to London. 玛丽坐**巴士 / 火车**去伦敦。

② He promised that the package would be in **the mail** this evening. 他承诺今晚就**会寄出**包裹。

❻ the 还可以用在表示职业的普通名词所有格前指该行业经营场所。

例如：

① I am going to **the dentist's**. 我要去**看牙**。

第二，指示形容词 this、that、these、those

this / these：

用于表达在时空上离说话人近；说话人与所指物或者人在同一情境中；如果指时间，则指当前这段时间。

例如：

① I have been living in **this house** for my entire life. 我一辈子都生活在**这所房子**里。

② I will come as soon as these boys have finished **their homework**. 这些孩子们做完**作业**我就来。

③ **These days** you never see a young person give up their seat for an older person on the bus. **近来**，你看不到有年轻人在公交车上给老人让座了。

that / those：

❶ 指看得见但离说话人时空较远的人或物。

例如：

① How much is it for **that pink dress**? **那件粉色裙子**多少钱？

② Can you move **those books** off there? 你能把**那些书**从那挪走吗？

❷ 指示形容词与名词连用可表示刚提到过的人或物。

例如：

① The house is in **a valley**. The people in **that valley** speak about the people in the next valley as "foreigners". 这座房子在**一个山谷**里。**那个山谷**里的人称相邻山谷里的人为"外地人"。

② Students and staff suggest **books** for the library, and normally we're quite happy to get **those books**. 学生和员工给图书馆推荐**图书**。通常，我们很高兴能得到**那些图书**。

❸ 在非正式语中，可以将 that 和 those 置于名词前替代 the，指代谈话双方已知的人或物，其强调语气的作用。

例如：

① **That idiot Antonio** has gone and locked our cabin door. **那个白痴安东尼奥**已经走了，而且还锁了我们的小屋。

② Can you still remember **those old happy days** we shared together? 你还记得我们一起度过的**那些快乐的往昔**吗？

❹ 在正式语中，如果复数名词后边有关系从句，可以用 those 替代复数名词前的 the，表示强调。

例如：

① The parents are not afraid to be firm about **those matters** that seem important to them. 这些家长不害怕坚持对自己来说看起来**很重要的事情**。

第三，物主限定词 my、your、his、her、our、their、its、所有格（-s 和 of）英语名词前不能同时使用一个以上的特指限定词。

例如：

① I took off **my** shoes. （√）

　I took off **the** shoes. （√）

　I took off **the my** shoes. （×）我脱下了**我的**鞋子。

物主限定词多用于表示有生命的人或动物，一般不用于表示无生命的事物。

例如：

① the door of **the** room （√）

　the room door （√）

　the room's door （×）房门

物主限定词一般表示归属关系，还可以表示某人或某物与动作之间的联系。

例如：

① **our** house **我们的**房子

② Not long after **our** arrival, we were advised to cancel the dangerous trip. **我们**刚到不久，就有人建议我们取消这次危险的旅行。

③ He congratulated me on **my** appointment as editor of magazine. 他祝贺**我**被任命

> 不简单的简单句

为杂志的主编。

● -'s 所有格

❶ 以 s 结尾的复数名词属格只加 -'。

例如：

① This is a **girls**' school. 这是一所**女子**学校。

② The **dogs**' food is in the bag on the floor. **狗粮**在地上的袋子里。

❷ 有些以 s 结尾的名词或专有名词属格一般加 -'s 或者只加 -'，但是单音节单词属格需要加 -'s；如果单词结尾的 s 不发音，属格只加 -'。

例如：

① This is the **boss's** office. 这是**老板的**办公室。

例句①中的 boss 为单音节单词，后边要加 -'s。

② Our **bosses'** needs outweigh those of the employees at our workplace. 在我们的职场中，**老板的**需求超过了员工的需求。

例句②中的 boss 复数形式就是双音节单词，属格只需要加 -'。

③ **James'** bottle = **James's** bottle 詹姆斯的水瓶

④ the **corps'** leader 特种部队的领导

例句④中的 corps 最后的 s 不发音。

❸ 如果一样东西为两人共有，在后一个人名上加 -'s；如果不是共有，而是各有各的，在两个人名后分别都加 -'s，其后名词为复数。

例如：

① This is **Jessica and Mary's** room. 这间是**杰西卡和玛丽的**房间。

② These are **Jessica's and Mary's** rooms. 这两间是**杰西卡的房间和玛丽的房间**。

❹ 有生命的名词属格一般用 -'s。

例如：

① She is **my wife's** best friend. 她是**我妻子**最好的朋友。

❺ 人名、身份或职业名称的 -'s 属格形式可以直接表示某人的住所，或者和职业相关的某种店铺，后面不需要相应名词。

例如：

① We are having dinner at **my aunt's** tonight. 我们今晚在**我姨妈家**吃饭。

② I'll go shopping in **Harold's**. 我要去**哈罗德百货公司**购物。

❻ 如果被无生命的事物修饰的名词是该事物发出的动作，可以用这个无生命

的事物 -'s 属格来修饰该动作名词，也可以用 of- 结构修饰。

① The **train's** arrival was delayed.

= The arrival **of the train** was delayed. **火车**误点了。

❼ 表示"组织机构"的名词属格，即可以用 -'s，也可以用 of- 结构来修饰核心名词。

例如：

① the **government's** decision

= the decision **of the government** 政府的决议

② What's your **school's** name?

= What's the name **of your school**? 你**学校的**名字是什么？

❽ 一些无生命的名词（时间、地点、重量、节日）可以使用 of- 结构，也可以使用 -'s 表示属格，对核心名词起限定作用。

例如：

① an **hour's** delay 延迟一**小时**

② a **ton's** weight of wood 一**吨**重的木材

③ **New Year's** Day 新年

④ Beijing is **China's** capital.

= Beijing is the capital **of China**. 北京是**中国的**首都。

● -'s 所有格与 of- 所有格的对比

"of- 所有格"多用于表示无生命的名词。例如：legs of a table "桌腿"，a waste of time "浪费时间"。

大多有生命的名词所有关系，两种属格形式可以互换。但是 -'s 属格强调的已知信息是拥有者，of- 属格强调的已知信息是所有物。二者强调信息略不同。例如 the singer's song "这位歌手的歌"，强调 singer's；the song of the singer "歌手的这首歌"，强调 song。

复数名词表示"一类人"时，其所有关系用 -'s 所有格表示，不能被 of- 所有格形式替换；"the+形容词"表示一类人时，只能用 of- 所有格。例如 men's room "男厕所"， children's day "儿童节"，the life of the poor "穷人的生活"。

如果有生命的名词修饰语较多，只能用 "of-" 结构的属格以避免结构头重脚轻。例如 the tail of this beautiful and graceful peacock "美丽优雅的孔雀尾巴"。

如果被修饰名词表示动作或施动者，属格名词是被修饰核心名词的动作承受者

（动作宾语）或施动者的施动对象，此时属格只能用 of 结构，不能用 -'s 结构。例如 the woman of courage "有勇气的女人"，women 为施动者，courage 为施动对象；a man of honor "君子"，man 为施动者，honer 为施动对象。

但是，如果属格名词是有生命的名词，而被修饰名词为动作名词，则属格形式既可以用 of- 结构，也可以用 -'s 结构。例如 The police came to the rescue of the woman. "警察救下了这位女士。"，也可以用 The police came to the woman's rescue 进行表达。

● 双重所有格

双重所有格在同一个名词短语中同时具备 -'s 和 of- 两种所有格，双重所有格表示的是所指明确的人，不是物。

例如：

① Some **friends of Jim's**

= Some **of Jim's friends** 吉姆的**一些朋友**

② She is **a friend of my mother's**.

= She is **one of my mother's friends.** 她是**我妈妈的一个朋友**。

● 注意：被双重所有格修饰的名词本质上是不确定所指，所以不能与特指限定词 the 连用，而且也不能是专有名词。

例如：

① a **friend** of my mother's 我妈妈的一个**朋友**

② some **photos** of my uncle's 我叔叔的一些**照片**

双重所有格 of 前的名词如果用 this、that、these、those 来修饰，则表示爱憎褒贬等情感。

例如：

① I'll be driven crazy by **that** barking dog of Robert's. 罗伯特**那只**狂吠的狗快把我逼疯了。

② Don't eat with **those** dirty hands of yours. 不要用你**这两只**脏手吃东西。

● 双重所有格与 of- 所有格的区别

"of- 所有格"表示简单的所有关系，可以译为"……的……"；双重所有格通常表示部分概念，即"全体中的一部分"，可以理解为"one of..."。

例如：

① This is a photo **of my uncle's**. 这是**我叔叔**所有照片中的一张。

② This is a photo **of my uncle**. 这是**我叔叔**的照片。

例句②内含"照片上的人是我叔叔"之意。

第四，序数词/顺序词

例如：

① He went to Beijing **last week**. 他**上周**去的北京。

② His **next two books** were published before 2000. 他**接下来的两本书** 2000 年前出版。

第五，零冠词

❶ 零冠词+专有地名（表示洲、国家、城市、街道、山川、河流、湖泊、机构、场所等）或人名。

例如：

① Beijing is the capital of **China**. 北京是**中国**的首都。

② They live near **Lake Michigan**. 他们住在**密歇根湖**旁边。

③ I saw **John Smith** yesterday. 我昨天看到**约翰·史密斯**了。

❷ 零冠词的语境特指零冠词在特定语境中所指为说话双方都知道的对象。

❸ "零冠词+表示家庭成员或职业的单数名词"可以表示确定特指的含义。这些单词有时可以大写，接近专有名词。

例如：

① Ask **nurse** to put the child to bed. 让**护士**把孩子放在床上。

② **Aunt** is taking sister out for a walk. **姨妈**要带妹妹出去散步。

❹ 在用宾语、补语以及同位语表示独一无二的职位或头衔的名词前，通常用零冠词，相当于定冠词 the 的用法。

例如：

① John was elected **monitor of the class**. 约翰被选为**班长**。

② The foreign visitor asked me to act as **interpreter**. 外宾请我做**翻译**。

③ Charles Dickens, (the) **author of *David Copperfield***, was a distinguished English novelist. 《大卫·科波菲尔》**的作者**查尔斯·狄更斯是一位著名的英国小说家。

❺ 后边跟基数词作修饰成分的单数名词，前边使用零冠词表示确定特指。

例如：

① Please turn to **page 45**. 请把书翻到 **45 页**。

不简单的简单句

② He is in **room 45**. 他在 **45 号房间**。

● 零冠词的特殊用法：

❶ 当表示"人们生活、交际等活动场所"的名词在 in、at、on、to 等表示方位或方向的介词后时，强调的是该场所的功能，而非场所中的具体建筑时。这时一般在该名词前使用零冠词。

例如：

① He was facing a sentence of at least four years **in prison**. 他面临着至少四年的**监禁**。

② I went **to sea** at an early age. 我年轻时就出**海航行了**。

❷ 当表示"交通；交流方式"的名词放在介词 by 词后时，一般在该名词前使用零冠词，强调"方式；手段"。

例如：

① We communicate with each other **by mail**. 我们**通过邮件**交流。

② We travel **by plane**. 我们**坐飞机**旅行。

❸ 当表示"一天不同时段"的名词放在 at、by、after、before 等介词后时，一般在该名词前使用零冠词。

例如：

① She set off **at daybreak**. 她**天亮**就出发了。

② He was admitted to hospital just **before midnight**. 他**在午夜前**被送进医院。

❹ 当名词指"一年中的某一个季节"时，前边使用零冠词；如果特指"某一特定年份的季节"，则在该名词前边加定冠词 the。

例如：

① **Summer** is coming. **夏天**来了。

② **The summer in 2021** was extremely hot. **2021 年的那个夏天**极其热。

❺ 当名词统指"一天三餐"时，前边使用零冠词；如果特指"具体的某一餐"，则在该名词前边加定冠词 the。

例如：

① I usually **have breakfast** at 7:30 every day. 我一般每天早晨 7：30 **吃早饭**。

② **The dinner we had last night** was quite lavish. **我们昨晚的晚餐**很丰盛。

❻ 表示职业、信仰等名词在系动词 turn 或 go 后边作表语（主语补语）时，名词前一般使用零冠词。

例如：

① She started out as an English major before she **turned interpreter**. 她**成为翻译**之前主修英语。

❼ 在"名词＋介词＋名词"或"名词＋and＋名词"结构的习惯用语中，名词前一般使用零冠词。

例如：

① They talked **face to face**. 他们**面对面**交谈。

② We were friends like **peas and carrots**. 我们是**形影不离**的好朋友。

b. 非确定特指

非确定特指即特指某一对象，但是并不完全明确，对话双方至少其中一方不知道所指是谁。

第一，不定冠词 (a / an)

不定冠词 (a/an) 用在说话人第一次提及某物或某人时，表示"某一"，具有不确定含义，有待进一步叙述。

例如：

① **A tiger** is living in this forest. 这片森林里住着**一只老虎**。

② Bob lost **a gold watch** yesterday, and Bill was wearing **a gold watch** this morning. 鲍勃昨天丢了**一只金表**。比尔今天早晨带着**一只金表**。

例句②中两个冠词都表示不确定特指，不确定两只金表是同一只。

在不定冠词（a/an）后加上 certain，其特指意义更强，但仍然是非确定特指。

例如：

① One day, **a certain fisherman** saw a huge fish jump out of the water. 一天，有**一个渔夫**看到水里蹦出了一条大鱼。

● 注意：有时候即使有些名词后边加限定性修饰成分，修饰成分也只能把范围缩小，但不改变非确定特指的性质。

例如：

① **A book** I want has been sold out. 我想要的**一本书**已经卖完了。

② **A chicken** Tom bought yesterday is missing. 汤姆昨天买的**小鸡**少了一只。

a/an+ 专有名词：把专有名词普通化，表示非特指"某一"。

例如：

① She met **a John Smith** yesterday. 昨天她遇到了**一个名叫约翰·史密斯**的人。

② She drives **a Merccdcs**. 她开的是**一辆奔驰**。

a/an+ 不可数名词（物质名词/抽象名词）：表示不可数名词所表达范畴中非特指的"一类""一方面"等；或者把抽象概念或物质名词具体化为某"一种""一份"等。

例如：

① He conquered the difficulty with **a perseverance** that was truly amazing. 他以惊人的**毅力**克服了困难。

② She had **an eagerness** for life. 她对生命充满**渴望**。

③ We drove through **a dense fog** on our way to San Francisco. 我们在去旧金山的路上穿过了**一片浓雾**。

④ I made **a coffee**. 我冲了**一杯咖啡**。

第二，零冠词＋不可数名词/复数名词

零冠词＋不可数名词/复数名词，表示非确定特指。

例如：

① He brought us **information** about the incident. 他告诉了我关于这个事件的**消息**。

② I see **flowers** in the vase. 我看到花瓶里的**花**。

B. 类指限定词

泛指同一类的人或物的限定词被称为类指限定词。

a. 定冠词（the）＋单数可数名词

指某一类人（科学意义）、动植物、身体器官、复杂的人类发明等。

例如：

① The basic structure of **the brain** is affected by the sum of **the adolescent's** experiences with his or her environment. **成人**在环境中的经历影响**大脑**的基本结构。

② **The tail** of an animal, bird, or fish is the part extending beyond the end of its body. 动物，（如）鸟或鱼的**尾巴**是身体尾部延伸出来的部分。

● 注意：该结构不用于类指无生命、通过长期形成、非人类复杂发明的物体，例如 book、window、table、chair。如果这些名词单数前加 the 一般都是特指。

例如：

① Give me **the book**. 把**那本书**给我。

b. 定冠词（the）+ 形容词 / 分词

指一类群体（包括人或事）。

例如：

① The project is all about giving employment to **the unemployed**. 这个项目是为了给**失业者**提供就业机会。

② **The sick** here are very well cared for. **病人**在这儿得到了很好的照顾。

c. 定冠词（the）+ 集合名词 / 复数名词

指一类群体（社会意义），多用于表示阶级、民族、党派、宗教、社会、职业等团体。

例如：

① **The laboring people** are living a happy life in China. 在中国，**劳动人民**过着幸福的生活。

② **The Finns** are fond of sport. **芬兰**人喜欢体育。

d. 不定冠词（a/an）+ 单数可数名词

a/an+ 单数可数名词：指一类人或物，多用于给事物下定义时。

例如：

① **A table** is a piece of furniture. **桌子**是家具。

● 注意：当物种不存在或已经灭绝时，不能用"a/an+ 可数名词单数"类指该物种，而要用零冠词加复数名词的形式来表示。

例如：

① **Dinosaurs** went extinct about 65 million years ago. **恐龙**在大约 6500 万年前灭绝了。

a/an+ 单数可数名词：类指职业、身份、宗教等。

例如：

① I want to be **a teacher** when I grow up. 我长大后想当**老师**。

● 注意：如果这个职位在一段时期内只由一个人担任，则用零冠词限定（此处表示特指意义）。

例如：

① We elected him **chairman of the committee**. 我们选他当**委员会主席**。

② Mr. Hunter, **superintendent of the hospital**, is himself a surgeon. **医院主管**亨特先生本人是一位外科大夫。

> 不简单的简单句

不定冠词（a/an）的特指用法和类指用法主要取决于语境。

例如：

① **A tiger** is a wild animal. **老虎**是野兽。（类指）

② **A tiger** is living in this forest. 森林里住着**一只老虎**。（特指）

e. 零冠词 + 复数可数名词

表示一类人或物。

例如：

① **Dogs** are intelligent animals. **狗**是聪明的动物。

② **Books** fill leisure time for many people. **图书**填补了很多人的空闲时间。

f. 零冠词 + 抽象名词/物质名词（不可数名词）

表示一类物质或一般的抽象概念。

例如：

① The development of a testable hypothesis is a key characteristic of good **science**. 好的**科学**，其关键是要形成可检验的假说。

② **Water and air** are critical to humans. **水和空气**对人类至关重要。

③ When will the books on **popular music** be published? **流行音乐**书籍什么时候出版？

● 注意：如果抽象名词后面有限定性修饰语，特别是 of 短语，或上下文情景使抽象名词具体化时，要用定冠词 the。

例如：

① Linguistics is **the science of language**. 语言学是关于**语言的科学**。

C. 定量限定词

定量限定词在用于名词前时表示确定的名词数量。可用作定量限定词的词有基数词、倍数词、分数词、both、half、every、each 等。

例如：

① A cat has **nine** lives. 一只猫有**九条**命。

② I wish I had **twice** his strength. 我希望我的力量是他的**两倍**。

③ **Two fifths** the students in this class are boys. 这个班的男生占 **2/5**。

④ **Every** student in the class was interested in his lecture. 班里**每个**学生都喜欢听他的课。

D. 不定量限定词

不定量限定词用于名词前表示不确定的名词数量。可用作不定量限定词的词有 some、any、many、much、little、few、all、no、several、enough 等。

例如：

① There is **some** water in the glass. 杯子里有**些**水。

② There are scarcely **any** flowers in the garden. 花园里没有**多少**鲜花。

③ **No** two men have the same fingerprint. **没有**两个人的指纹是一样的。

④ Do you have **enough** coal for heating this winter? 你们这个冬天有**足够**的碳取暖吗？

⑤ There is **little** time left. 剩下的时间**不多**了。

(2) 形容词和定语名词

只能前置修饰名词性成分的形容词

A. 表示位置、次序的形容词

表示位置、次序的形容词：left 左边的；right 右边的；inner 内部的；outer 外部的；upper 上面的；hinder 后面的；utter 彻底的；former 从前的；latter 后者的；lesser 次要的；elder 年长的；eldest 最年长的；major 主要的；minor 次要的；main 主要的；only 唯一的；mere 仅仅。

例如：

① His **only** answer was a grunt. 他**唯一的**回答就只是哼了一声。

② That's **utter** nonsense. 那**完全**是胡说八道。

③ the **former** president **前**总统

B. 表示材质的形容词

表示材质的形容词：wooden 木制的；earthen 土质的；woolen 羊毛的；brazen 铜制的；ashen 灰制的；leaden 铅制的；flaxen 亚麻的；golden 金的。

例如：

① a **wooden** table **木**桌子

② a **woolen** sweater **羊毛**衫

③ **golden** color **金色**

C. 由连字符连接的短语或句子作形容词

由连字符连接的短语或句子作形容词修饰名词时前置。

例如：

① **on-the-job** training 在职培训

② the **8,300-foot-high** volcano 八千三百英尺高的火山

形容词和定语名词作前置定语的语义分类

根据形容词和定语名词的含义不同，可以分为强化语气词、观点修饰词、描述修饰词和分类修饰词四大类。定语名词在修饰核心名词时，一般表示被修饰名词的用途、功能、材质、时间、地点、类别、内容等，所以可以归类为分类修饰语，见表 2-10。

表 2-10 不同类别修饰词举例

形容词语义分类	形容词语义	举例	
强化语气词	强化语气	actual, mere, sheer, complete,...	
观点修饰词	性质或属性	beautiful, clever, charming, rude, happy, useless, shabby, ugly, interesting, wonderful,...	
描述修饰词	大小	big, small, medium-sized, tall, huge, tiny,...	
	年龄、时间	young, old, medium-aged, senior, elderly, new, antique,...	
	形状	round, square, long, short,...	
	颜色	yellow, red, blue, green, black,...	
分类修饰词	国家	Chinese, French, American,...	专有形容词
	宗教	Buddhist, Christian,...	
	材质	metal, leather, wooden,...	
	用途、功能	reading, drinking, walking, cooking, sleeping,...	
	定语名词	**football** match, a **hand** bag, **eye** glasses, a **desk** lamp, **morning** air, a **silver** spoon, **leather** shoes, an **evening** suit, a **story** book, a **bus** driver,...	

多个形容词和定语名词作前置定语的排序

如果一个核心名词前有多个形容词作定语，可以按照限定词、强化语气词、观

点形容词（性质、属性）、描述形容词（大小、年龄、时间、形状、颜色）、分类词（国别、宗教、材质、用途、定语名词）的顺序进行排列。

例如：

① **a complete bloody** fool **一个十足的傻瓜**

例句①为"限定词＋强化语气＋观点形容词＋中心名词"结构。

② **two beautiful new green silk evening** dresses **两件漂亮的新的绿色丝绸晚礼服**

例句②为"限定词＋观点形容词＋描述形容词＋分类词＋中心名词"结构。

③ **a long brown leather** belt **一条棕色的长皮带**

例句③为"限定词＋描述形容词＋分类词＋中心名词"结构。

④ **a brilliant young Chinese** engineer **一位才华横溢的年轻中国工程师**

例句④为"限定词＋观点形容词＋描述形容词＋分类词＋中心名词"结构。

⑤ **a large old red brick dining** hall **一个古老的大红砖餐厅**

例句⑤为"限定词＋描述形容词＋分类词＋中心名词"结构。

⑥ **the traditional creamy vanilla** ice-cream **传统奶油香草冰淇淋**

例句⑥为"限定词＋观点形容词＋中心名词"结构。

⑦ **a wonderful old Italian** clock **一个漂亮的意大利钟**

例句⑦为"限定词＋观点形容词＋描述形容词＋分类词＋中心名词"结构。

为了加深记忆，可以把这个顺序总结为一个顺口溜：**美小圆旧黄，法国木书房**，即**美**（性质）**小**（大小）**旧**（年龄）**圆**（形状）**黄**（颜色），**法国**（国籍）**木**（材质）**书**（功能）**房**（定语名词）。

● 注意，有时候形容词的位置也会发生变化。

第一，当表示国家的专有形容词和表示材质或颜色的形容词同时修饰一个名词时，两个形容词的位置可以调换。

例如：

① the **wooden Japanese** chess

　＝ the **Japanese wooden** chess **木制日本象棋**

② a **German white** wine

　＝ a **white German** wine **德国白葡萄酒**

第二，表示形状的形容词在与其他形容词连用时，可以根据语境要求来调换位置。

例如：

① a **large oblong** yellow box

= an **oblong large** yellow box 一个**长方形**的黄色**大**盒子

② a **small round** blue table

= a **round small** blue table 一张蓝色的**小圆**桌

第三，两个同类形容词同时用于修饰一个核心名词时，可以用并列连词 and 连接。

例如：

① My sister has a beautiful **tan and white** bulldog. 我妹妹有一只漂亮的**棕白色**斗牛犬。

② The library has **old and new** books. 图书馆有**新旧**书籍。

第四，有三个或三个以上的同类形容词修饰一个核心名词时，在形容词之间可以用逗号隔开。

例如：

① We live in the big **green, white and red** house at the end of the street. 我们住在街道尽头那座**绿、白、红**三色的大房子里。

② I took my **versatile, comfortable, dependable** car on a road trip. 我开着我那辆多**功能、舒适、可靠**的汽车进行公路旅行。

第五，当两个或两个以上的形容词为同一形容词的重复形式，或者同类近义的两个形容词一起修饰一个核心名词时，两个形容词一般用逗号隔开。

例如：

① a **big, big** house 一座**很大、很大**的房子

② a **charming, attractive** hostess 一位**迷人**的女主人

(3) 非谓语动词

非谓语动词作前置定语修饰核心名词时，一般都是以单词的形式出现。可以作前置定语的非谓语动词有动名词、现在分词和过去分词。

动名词作前置定语

动名词前置修饰名词，表示名词的"目的或用途"。

例如：

① The man waiting at the gate is holding a **walking stick** in his hand. 等在门口的男人手里拿着一根**拐杖**。

② This is a comfortable **sleeping bag**. 这是一个舒适的**睡袋**。

现在分词作前置定语

A. 及物动词现在分词作定语修饰名词

及物动词现在分词作定语修饰名词，一般描述被修饰名词本身的特性，或对他人产生尤其是情绪上的影响。

例如：

① This is a **tiring journey**.

 =This journey **tired** me. 这是一次**很累的旅行**。

② This is a **convincing argument**.

 = This argument **convinces** me. 这是一个**令人信服的论点**。

B. 不及物动词现在分词作定语修饰名词

不及物动词现在分词作定语修饰名词，一般表示被修饰名词时形容词所表示的动作的发出者或者名词正在进行该动作。

例如：

① We hope to end the **existing tension** in this region. 我们希望结束这个地区**目前的紧张局势**。

② The **rising crime rate** in this region has attracted the public attention. 这个地区不**断攀升的犯罪率**引起了公众的关注。

过去分词作前置定语

A. 及物动词过去分词作定语

及物动词过去分词作定语，说明被修饰名词和过去分词所表示的动作是"动宾关系"，即被修饰的名词是该过去分词动作的承受者。

例如：

① The **stolen wallet**(the wallet that is stolen) is found in the dustbin. **被偷的钱包**在垃圾箱里找到了。

② **A written report**(a report that is written) is required to be issued to the authority before next Monday. 必须在下周一之前向当局出具**书面报告**。

及物动词过去分词作定语，有时表明被修饰名词感受到的或呈现出的感觉或情绪。

例如：

① a **surprised** expression **惊讶的**表情

② the **disappointed** fans **失望的**粉**丝**

③ the **shocked** reaction **震惊的**反应

B. 不及物动词过去分词作定语

不及物动词过去分词作定语，表示被修饰的名词已经完成了该过去分词所表示的动作。

例如：

① an **escaped** prisoner（= a prisoner who has escaped）**逃走的**囚犯

② the **fallen** leaves（= the leaves that have fallen）**落叶**

③ the **risen** sun（= the sun that has risen）**升起来的**太阳

④ He is a **retired** worker（= a worker who has retired）. 他是一名**退休**工人。

Ⅱ 后置定语

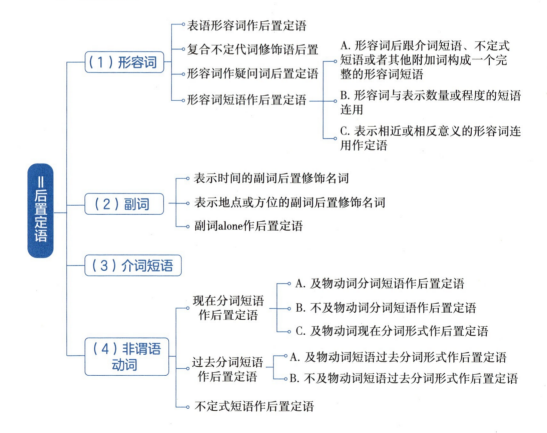

句子中，在名词性成分后边对该名词性成分起修饰作用的句子成分被称为后置定语。一般情况下，后置定语多以含有多个单词的短语形式呈现，可以被理解为简化了的定语从句。可以简化为后置定语的定语从句其关系词要在从句中作主语。

例如：

① something **that is useful**

→ something **useful 有用的**东西

② Anyone **who is intelligent** can do it.

→ Anyone **intelligent** can do it. 任何**聪明**人都可以做这件事。

③ a man **who is greedy** for money

→ a man **greedy** for money **贪财的**人

(1) 形容词

表语形容词作后置定语

可以放在名词后作定语的表语形容词一般是以 a- 开头的形容词，例如 alike、alive、available、alert、afraid、awake 等。它们不能放在名词前边作定语修饰名词，而是跟在系动词后边作表语（主语补足语），所以被称为表语形容词。如果这些形容词一定要修饰名词性成分，要放在被修饰名词后边作后置定语，可以理解为去掉定语从句中的关系代词和系动词之后的从句成分。

例如：

① a bank **that is alert to risks**

  a bank **alert to risks 对风险很敏感的**银行

② a garden **that is abloom with roses**

  a garden **abloom with roses** 一座**盛开玫瑰的**花园

③ He is the most famous pianist **(who is) alive today**. 他是**当今在世的**最著名的钢琴家。

④ If we were to cut down the number of **choices (that were) available** to us, initially we may not find it all that appealing. 如果我们削减**现有选择的**数量，一开始，我们可能会觉得这个做法并不那么令人心动。

复合不定代词修饰语后置

形容词修饰由 some-、any-、no- 构成的复合不定代词时，要放在代词后边作后置定语。这些复合不定代词有 someone、something、somebody、anyone、anything、anybody、nothing、nobody。这些代词后边的形容词作为后置定语可以理

> 不简单的简单句

解为由定语从句省略关系代词和系动词而来。

例如：

① We need **someone (who is) reliable** to accomplish this task. 我们需要**可靠的人**来完成这项任务。

② There was **something (that is) unusual** in her voice. 她的声音**有些反常**。

③ —Is there **anything new** in today's newspaper? ——今天的报纸有什么**新鲜事**吗？

—**Nothing special**. ——**没什么特别的**。

④ **Something funny** is attracting the squirrel's attention. **有趣的东西**正在吸引松鼠的注意力。

> 形容词作疑问词后置定语

形容词可以用来修饰 what、who、whom、why、how、where、when 等疑问词，一般后置。

例如：

① **What important** would you like to talk about? 你要谈论的**重要的事情**是什么？

② **Who else** do you want to meet? 你**还想见谁**？

③ **Where new** have you decided to visit? 你决定好**去哪些没去过的地方**参观了吗？

> 形容词短语作后置定语

下列情况中，形容词与其他词汇搭配成为不可分割的短语时，一般放在被修饰的名词后，作后置定语。

A. 形容词后跟介词短语、不定式短语或者其他附加词构成一个完整的形容词短语

例如：

① It is a meeting **fruitful with results**. 这是一次**卓有成效的**会议。

② He is one of the members **responsible for the task**. 他是**负责这次任务的**成员之一。

③ English is the language **easy to learn**. 英语是一门**容易学习的**语言。

④ We needed a boat **big enough to haul supplies to the campsite**. 我们需要一艘**足够大的**船把**物资运到营地**。

B. 形容词与表示数量或程度的短语连用

例如：

① This is a well **10 meters deep**. 这是一个**10米深**的水井。

② The teacher assigned us to read a book **600 pages thick** in one week. 老师让我们一周内阅读完一本 **600 页厚**的书。

③ This is a building **20 stories high**. 这是一栋 **20 层楼高**的建筑。

④ Please fetch me a rope **2 meters long**. 请给我**一根两米长**的绳子。

C. 表示相近或相反意义的形容词连用作定语

例如：

① I have never seen **a film more interesting and instructive**. 我从未看过这样**有趣而又富有教育意义的影片**。

② We are trying to figure out **a solution effective and economical**. 我们正在试图想出**一个经济有效的解决办法**。

③ The country is enjoying **a period peaceful and prosperous**. 这个国家正处于**和平繁荣时期**。

(2) 副词

大部分情况下，副词修饰动词、形容词或其他副词，但是在下列情况中，副词也可以修饰名词，但需要后置。

表示时间的副词后置，修饰名词

例如：

① **Her speech yesterday** indicated that she had changed her mind. **她昨天的讲话**表明她改变了想法。

② She is busy preparing for **the meeting tomorrow**. 她正忙着为**明天的会议**做准备。

表示地点或方位的副词后置，修饰名词

例如：

① Most of **the students here** are from the same school. **这里的**大部分**学生**都来自同一所学校。

② **The road ahead** was now blocked solid. **前方道路**现在被堵死了。

③ Our funds won't run to **a trip abroad** this year. 今年我们没有足够的钱去**国外旅行**。

④ He could hear **the others downstairs** calling his name. 他能听到**其他人在楼下**喊他的名字。

副词 alone 作后置定语

强调"单单、只、仅仅"的含义时，alone 的用法是副词作后置定语修饰名词。

例如：

① **The shoes alone** cost me 100 dollars. **单单这双鞋**就花了我一百美元。

② **God alone** knows what she thinks. **只有天**晓得她想什么。

(3) 介词短语

介词短语作定语后置修饰名词的用法较为常见，多表示与时间、地点、范围、类别、来源、动宾、状态等相关的语义。

例如：

① **The genie from the brass lamp** granted three wishes. **铜灯里的精灵**实现了三个愿望。

② Do you know who **the girl by the table** is? 你知道**坐在桌子边的那个女孩**是谁吗？

③ He put **his love for the country** above everything else. **他对国家的爱**高于一切。

④ The doctor is treating **the patient with head injuries**. 医生正在治疗**这位头部受伤的病人**。

(4) 非谓语动词

非谓语动词作后置定语，可以理解为从定语从句中的谓语转化而来，多以短语形式呈现。定语从句中，关系代词作主语。

现在分词短语作后置定语

现在分词多以短语形式作后置定语，表示被修饰的名词为分词动作的发出者，或者分词动作正在进行，可以理解为从主动语态的定语从句简化而来，定语从句关系代词替代被修饰名词在从句中作主语。

例如：

① The man **who told stories to the crowd** is a liar.

→ The man **telling stories to the crowd** is a liar. **向群众讲故事的**人是个骗子。

A. 及物动词分词短语作后置定语

例如：

① The students **who spend too much time playing phone games** have less possibility

第二讲　简单句的结构

to have good grades.

→ The students **spending too much time playing phone games** have less possibility to have good grades. **花太多时间玩手机游戏的**学生不太可能取得好成绩。

② The children **who rode their bikes** were having a great time.

→ The children **riding their bikes** were having a great time. **骑自行车的**孩子们玩得很开心。

B. 不及物动词分词短语作后置定语

例如：

① They built a road **which led to the top of the mountain**.

→ They built a road **leading to the top of the mountain**. 他们修了一条**通往山顶的**路。

② I met a boy **who was studying in this school**.

→ I met a boy **studying in this school**. 我遇到了一个**在这所学校学习的**男孩。

C. 及物动词的现在分词形式作后置定语

及物动词的现在分词形式作后置定语与被动语态有相同用法，表示被修饰名词所承受的动作正在发生。

例如：

① The building **which is being built** right now will be completed next month.

→ The building **being built** right now will be completed next month. **在建的**大楼下个月就能完工。

② The man **who was being admitted** to hospital was in critical condition.

→ The man **being admitted** to hospital was in critical condition. 当时**正在被医院收治的**男子情况危急。

过去分词短语作后置定语

过去分词短语作后置定语修饰名词表示被动，即被修饰名词是分词动作的承受者，或者表示动作已经完成。

A. 及物动词短语的过去分词形式作后置定语

及物动词短语的过去分词放在名词后表示被动意义，可以理解为由被动语态的定语从句简化而来。

例如：

不简单的简单句

① What's the language **that is spoken** in this area?

→ What's the language **spoken** in this area? 这个地区**说**什么语言？

② The plan **which is related** to the project is under discussion.

→ The plan **related** to the project is under discussion. 我们正在讨论与这个项目**有关的**计划。

③ We have come here to see the boy **who was injured** in the attack.

→ We have come here to see the boy **injured** in the attack. 我们是来看望在袭击中**受伤的**男孩的。

B. 不及物动词短语的过去分词形式作后置定语

不及物动词短语的过去分词原则上不能用作非谓语动词后置修饰名词。但是有少数不及物动词的过去分词可以作定语或表语，表示"动作已经完成"的意义，例如 retired、escaped、fallen、come、gone 等。通常这些过去分词前会使用某些副词加以限定。

例如：

① This is the dream **that has come true**.

→ This is the dream **come true**. 这是一个已经**实现了**的梦想。

② The man **who had just gone** to India told me this news.

→ The man **just gone** to India told me the news. 刚到印度**去**的那个人告诉我这个消息。

③ The train **which has recently arrived** at Platform 1 is from Shanghai.

→ The train **recently arrived** at Platform 1 is from Shanghai. **刚到**第一站台的火车来自上海。

● 注意，原则上，只有及物动词的过去分词形式可以用作非谓语动词，表示被动。而不及物动词的过去分词形式作后置定语只是极个别的情况，适合将其当作习惯用语对待，不宜根据语法规则自行构建。当没有把握时，建议在写作中使用定语从句替代不及物动词过去分词来修饰名词。

不定式短语作后置定语

不定式短语作为后置定语一般表示"将要发生"，可以理解为从定语从句转化而来。而且在可进行转化的定语从句中，引导从句的关系词除了在定语从句中是主语，还可以是宾语、状语。

例如：

① The man **who can help you** is Mr. Smith.

→ The man **to help you** is Mr. Smith. 能帮你的人是史密斯先生。

② The man **whom you should see** is Mr. Smith.

→ The man **(for you) to see** is Mr. Smith. 你要见的人是史密斯先生。

③ The day **on which you should go** is the Fourth of July.

→ The day **(for you) to go** is the Fourth of July. 你出发的时间是七月四日。

如果定语从句关系代词或关系副词在从句中不作主语，当从句转化不定式短语时，可以保留该关系代词或关系副词。该用法较为正式。

例如：

① The day **on which you should go** is the Fourth of July.

→ The day **on which to go** is the Fourth of July. 你出发的时间是七月四日。

② The place **where you should stay** is the classroom.

→ The place **where to stay** is the classroom. 你应该在教室里待着。

③ A good place **where / at which you can eat** is the pub round the corner.

→ A good place **where / at which to eat** is the pub round the corner. 吃饭的好地方就是附近的小酒吧。

不定式短语作为后置定语一般表示将要发生的动作，但是有时也可以表示已经发生的动作。

例如：

① Armstrong was **the first human being who had walked** on the moon.

→ Armstrong was **the first human being to walk** on the moon.

→ Armstrong was **the first human being to have walked** on the moon. 阿姆斯特朗是**第一个**在月球上**行走的人**。

先行词被序数词、形容词最高级或 the next、the only、the last 等修饰时，后边常跟不定式作后置定语。

② The man **who will pick you up** at the station is Jack.

→ The man **to pick you up** at the station is Jack. 在车站接你的人是杰克。

当不定式作为后置定语与修饰的名词或名词短语之间存在主谓关系或动宾关系的时候，就会涉及"语态"。

当不定式与其修饰的名词短语之间存在主谓关系时，即名词短语是不定式动作的发出者时，不定式就是主动语态。

例如：

① We need nurses **who can take care of** the children.

→ We need nurses **to take care of** the children. 我们需要护士来**照顾孩子们**。

当不定式与其修饰的名词短语之间存在动宾关系，即名词短语是不定式动作的承受者时，不定式就用被动语态。

例如：

① We still have three months for **a polling place to be established**. 我们还有三个月的时间来**设立投票站**。

② Let me show you **the classroom to be used as reading-room**. 让我带你看看要**用作阅览室的教室**。

当不定式与修饰的名词短语有**动宾关系**（即名词是不定式动作的承受者），同时句子的主语又与不定式动作为**主谓关系**（即主语是不定式动作的发出者）时，不定式一般用**主动形式表示被动含义**。可以通过能否将主语、不定式与不定式修饰的名词组合成一个主谓宾结构的句子来判断是否使用不定式主动形式表示被动关系。

例如句子 We（主语）don't have a lot of work（宾语）to do（定语）."我们没有很多工作要做。"可将主语 We、不定式 to do 与不定式修饰的名词 a lot of work 组合转换为主谓宾结构的句子 We（主语） do（谓语） a lot of work（宾语）."我们做很多工作。"

例如：

① We have many **difficulties to overcome**. 我们要**克服**很多**困难**。

② **Mr. Martin** has **his fortune** entirely **to make**. **马丁先生**的**财富**完全是自己**创造**的。

当句子中谓语动词跟双宾语，同时直接宾语后跟不定式作后置定语时，如果间接宾语是不定式动作的发出者（即**主谓关系**），而直接宾语是不定式动作的承受者（即**动宾关系**）时，不定式可以用主动形式表示被动意义。此时可以通过能否将直接宾语、不定式和间接宾语组合成主谓宾结构的句子进行判断。

例如句子 He will show you（间接宾语） a right path（直接宾语） to take（定）."他会给你指一条正确的道路。"可以将直接宾语 a right path、不定式 to take 和间接宾语 you 组合转换为主谓宾结构的句子 You（主语）take（谓语）the right path（宾语）."你选择了正确的道路。"

例如：

① Her father bought **her a new dress to wear** during the Spring Festival. 她爸爸给**她**买了**一条春节穿的新裙子**。

在 there be 结构的句子中，修饰主语的不定式用主动和被动皆可，口语多用主动。若不定式有自己的逻辑主语，要用主动式，不用被动式。

例如：

① There is much work **that we should do** this week.

→ There is much work **(for us) to do** this week. 本周（我们）有很多工作**要做**。

② There is much work **that should be done** this week.

→ There is much work **to be done** this week. 本周有很多工作**要做**。（别人做）

③ There is no time **to lose / to be lost**.

→ There is no time **for them to lose**. 他们没有时间**可浪费**。

2.2.5 状语

在简单句中，状语是对整个句子或者句子中谓语部分的动作、状态或特征进行描述的修饰性成分。

例如：

① He lives **happily with his mother**. 他**和他妈妈幸福地**生活在一起。

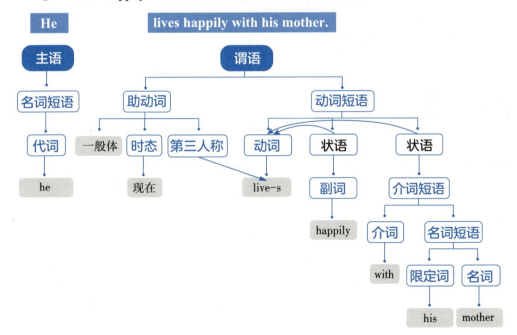

不简单的简单句

② **To be frank**, I can't agree **to your opinion**. **坦白说**，我不同意**你的意见**。

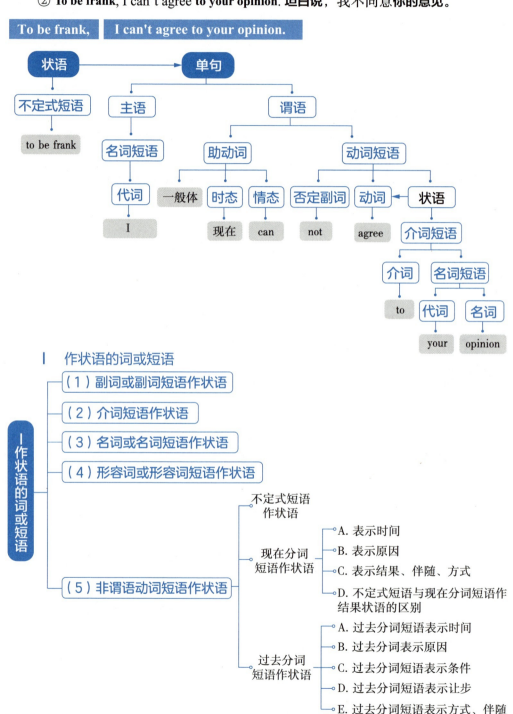

第二讲　简单句的结构

一个句子中，可以作状语的成分有副词或副词短语、介词短语、名词或名词短语、形容词或形容词短语、非谓语动词短语。

(1) 副词或副词短语作状语

例如：

① They are **happily** married. 他们婚姻**幸福**。

② The leaves fell **down** from the trees. 树叶从树上落**下**。

③ The village is located **far away** from the city. 这个村庄离城市**很远**。

(2) 介词短语作状语

例如：

① I left school **after lunch**. 我**午饭后**离开了学校。

② The village is located far away **from the city**. 这个村庄**离城市**很远。

(3) 名词或名词短语作状语

表示距离、时间、方向、地点、方式等含义的名词可以在句子中作状语。

例如：

① I have told you **many times**. 我告诉你**很多次**了。

② Wait **a minute**. 等**一会**。

③ Come **this way**. **这边**走。

④ See you **next Wednesday**. **下周三见**。

⑤ They threw themselves **heart and soul** into the project. 他们**全身心地**投入到项目中。

⑥ I don't blame you for thinking **that way**. 我不怪你**那么**想。

(4) 形容词或形容词短语作状语

形容词作状语多表示主语的性质、状态、特征等含义。

例如：

① She gazed at him, **silent for a while**. 她凝视着他，**沉默了一会儿**。

不简单的简单句

② She hurried up the steps, **nervous and pale**. 她匆忙走上台阶，**神情紧张，脸色苍白**。

③ **Unable to answer my question**, he kept silent. 他**无法回答我的问题**，所以保持沉默。

(5) 非谓语动词短语作状语

不定式短语作状语

不定式作状语，主要用来修饰动词，还可以修饰形容词，在句子中表示目的、原因、结果、条件等含义。

例如：

① I wept **to see them in that condition**. **看到他们这样的条件**，我哭了。

例句①中不定式 to see 跟在表示情绪变化的动词后，说明产生这种变化的原因。

② The boys laughed **to hear the good news**. 男孩们**听到这个好消息**都笑了起来。

例句②中 to hear the good news 表原因。

③ I went to London **to learn English**. 我去伦敦**学英语**。

例句③中 to learn English 表目的。

④ She woke up **to find herself locked in a room**. 她醒来发现自己被关在一间屋子里。

例句④中 to find herself locked in a room 表结果。

⑤ **To hear him talk**, you would think he had witnessed the accident. 听他讲话，你会认为他目睹了这起事故。

例句⑤中 To hear him talk 表条件。

不定式还可以作评注状语，用来修饰整个句子，表示说话人的话语态度或动机。

例如：

① **To be honest with you**, I am unsatisfied with what you have done. **跟你说实话**，我对你的所作所为很不满意。

② **To be honest**, this house is quite costly. **老实讲**，这房子太贵了。

现在分词短语作状语

现在分词具有副词属性，可以在句子中作状语，表示时间、原因、结果、伴随、方式或手段等，一般放在句首或句末。

A. 表示时间

例如：

① **Having finished my work**, I went home. **完成工作之后**，我回家了。

在例句①中，表示时间的 finished 先于谓语动词 went home 发生，所以使用现在分词的完成式。

② **Taking a key out of her pocket**, she opened the door. **她从兜里拿出钥匙**，打开了门。

在该句中，现在分词 taking a key out of her pocket 虽然比谓语动词 opened the door 先发生，但是由于两个动作属于紧密相连的短暂性动作，所以现在分词使用一般式。

B. 表示原因

当现在分词短语表示原因时，一般放在句首。

例如：

① **Living in the country**（= Because I was living in the country），I could make friends with the villagers.
因为住在乡下，我可以和村民们交朋友。

② **Not being able to speak the local language**（=Because I was not able to speak the local language），I have to take an automatic language translation machine with me.
由于不会说本地语言，我不得不随身携带自动翻译机。

C. 表示结果、伴随、方式

现在分词短语在句子中还可以表示结果、伴随、方式等含义，如果表示结果一般要放在句子后边。

例如：

① The famous writer died, **leaving the novel unfinished**. 这位著名的作家去世了，**留下的遗作没有完成**。

例句①中 leaving the novel unfinished 表结果。

② The students walked into the classroom, **chatting and laughing**. 学生们**有说有笑地**走进了教室。

例句②中 chatting and laughing 表伴随。

③ **Using a sharp knife**, he cut the stick into two. 他**用一把锋利的刀**，把棍子劈成了两半。

例句③中 Using a sharp knife 表方式。

D. 不定式短语与现在分词短语作结果状语的区别

不定式短语作结果状语，表示结果出乎意料，不在预期内；现在分词作结果状语，表示结果在预期内，顺理成章。

例如：

① What have I said **to make you so angry**? 我说什么了**让你这么生气**？

例句①中不定式短语 to make you so angry 作结果状语，表示结果出乎意料。

② The car was caught in the traffic jam, thus **causing the delay**.
他们的车遇到了交通堵塞，**所以耽搁了**。

例句②中现在分词 causing the delay 作结果状语，表示结果在预期内，顺理成章。

过去分词短语作状语

过去分词短语作状语表示动作发生的背景或情况，表达时间、原因、条件、让步、方式、伴随等含义。一般情况下，过去分词与描述对象，即句子的主语，呈被动关系。这种情况一般由修饰句子主语或句子的从句转化而来，其转化条件：从句主语与主句主语一致，或者由两个主语相同的句子结合而来。转化是为了避免主语重复，简化语言结构，使表达更为紧凑。转化方式为去掉从句或其中一个单句的主语，把从句或该单句中的谓语结构中 be 动词去掉，只留下分词部分。

例如：

① When it was published in 1994, the book caused a sensation in the public.

→ Published in 1994, the book caused a sensation in the public. 这本书在 1994 年出版时在公众中引起了轰动。

② He sat there. He was lost in thought.

→ He sat there, lost in thought. 他坐在那里，陷入了沉思。

A. 过去分词短语表示时间

例如：

① **Asked about his address**, the boy didn't answer. **当被问及地址时**，这个男孩没有回答。

例句①中，asked 与主句的主语 the boy 之间是被动关系。过去分词 asked 由从句 when he was asked 转化而来。

B. 过去分词短语表示原因

例如：

① **Attracted by the beauty of nature**(=because she was attracted by the beauty of nature), the girl decided to spend another two days on the farm.
由于被大自然的美深深吸引，小姑娘决定在农场再待两天。

C. 过去分词短语表示条件

例如：

① **Given a little more time**(=if we were given a little more time), we could finish all this. **如果多给一点时间，我们能都完成。**

D. 过去分词短语表达让步

过去分词短语表达让步时一般翻译要根据句意加上"尽管……""即使……"。
例如：

① **Frosted with new snow**(although my face was frosted with new snow), my face has a warmth in the cheeks. **虽然我的脸上沾满了新下的雪，但脸颊上有一种温暖。**

E. 过去分词短语表达方式、伴随

例如：

① He went into the room, **supported by his wife**. 他**妻子扶着他**走进了房间。

例句①中，supported by his wife 与句子的主语 he 之间是被动关系，由两个独立单句 He was supported by his wife 与 He went into the room 结合而来。

② He walked out of the bar, **followed by Kevin**. 他走出酒吧，**凯文跟着他。**

该句中，followed by Kevin 与句子的主语 he 之间是被动关系，由两个独立单句 He was followed by Kevin. 与 He walked out of the bar. 结合而来。

不简单的简单句

Ⅱ 状语的语法功能分类

根据在句子中发挥的语法功能,状语可以分为附加状语、下加状语、外加状语和联加状语。

(1) 附加状语

什么是附加状语

附加状语也被称为修饰性状语,主要用于修饰句子中的谓语部分(谓语状语),也可以修饰句子(句子状语)。语义上表示时间、地点、方式、原因、目的、结果等含义。我们所学的大部分状语都属于附加状语。在简单句中,可以充当附加状语的词汇或短语可以是副词短语、形容词短语、名词短语、介词短语、非谓语动词短语。

例如:

① He came **from America last week**. 他**上星期从美国**来。

例句①中介词短语 from America 作句子状语,表示方向;名词短语 last week 作谓语状语,表示时间。

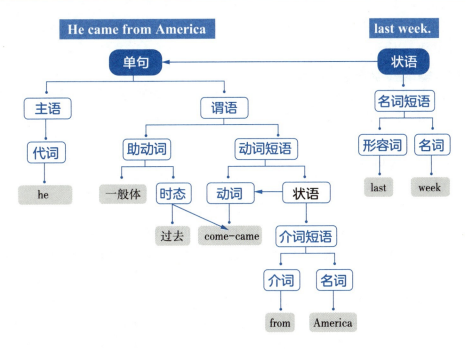

② I've told you **many times**. 我已经告诉你**很多次**了。

例句②中名词短语 many times 作谓语状语，表示频率。

③ He couldn't move **forward** even **an inch**. 他**寸步难行**。

例句③中副词 forward 是谓语状语，表示方向；名词短语 an inch 作谓语状语，表示程度。

④ She gazed at him **silent for a while**. 她盯着他，**沉默了一会儿**。

例句④中形容词短语 silent for a while 作谓语状语，表示主语发出谓语动作时伴随的状态。

⑤ **Walking to work**, I spotted an eagle. **步行上班的路上**，我看到了一只鹰。

例句⑤中现在分词短语 walking to work 作句子状语，表示时间。

⑥ **Washed by hand**, the jersey will keep its shape **for years**. **如果手洗**，这件运动衫可以**多年**不变形。

例句⑥中过去分词短语 washed by hand 作句子状语，表示条件；介词短语 for years 作谓语状语，表示时间。

⑦ A survey has been launched **to gather views on the impact of AI technology on education**. 一项关于**人工智能技术对教育影响**的调查已经启动。

例句⑦中不定式短语 to gather views on the impact of AI technology on education 作谓语状语，表示目的。

句子状语和谓语状语的区别

谓语状语由于受限于谓语，一般放在谓语后边；而修饰句子的状语由于不依赖于谓语，所以位置较灵活，可以位于句首、句中或句尾。

例如：

① He came **from America last week**.

→ **Last week**, he came **from America**.

→ He came, **last week**, **from America**. 他上周从美国来。

例句①中，from America 是一个修饰谓语 came 的状语，所以只能位于谓语动词 came 后边；而名词短语 last week 则是修饰句子 He came from America 的状语，所以它的位置相对灵活。

② **Washed by hand**, the jersey will keep its shape **for years**.

→ The jersey, **washed by hand**, will keep its shape **for years**.

→ The jersey will keep its shape **for years**, **washed by hand**. 这件运动衫**手洗**可以保持**多年**不变形。

例句②中，过去分词短语作为状语，表示条件，相当于 if it is washed by hand, 所以它修饰主句 The jersey will keep its shape for years，因此其位置比较灵活，可以位于句首、句中或句尾；介词短语 for years 作为状语修饰句子的谓语动词短语 keep its shape，所以属于谓语状语，只能位于谓语动词短语的后边。

(2) 下加状语

什么是下加状语

下加状语也被称为次修饰状语，与分句层次的附加状语不在同一层次。它可以作为副词结构在短语层次修饰句子中的某个单词，例如动词、名词、形容词、副词、连词、介词或限定词等。它也可以是一个副词性结构，在高于分句的层次，表示说话人的态度或观点。

例如：

① He **just** stopped talking. 他**就**不说话了。

例句①中的副词 just 修饰谓语动词 stopped。

② He couldn't move forward **even** an inch. 他寸步难行。

例句②中的副词 even 修饰限定词 an。

③ We judge them **purely** on their final examination. 我们**仅仅**通过期末考试来评价他们。

例句③中的副词 purely 修饰介词 on。

④ Could you **please** come with me? **请**您跟我来好吗?

例句④中的副词 please 指向主语，表示礼貌。

⑤ **Technically** (=If we consider what we are saying from a technical point of view), recycling the waste products will be easy.

→ Recycling the waste products will be **technically** easy. **从技术上讲**，回收废品很容易。

例句⑤中副词 technically 是高于分句层次的下加状语，表示说话人在表达，主句内容是从技术的角度出发的。Technically 也可以移至句中作形容词 easy 的下加状语。

⑥ The problem is **mathematically** a strong non-linear problem.

→ **Mathematically**, the problem is a strong non-linear problem. 这个问题在**数学上**是一个强非线性问题。

副词 mathematically 是下加状语，表示说话人从数学的角度认为问题是"线性问题"。但是 mathematically 在语义上限制的是名词短语 a strong non-linear problem。

例句⑤⑥中，下加状语 technically 和 mathematically 被认为是表示说话人的态度或观点，所以有人将它们称为外加状语，但是其修饰的对象仍然是句子中某个成分，比如 easy 和 a strong non-linear problem，而非整个句子，所以依然应该被认为是下加状语。

附加状语与下加状语的区别

第一，我们可以就附加状语和它的并列结构进行提问，但是下加状语则不可以。

例如:

① He stayed up **very late last night**. 他**昨晚很晚**才睡。

提问 1: Did he stay up **very late or not** last night? (√)

他昨天晚上睡得**很晚**吗?

提问 2: Did he stay up **very late last night** or the night before?

> 不简单的简单句

他是**昨天晚上**睡得**很晚**还是前天晚上？（√）

提问3：Did he stay up **very or not** late last night?（×）

例句①中附加状语为 very late 和 last night，提问1和提问2是就附加状语和它的并列结构进行提问；下加状语为副词 very，修饰副词 late，提问3就下加状语提问则为错误句子。

第二，附加状语可以用于强调句型，下加状语不可以。

例如：

① He stayed up **very late last night**. 他**昨晚很晚**才睡。

强调1：It was **very late** that he stayed up last night.（√）

　　　　他昨晚睡得的确**很晚**！

强调2：It was **last night** that he stayed up very late.（√）

　　　　就是**昨晚**他睡得很晚。

强调3：It was **very** that he stayed up late.（×）

由于例句①中 very late 和 last night 为附加状语，因此强调1和强调2使用强调句型是正确的；而由于副词 very 为下加状语，修饰副词 late，因此强调3只对 very 进行强调是错误的。

(3) 外加状语

什么是外加状语

外加状语也被称为评注状语，不描述谓语部分，只表示说话人在表达句子内容时的说话方式，或对主句内容进行评论。外加状语可以分为方式外加状语和内容外加状语。

例如：

① **Personally**, I like apples.

就我个人而言，我喜欢苹果。

例句①中 personally 为外加状语。

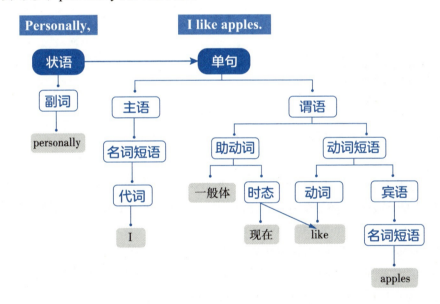

② He'll interview you **personally**. 他会**亲自**面试你。

> 不简单的简单句

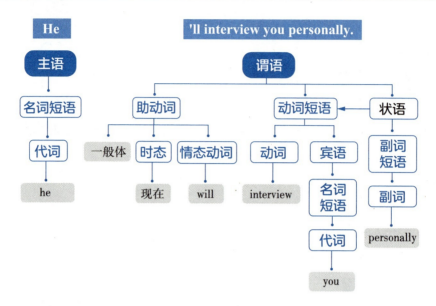

例句②中 personally 为附加状语。

外加状语的分类

A. 方式外加状语

方式外加状语表示说话人在表达句子内容时的说话方式。

例如：

① **Frankly**, I don't think the plan will succeed. **坦白讲**，我认为这项计划不会成功。

例句①中副词 frankly 表示说话人在说主句内容时的态度是坦诚的，可以理解为：I am being frank when I am saying it.

② **Personally**, I like apples. **就我个人而言**，我喜欢苹果。

例句②中副词 personally 表示说话人在说主句内容时是以个人角度进行表达的，可以理解为：I am saying it from my personal point of view.

B. 内容外加状语

内容外加状语也称态度评注性状语，表示说话人对于主句内容进行评价或持有的态度，比如对主句内容真实性做出评价。

例如：

① **Without a doubt**, there will be enough seats for all of you. **毫无疑问**，你们所有

人都会有足够的座位。

例句①中介词短语 without a doubt 是内容外加状语，表示说话人认为主句内容不容置疑，可以理解为：There is no doubt that there will be enough seats for all of you.

② **Obviously**, she doesn't intend to help. **很明显**，她不打算帮忙。

例句②中副词 obviously 是内容外加状语，表示说话人认为主句内容显而易见，可以理解为：It is obvious that she doesn't intend to help.

外加状语与附加状语的区别

第一，附加状语可以用于强调句型而外加状语不可以，因为强调句型强调的是句子中的成分，但是外加状语不是主句句子中的成分，而是句子外围的成分。

例如：

① Your son answered **in all frankness** all the questions asked by the police.

→ It is **in all frankness** that your son answered all the questions asked by the police. （√）

你儿子**坦率地**回答了警察提出的所有问题。

例句①中的 in all frankness 为附加状语，可以用于强调句型。

② Your son is not, **in all frankness**, succeeding in his present job.

→ It is **in all frankness** that your son is not succeeding in his present job. （×）

坦率地说，你儿子目前的工作干得并不成功。

例句②中的 in all frankness 为外加状语，不可以用于强调句型。

第二，疑问句可以对附加状语进行提问，但是不能对外加状语提问。因为疑问句是就句子中的成分进行提问，但是外加状语是句子外围成分。

例如：

① **Sadly**, the storm destroyed all the crops.

→ Did the storm destroy all the crops **sadly**? （×）

很遗憾，暴风雨摧毁了所有的庄稼。

例句①中的 sadly 为外加状语，不能用疑问句对外加状语提问。

② Dr. Fox sat **sadly** in her room.

→ Did Dr. Fox sit in her room **sadly**? （√）

福克斯医生**伤心地**坐在自己的房间。

例句②中的 sadly 为附加状语，疑问句可以对附加状语进行提问。

(4) 联加状语

什么是联加状语

联加状语又叫"连接性状语"，通常用连接副词、解说副词以及介词短语等表示，起连接上下文意思的作用。联加状语将相对独立的句子，在表意功能方面连接起来，从而构成一个具有一定逻辑关系、较为完整的话语链。联加状语在意义上起到承上启下的作用，有表示列举、同位、等意、结果、推论、让步、概括等含义，但是并不在句法上将上下文连接为从属或并列结构。

例如：

① -1 He worked hard; **therefore**, he passed the exam. （√）

① -2 He worked hard. **Therefore**, he passed the exam. （√）

① -3 He worked hard, **and, therefore**, he passed the exam. （√）

① -4 He worked hard, **therefore**, he passed the exam. （×）

他努力学习，**所以**考试及格了。

例句① -1 至① -3 都是正确的，因为 therefore 只是副词词性，在语义上连接两个分句，但不在结构上起连接作用。① -1 和① -2 中，两个分句分别由分号"；"和句点"."连接，说明两个分句属于平行结构或彼此独立的结构，各分句相对独立，不需要有连词连接，therefore 仅作第二个分句的状语；例句① -3 中，两个分句由逗号"，"和并列连词 and 连接构成并列结构，therefore 仅作第二个分句的状语；例句① -4 是错误的，因为两个分句由逗号"，"连接，说明两个分句具有从属关系，但是因为 therefore 仅作为副词，不能从结构上连接两个分句，所以这两个分句之间缺少一个连接词。

可作联加状语的副词分类

表示列举的连接性副词：first，second，third...；firstly, secondly, thirdly...; one, two, three...; first of all; in the first place, in the second place...; on the one hand...on the other hand...; for one thing...(and) for another...; finally, last, last of all; next, then; to conclude……

例如：

① **Firstly,** it is wrong, and **secondly** it is extremely difficult to implement. **首先**它是错误的，**其次**它极其难以实施。

② Don't set him the task. **For one thing** he's old; **for another** he's in poor health.

不能让他去干。他**一则**年纪大，**二则**身体弱。

③ They talked about it for hours. **Finally**, they decided not to go. 他们谈了好几个小时。**最后**，他们决定不去了。

表示递进关系的连接性副词：equally; likewise; moreover; furthermore; in particular; what's more; in addition; additionally; above all; on top of it all（非正式）……

例如：

① You are wrong, and **what's more**, you know it. 你错了！**而且**你明明知道了！

② The first lab experiment showed good results. **Likewise**, the final lab experiment showed promising results as well. 第一次实验室实验结果良好。**同样**，最后的实验室实验也显示了令人满意的结果。

③ All employees receive paid vacation and sick leave. **In addition**, we offer a range of benefits for new parents. 所有员工都有带薪假期和病假。**此外**，我们还为初为父母的人提供一系列福利。

表示总结的连接性副词：altogether；overall；thus；all in all；in conclusion；in sum；to conclude；to sum up……

例如：

① The food was good and we loved the music. **Altogether** it was a great evening. 吃的不错，音乐我们也很喜欢。**总之**，那天晚上过得很愉快。

② **In conclusion**, he wished us all well. **最后**，他祝愿我们大家都好。

③ **Overall**, I am disappointed with the result. **总之**，我对结果很失望。

表示结果的连接性副词：accordingly; consequently; hence; now; so; therefore; thus; as a consequence; in consequence; as a result……

例如：

① We were unable to get funding, and, **therefore**, had to abandon the project.
我们无法获得资金，**因此**不得不放弃这个项目。

② She loved the dress and wore it often, and **consequently** you loved it as well.
她喜欢那件衣服，经常穿，**因此**你也喜欢它。

③ We have different backgrounds. **Accordingly**, we will have different futures.
我们有不同的背景。**因此**，我们将有不同的未来。

表示同位关系的连接性副词：namely; in other words; for example; for instance; that is; that is to say; specifically……

例如：

① I learned an important lesson when I lost my job, **namely** that nothing is a hundred percent guaranteed. 当我失去工作时，我得到了一个重要的教训，**那就是**没有什么是百分之百有保证的。

② We also predicted a main effect of task: **specifically**, poorer performance on the blanks task. 我们还预测了任务的主要效果：**具体来说**，填空任务的表现较差。

表示让步的连接性副词：however; nevertheless; anyway; nonetheless; notwithstanding; still; though; yet; in any case; in any event; at any rate; at all events; for all that; in spite of that; in spite of it all; after all; admittedly; of course……

例如：

① It's a very unpleasant affair. **Still**, we can't change it. 这是件很不愉快的事。**但是**，我们不能改变它。

② She may be unable to attend the meeting. You should **nonetheless** send her the agenda. 她可能无法参会，**尽管如此**，你也应该把议程发给她。

③ People tend to put on weight in middle age. **However**, gaining weight is not inevitable. 人到中年往往会发胖。**但是**，发胖并非不可避免。

表示推论的连接性副词：then; otherwise; in other words; in that case……

例如：

① My parents lent me the money. **Otherwise**, I couldn't have afforded the trip. 我父母借给了我钱，**否则**我付不起旅费。

② Have a rest now, and **then**, you won't be so tired tonight. 现在休息一会儿，**这样**晚上就不会太累。

表示替换的连接性副词：alternatively; rather; better; worse; in other words……

例如：

① He was economical with the truth — **in other words**, he lied. 他不讲真话——**换句话说**，他撒谎了。

② He's selling his apartment, **or rather**, he'll sell it if he can find a buyer. 他正在卖他的公寓，**或者更确切地说**，如果他能找到买主，他就会卖。

③ We could go to the Indian restaurant, or **alternatively**, we could try that Italian place. 我们可以去印度餐厅，**或者**也可以试一下那家意大利餐厅。

表示对立关系的连接性副词：instead; on the contrary; by contrast; by way of contrast; in comparison; by comparison; by way of comparison; on the other hand……

例如：

① There is no coffee — would you like a cup of tea **instead**? 没有咖啡，您想来一杯茶吗？

② Yesterday's weather was very cold. Today's weather is mild **by comparison**. 昨天的天气很冷。**相比之下**，今天的天气还算温和。

表示过渡关系的连接性副词：incidentally； by the way； meantime； meanwhile； in the meantime； in the meanwhile； originally； subsequently； eventually……

例如：

① I think we've discussed everything we need to — **by the way**, what time is it? 我想我们已经讨论了我们需要的一切——**顺便问一下**，现在几点了？

② We had a marvelous meal at that restaurant you recommended — **incidentally**, I must give you the number of similar one I know. 我们在你推荐的那家餐馆吃了一顿美餐——**顺便提一下**，我必须告诉你我知道的一家类似餐馆的电话号码。

③ The computer should be working again soon. **Meanwhile**, could everyone get on with some paperwork or something? 这台电脑应该很快就能工作了。**与此同时**，大家能去做点文书工作吗？

Ⅲ 状语的语义分类与定位

(1) 状语的语义分类

在句子中，状语可以表示时间、地点、方式、原因、目的、结果、比较、条件、让步和伴随的含义。

不简单的简单句

例如：

① We planned to set out **at 10:00 o'clock in the morning**. 我们计划**早上10点**出发。（表时间）

② The students are doing their homework **in the classroom**. 学生们正**在教室**里做作业。（表地点）

③ We arrived at the airport **by taking taxi**. 我们**乘出租车**到达机场。（表方式）

④ He was absent from class **because of illness**. 他**因病**没来上课。（表原因）

⑤ We started early **so as to finish it on time**. 我们很早就开始了，**以便按时完成**。（表目的）

⑥ He woke up **only to find himself in hospital**. 他醒来时**发现自己在医院里**。（表结果）

⑦ Bob reads the paper **some of the time**. 鲍勃**有时**会看报纸。（表频度）

⑧ This text is more difficult **than the other one**. 这篇课文**比那篇课文**难。（表比较）

⑨ **Given another chance**, I would do it much better. **如果再给我一次机会**，我会做得更好。（表条件）

⑩ **In spite of the sun**, he still feels cold. **尽管有太阳**，他还是觉得冷。（表让步）

⑪ The tiger came near, **his mouth wide open and his tongue hanging out**. 老虎走近了，**嘴巴张得大大的，舌头在外边耷拉着**。（表伴随）

(2) 状语的定位

<u>修饰句子的状语</u>

修饰句子的状语多为评注性状语，可以位于句首、句中或句尾，用逗号隔开。

例如：

① **Honestly**, I don't like it very much.（位于句首）

I don't like it very much, **honestly**.（位于句中）

I, **honestly**, don't like it very much.（位于句尾）

老实讲，我不太喜欢它。

<u>修饰谓语动词或动词短语的状语</u>

修饰谓语动词或动词短语的状语可位于动词或动词短语前后，动词短语本身不拆开。

例如：

① He **carefully** matched the pieces together. （谓语动词短语前）

He **matched the pieces together carefully**. （谓语动词短语后）

他小心地把碎片拼在一起。

多个状语的排序

当一个句子有不同含义的状语并列排放时，根据它们与修饰动词的关系，一般情况下按照方式、方位、频率、时间和目的或原因的先后顺序排列。与动词距离最近的状语，与动词的关系也最近。

例如：

① I have to run **quickly**（方式） **down the street**（方位） **each morning**（频率） **after breakfast**（时间） **in order to catch my bus to school**（目的）.

每天吃完早饭，我都得在街上飞快地跑，以便赶上去学校的公共汽车。

② He waited **patiently**（方式） **in his office**（方位） **for the student to come**（目的）.

他耐心地在办公室等那个学生来。

③ I must drive **to the store**（方位） **after we're finished with dinner**（时间） **to pick up a few things for breakfast**（目的）.

我们吃完晚饭后，我必须开车去商店买几样早餐吃的东西。

④ I don't want to go to work **again**（频率） **tomorrow**（时间）.

我明天不想再去上班了。

⑤ She sang **beautifully**（方式） **at the opera**（方位） **every night**（频率）.

她每晚都在歌剧院唱得很动听。

多个并列排放的状语中，离谓语动词较远的状语，例如频率状语、时间状语、方位状语、目的或原因状语可以放在句首进行强调。例如，上述例句可以改为：

① **In order to catch my bus to school**（目的）, I have to run quickly down the street each morning after breakfast.

为了赶上去学校的公共汽车，我每天早上吃完早饭后都要在街上飞快地跑。

② **Each morning after breakfast**（频率）, I have to run quickly down the street in order to catch my bus to school.

每天早上吃完早餐后，我必须在街上飞快地跑，以便赶上去学校的公共汽车。

③ **Each morning**（频率）, I have to run quickly down the street after breakfast in order to catch my bus to school. **每天早上，早饭后我都要在街上飞快地跑，以便赶上去学校的公共汽车。**

不简单的简单句

④ **After we're finished with dinner**（时间）, I must drive to the store to pick up a few things for breakfast. **我们吃完晚饭后**，我必须开车去商店买一些早餐的东西。

● 注意：如果状语修饰的是谓语而非句子，一般不能放在句首，否则修饰对象会发生变化。

例如：

① I don't want to go to work **again tomorrow**. 我不想**明天再**去上班了。

例句①表达说话人的意愿，again 修饰不定式短语 go to work, tomorrow 修饰 go to work again, 都在否定副词 not 的否定范围之内。

如果把状语放在句首，修饰对象就会发生改变，见例句②。

② **Tomorrow**, I don't want to go to work again. **明天**，我不想再去上班了。

例句②的 Tomorrow 位于句首，不属于否定副词 not 的管辖范围，所以表示的不是说话时的个人意愿，而是第二天的打算。

③ **Again**, I don't want to go to work tomorrow.
我再说一遍，我明天不想去上班。

例句③中 again 不再是修饰 go to work 的状语，而是评注性状语，表示说话人再次强调自己"明天不想上班"的意愿。

多个时间状语或地点状语

当多个状语同属于地点状语或时间状语时，按照由大到小的单位排列。

例如：

① He was born at **8 am**（时）on **May 20th**（日）, **1970**（年）. 他出生于 **1970 年 5 月 20 日上午 8 点**。

② This letter was mailed to **Chaoyang District**（区）, **Beijing**（市）, **China**（国家）. 这封信寄往**中国北京朝阳区**。

形容词作状语

表示原因的形容词状语一般位于句首，位于句尾的形容词作状语一般表示伴随。

例如：

① **Popular with the young**, he was often invited to give talks to students. **因为他很受年轻人的欢迎**，经常被邀请给学生做演讲。

② The poor old man left, **full of disappointment**. 可怜的老人**满怀失望地**离开了。

Ⅳ 独立主格

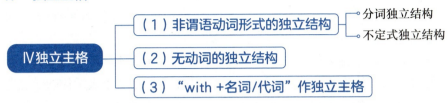

当句子的状语有自己的逻辑主语，且该逻辑主语与句子的主语不同时，我们把这种状语结构称为独立主格。独立主格一般修饰整个句子（句子状语）。该结构一般情况下也是由从句或单句转化而来，由于从句或单句的主语与主句的主语不一致，因此当从句或单句与主句结合时，从句或单句的主语保留，而谓语部分变为非谓语或其他形式。

例如：

① **If weather permits**, we will go on a picnic.

→ **Weather permitting**, we will go on a picnic. **如果天气允许**，我们就去野餐。

例句①中，If 引导的条件状语从句去掉从属连词 if 之后，为了保证其从属地位，将谓语 permits 改为非谓语结构 permitting。由于非谓语动词 permitting 的主语和主句的主语不一致，因此 Weather 不能省略。

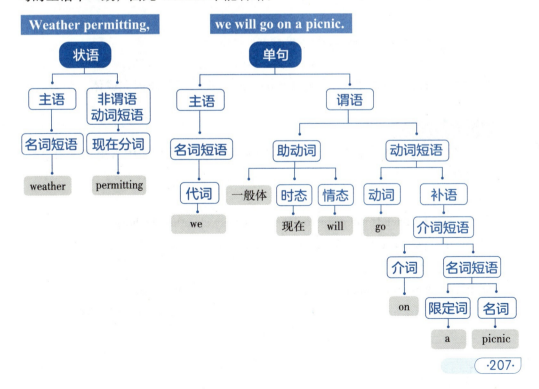

> 不简单的简单句

② The man at the desk sat motionlessly. **A slight proud smile was on his face**.

→ The man at the desk sat motionlessly, **a slight proud smile on his face**. 坐在桌子边的男人一动不动，脸上带着一丝骄傲的笑容。

例句②中，两个独立的分句意义上有关联，但是主语不一致。合并时，第一个含有动态含义动作的句子具有凸显性，可以作为主句；第二个表示伴随状态含义的句子可作为从属结构，即将谓语部分 was on his face 去掉系动词 was，保留介词短语跟在主语 a slight proud smile 后。

(1) 非谓语动词形式的独立结构

包括分词独立结构和不定式独立结构，常常可以用来表示"时间、条件、原因、伴随"等。

分词独立结构

例如：

① **When the work was done**, we all went home.

→ **The work done**, we all went home. 工作完成了，我们都回家了。

例①中 The work 为 done 的逻辑主语，done 为过去分词作状语表被动，两者之间为动宾关系。

② **After the rain had stopped**, the sun shone again.

→ **The rain having stopped**, the sun shone again. 雨停了，太阳出来了。

例句②中 The rain 是逻辑主语，having stopped 为现在分词完成体，两者之间为主谓关系。

不定式独立结构

不定式的独立结构一般表示未发生的行为或状态，它在句子中常用来表示原因、方式、时间。

例如：

① **Because his friends will come tonight**, he is busy cleaning the house.

→ **His friends to come tonight**, he is busy cleaning the house. 他的朋友们今晚要来，他在忙着打扫家。

② **If more flowers are planted**, our garden will be more beautiful.

→ **More flowers to be planted**, our garden will be more beautiful. 我们要种更多的花，

这样我们的花园会更美丽。

例句②中条件句用现在时表示将来，所以改为不定式短语 to be planted。

(2) 无动词的独立结构

无动词的独立结构一般为"名词/代词+非动词词性的词"。该结构可以被认为是将从句或并列句中的连词和 be 动词省略而来。

例如：

① Mary jumped up, **and her face were red with anger**.

→ Mary jumped up, **her face red with anger**. 玛丽跳了起来，**因为生气，她的脸涨得通红**。

例句①中独立主格为"名词短语 her face + 形容词短语 red with anger"。

② **When the class was over**, all students went home.

→ **The class over**, all students went home. **下课了**，所有学生都回家了。

例句②中独立主格为"名词短语 The class + 副词 over"。

③ The man at the desk sat motionlessly, **and a slight proud smile was on his face**.

→ The man at the desk sat motionlessly, **a slight proud smile on his face**. 坐在桌子边的男人一动不动，**脸上带着一丝骄傲的笑容**。

例句③中独立主格为"名词短语 a slight proud smile + 介词短语 on his face"。

(3) "with + 名词/代词"作独立主格

一般情况下，"名词+分词"或"名词+不定式"构成的独立主格都可以在前边加上 with 来使用。

例如：

① She sat there still, **tears streaming down her cheeks**.

→ She sat there still, **with tears streaming down her cheeks**. 她静静地坐在那里，**眼泪从脸上滑落**。

② **Kids to come**, I put a box of candy on the table.

→ **With kids to come**, I put a box of candy on the table. **孩子们要来**，我在桌子上放了一盒糖果。

非动词独立结构"名词+介词"短语中，名词是单数，有时会省掉冠词或限定词。

不简单的简单句

若将它转变为 with 引导的独立结构，在名词前添加相应的限定词。

例如：

① He came in, **coffee in his hand**.

He came in, **with a cup of coffee in his hand**. 他进来了，**手里拿着一杯咖啡**。

第三讲　简单句各要素升级（复合句）

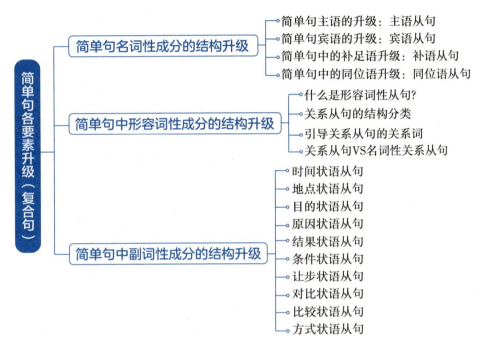

简单句的各要素中，除了谓语动词短语本身不能升级为句子形式以外，其他要素，例如主语、宾语、定语、补语和状语都可以升级为含主谓结构的句子。这些句子因为在主句中充当某一个成分，所以被称为从句，它们与句子的主干部分一起构成从属结构。升级后的简单句就被称为**复合句**（complex sentence）。

3.1 简单句名词性成分的结构升级

3.1.1　简单句主语的升级：主语从句

简单句的主语多为短语形式。但如果主语包含的信息为完整事件，就需要用完整的句子来表达，该句子就在简单句中作主语从句。由于主语是句子中的名词性成分，升级后的主语从句也应该是名词性从句。

不简单的简单句

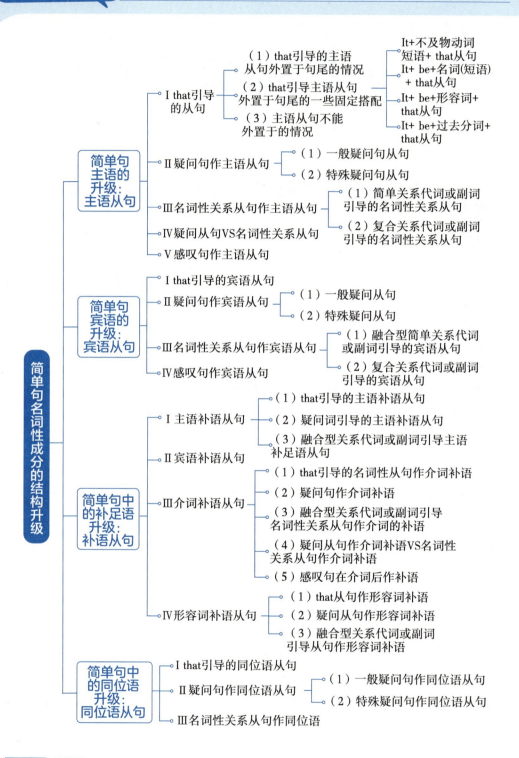

第三讲 简单句各要素升级（复合句）

Ⅰ that 引导的从句

当一个句子的主语部分必须由一个结构完整的陈述语句来充当时，要用从属连词 that 引导来明确其从句结构。

例如：

① **The fact** is a pity. **You don't have time to come to the party**.

这件事令人遗憾。你没有时间来参加聚会。

→ **That you don't have time to come to the party** is a pity. 真遗憾你没有时间参加晚会。

例句①的句子中，第一个句子的主语 the fact 就是第二句话的内容，如果将两句话合并，就可以将第二句话放在第一句话的主语位置。由于句子在另一个句子中作某一成分成为从句，就需要由一个引导该从句的连词 that 引导以表明其从句地位。

② **It** is clear to us. **We need more people in math and science**.

我们很清楚。我们需要更多的数学和科学人才。

→ **That we need more people in math and science** is clear to us. 我们很清楚，我们需要更多的数学和科学人才。

例句②中第一个简单句的主语 It 是一个有实际指称的代词，指的是第二个简单句的内容。如果合并两个简单句，就需要将 that 引导的第二个句子放在第一个简单句的句首作主语来替代第一个简单句的指示代词 it。

● 注意：如果 that 引导的从句作主语相对于句子的其他部分过长，就可以将该从句置于句末以避免句子头重脚轻的问题。空出来的主语位置要用一个没有实际含义的形式主语 it 来填补以避免主语空缺的情况。That 引导主语从句外置到句尾时，从属连词 that 可以省略。

例如：

① **That you don't have time to come to the party** is a pity.

→ **It is a pity (that) you don't have time to come to the party**. 真遗憾你没时间参加晚会。

② **That we need more people in math and science** is clear to us.

→ **It is clear to us (that) we need more people in math and science**. 我们很清楚，我们需要更多的数学和科学人才。

③ **That his theory was flawed** soon became obvious.

→ **It soon became obvious (that) his theory was flawed**. 他的理论有缺陷，这一点很

快就变得明显起来。

④ **That we are not prepared for the future** concerns us.

→ It concerns us (that) we are not prepared for the future. 我们没有为未来做好准备，这让我们感到担忧。

(1) that 引导的主语从句外置于句尾的情况

当 that 从句在一般疑问句或被动语态的句子中充当主语时，尤其要外置，即位于句末。

例如：

① Is it possible **that he can't afford to rent the apartment**? 有没有可能**他租不起这套公寓**？

② It was thought **that he was one of the famous singers**. 人们认为**他是著名的歌唱家之一**。

当 that 从句在感叹句中充当主语时，必须外置，主语的位置使用简短的形式主语 it 替代，从而避免在强调部分谓语内容时把整个谓语部分拆得过于松散。

例如：

① How strange it is **that the children are so quiet**! **孩子们这么安静**，真奇怪！

② How wonderful it is **that nobody need wait a single moment before starting to improve the world**! **无须片刻等待，就能行动起来，改善世界**，这是多么妙不可言啊！

当 that 引导的主语从句外置句尾时，时态可以不受主语限制。

例如：

① It is（现在） no wonder **that he wanted**（过去） it. 难怪**他想得到它**。

(2) that 引导主语从句外置于句尾的一些固定搭配

除了一般情况下 that 引导的主语从句过长，须外置于句尾的情况，以下一些含有主语从句的结构一直被当作固定搭配使用。主要是因为这些结构中，谓语部分过短，只有通过将主语从句外置于句尾才能避免句子结构头重脚轻，使句子保持平衡。

第三讲　简单句各要素升级（复合句）

It + 不及物动词短语 + that 从句

用于主语从句外置结构的不及物动词数量有限，包括 seem、appear、happen、turn out、prove。

例如：

① **It proves that** the company is serious about the product. **这证明了**公司对产品是认真的。

② **It appears that** I have made no arrangement to deal with such cases. **看来**我还没有就处理这类案件做出安排。

③ **It happened that** the weather was exceptionally cold. **碰巧**天气特别冷。

④ **It seems that** he can't come. **好像**他不会来了。

● 注意，"It + 不及物动词短语 + that 从句（主语 + 谓语）"的结构可以转化为简单句的"主语 + 动词 + 不定式"的结构。转化后的句子中主语是原句从句中的主语，不定式短语结构来自原句中从句谓语。

例如：

① It proves that **the company is serious about the product**.

→ **The company** proves **to be serious about the product**. 这证明了公司对产品是认真的。

② It appears that **I have made no arrangement to deal with such cases**.

→ **I** appear **to have made no arrangement to deal with such cases**. 看来我还没有就处理这类案件做出安排。

It + be + 名词（短语）+ that 从句

例如：

① **It is a fact that** oil is lighter than water.

事实上，油比水轻。

● 注意：当名词（短语）表示的是建议、请求、命令、意愿、决议、道歉、惋惜、惊奇等含义的名词时，that 引导的主语从句应该使用虚拟语气，即谓语部分用 should 后跟动词原形的结构来表示。在这个结构中，should 可以省略。这些名词如下。

建议、请求、命令：advice, suggestion, order, demand, instruction, recommendation, order...

意愿、决议：decision, resolution, preference...

不简单的简单句

道歉、惋惜、惊奇：pity, surprise, wonder...

例如：

① **It's our decision that** the school (should) remain closed. **我们的决定是**继续关闭学校。

② **It's a pity that** he (should) refuse to accept the offer. **真遗憾**，他竟然拒绝接受这个提议。

③ **It's no surprise that** he (should) win the game. 他赢得比赛**并不奇怪**。

It + be + 形容词 + that 从句

① **It is likely that** you will also become interested in filmmaking.
很可能你也会对电影制作感兴趣。

● 注意：当形容词表示可能；恰当、适合、迫切、紧迫、重要、惊讶、喜悦、遗憾等含义时，that 引导的主语从句应该使用虚拟语气，即谓语部分用 should 后跟动词原形的结构来表示。在这个结构中，should 可以省略。这些形容词如下。

恰当、适合、喜悦：natural, appropriate, best, advisable, preferable, better, desirable, ...

迫切、紧迫、重要：necessary, important, imperative, urgent, essential, vital, crucial, compulsory,...

可能：probable, possible, ...

惊讶：strange, incredible, odd, shocking,...

遗憾：regrettable, unfortunate, embarrassing, irritating, misfortunate,...

例如：

① **It's appropriate that** he (should) get the reward. 他**应该**得到奖赏。

② **It's necessary that** you (should) have a rest. 你现在**必须休息**。

③ **It's strange that** you (should) say such a thing. 你能说这种话，**真奇怪**。

④ **It's misfortunate that** she (should) have made such a mistake. 她犯了这样的错误，**真是不幸**。

It + be + 过去分词 + that 从句

当过去分词表示建议、请求、命令、意愿、决议等含义时，that 引导的主语从句应该使用虚拟语气，即谓语部分用 should 后跟动词原形的结构来表示。在这个结构中，should 可以省略。这些动词的过去分词如下。

表示建议的动词过去分词：advised, suggested, proposed, recommended...

表示请求、意愿的动词过去分词：demanded, required, desired, requested, insisted...
表示命令的动词过去分词：ordered, commanded...
表示决议的动词过去分词：decided...

例如：

① **It is suggested that** the meeting (should) be put off till next week. **有人建议**会议应延期到下周举行。

② **It is demanded that** the committee (should) reconsider its decision. **人们要求**委员会重新考虑它的决定。

③ **It is requested that** the rent for the apartment (should) be paid in advance. 这所公寓**要求**预先支付租金。

(3) 主语从句不能外置的情况

当一个句子既有主语从句又有宾语从句时，此时不能将主语从句外置到句末。因为外置主语从句后，句子主干结构会被句子（从句）割裂开，导致主干结构过于松散。

例如：
① 开瓶器上有血迹证明管家就是罪犯。
That the corkscrew had blood on it proves that the butler is the culprit. （√）
　　　　主语　　　　　　　　　谓语　　　宾语从句
It proves that the butler is the culprit that the corkscrew had blood on it. （×）
形式主语 谓语　　宾语从句　　　　　　　　外置主语

例句①的两个译文，第一句话是对的，第二句话是错误的。错误的译文将主语从句外置到句尾，主语位置用形式主语 it 填补。但是真正的主语（宾语从句）和谓语动词 proves 之间宾语从句成分较长，导致谓语动词和真正的外置主语之间距离过远，致使句子结构过于松散。所以当宾语是句子形式时，主语从句不宜外置到句末。

Ⅱ 疑问句作主语从句

(1) 一般疑问句从句

一般疑问句在句中作主语从句时，要恢复成陈述句语序，并由从属连词 whether

> 不简单的简单句

或者 if 引导，放在句子主语的位置。

例如：

① —Does she like the present? 她喜欢这个礼物吗？

—It is not clear to me. 这我不清楚。

在例句①的对话中，答句的主语 it 指代的是问句的内容。如果将两个简单句合并为一个复合句，需要将问句恢复为陈述句语序，用 whether 引导放在答句主语的位置，替代 it。即：

Whether she likes the present is not clear to me. 我不清楚**她是否喜欢这份礼物**。

● 注意，在上句中，作为主语的从句较谓语部分更长，为了保证句子的结构平衡，可以将主语从句外置到句尾，主语的位置使用没有实际含义的形式主语 it。即：

It is not clear to me **whether she likes the present**. 我不清楚**她是否喜欢这个礼物**。

● 注意，当一般疑问句作为主语从句位于句首时，引导疑问从句的连词应该是 whether，而非 if。但是如果主语从句外置句尾时，引导从句的连词既可以用 whether，也可以用 if。

例如：

① 我不清楚**她是否喜欢这份礼物**。

Whether she likes the present is not clear to me. （√）

It is not clear to me **whether she likes the present**. （√）

It is not clear to me **if she likes the present**. （√）

② **一个人是否富有**并不重要。

Whether one is wealthy doesn't matter. （√）

It doesn't matter **whether one is wealthy**. （√）

It doesn't matter **if one is wealthy**. （√）

③ **我们要不要买一辆新车**与你无关。

Whether we are going to buy a new car is no business of yours. （√）

It is no business of yours **whether we are going to buy a new car**. （√）

It is no business of yours **if we are going to buy a new car**. （√）

● 注意，若从句所在的句子是一般疑问句，则从句要外置到句尾，主语位置使用没有实际意义的 it 填充，以避免出现谓语部分被主语拆得过于松散的情况。

例如：

① 她喜不喜欢这个礼物与你无关吗？

Doesn't it concern you whether she likes the present?（√）
　　谓语　　　　　　　　主语
Doesn't whether she likes the present concern you?（×）
　谓语　　　　　主语　　　　　　　谓语

② 一个人是否富有重要吗？

　　Does it matter if one is wealthy?（√）

　　Does if one is wealthy matter?（×）

(2) 特殊疑问句从句

特殊疑问句在句子中作主语从句时，从句部分也要恢复成陈述句语序，由特殊疑问词引导放在句子的主语位置。引导特殊疑问从句的连接代词有 what、who、whom、which(形容词词性作限定词)，连接副词有 when、where、how、why。

例如：

① —Why did she refuse the invitation? 她为什么拒绝邀请？

　　—It's quite inexplicable. 这真是令人费解。

在例句①的对话中，问句为由 why 引导的特殊疑问句，答句的主语 it 指代问句的内容。如果将两句话合并，可以将问句改为陈述句语序由 why 引导放在答句的主语位置替代 it。即：

Why she refused the invitation is quite inexplicable. 她拒绝邀请的原因令人费解。

● 注意：为了避免句子结构头重脚轻，可以将特殊疑问从句外置到句尾，主语的位置用形式主语 it 来填充。即：

It is quite inexplicable **why she refused the invitation**. 她拒绝邀请的原因令人费解。

② —Which candidate will be elected? 哪位候选人将当选？

　　—It is still unknown to us. 这我们还不知道。

在例句②的对话中，问句为由 which 引导的特殊疑问句，答句的主语 it 指代问句的内容。如果将两句合并，可以将问句放在答句的主语的位置替代 it。即：

Which candidate will be elected is still unknown to us. 我们还不知道**哪位候选人会当选**。

● 注意，主语从句也可以外置到句末，主语的位置用形式主语 it 填充。

It is still unknown to us **which candidate will be elected**. 我们还不知道**哪位候选人会**

当选。

● 注意，与一般疑问句作主语从句一样，在一般疑问句中，主句从句是特殊疑问句，从句也要外置在主句句尾，主语位置使用 it 作形式主语，以避免主句谓语过于松散的问题。

例如：

① Is it still unknown to you **who will be elected**? 你还不知道**谁会当选**吗？

② Is it clear **where the rumor comes**? 清楚**谣言是从哪里来的**吗？

Ⅲ 名词性关系从句作主语从句

名词性关系从句是由融合型关系代词或副词引导的从句在句子中充当名词性成分的从句。这些关系代词或副词由于引导的是名词性从句，被称为连接代词或连接副词。融合型关系代词或副词可以分解为一个名词短语后边加上引导关系从句（定语从句）的关系代词或副词。

例如：

① Sometimes, **what you say** is less important than how you say it. 有时候，**你说什么**并不重要，重要的是你怎么说。

在例句①中，引导主语从句的 what 并不是疑问代词，而是一个融合型关系代词作连接代词，what 代替的是名词短语 the thing 和引导定语从句（关系从句）的关系代词 that。

    what you say

= <u>the thing</u> <u>that you say</u>

  名词短语　定语从句

主语从句 what you say 从内在结构上看是一个含有定语从句（即关系从句）的名词短语结构，但是从句法功能上来看又是一个名词性成分（主语）。所以从这两个特征来看，主语从句 what you say 是一个名词性关系从句。

那么，名词性关系从句本质上是从句吗？

根据刚才 what you say 等于 the thing that you say 来看，名词性关系从句是一个含有定语从句（关系从句）作修饰成分的名词短语，所以本质上它不是从句，而是一个名词短语后跟了一个修饰它的定语从句。因此，当名词性关系从句在句子中作主语时，它不能像其他形式的主语从句、不定式短语或动名词短语那样外置到句末。

例如：

① **The thing that I was looking for** is a cheap and stylish bed.

  名词短语　　　定语从句

 What I was looking for is a cheap and stylish bed.

   名词短语

我想要的是一张便宜又时髦的床。

融合型关系代词或副词分为简单关系代词或副词以及复合关系代词和副词，它们都可以作为连接代词或副词，引导名词性关系从句在句子中作名词性成分。

(1) 简单关系代词或副词引导的名词性关系从句

简单关系代词或副词有 what = the thing that；when = the time when；where = the place where；who = the person who；why = the reason that；how = the way that。

● 注意，why 和 how 引导的名词性关系从句在句子中一般只作表语（主语补足语）或宾语。

例如：

① **What he needs** is more experience.

→ **The thing that he needs** is more experience. **他需要的**是更多的经验。

② **Where John went** was French.

→ **The place where John went** was French. **约翰去的地方**是法国。

● 注意，what 作限定词引导名词性从句时，表示"几个""为数不多"。

例如：

① **What friends** she has are out of the country.

→ **The few friends** she has are out of the country. 她**为数不多的几个朋友**都在国外。

② Kelly gave him **what money** she had.

→ Kelly gave him **all the money** she had. 凯利把**所有的钱**都给了他。

③ **What little money** he had was so precious to him.

→ **The little money** he had was so precious to him. 他**仅有的那点钱**对他来说如此珍贵。

·221·

(2) 复合关系代词或副词引导的名词性关系从句

作为连接代词或副词，复合关系代词或副词只能引导名词性关系从句，不能引导疑问从句。它们有 whatever = anything that；whenever = any time when；wherever = any place where；whoever = anyone who；whichever = any of the things that。

例如：

① **Whatever is worth doing** is worth doing well. **任何值得做的事**都值得做好。

② **Whoever told you that** is a liar. **跟你这么说的人**都是骗子。

● 注意，which 作为关系代词不能引导名词性从句，要用连接代词 whichever 来引导。

例如：

① **Whichever you choose** will be fine with me. **不管你选哪个**，我都没有意见。

Ⅳ 疑问从句 VS 名词性关系从句

语义上，特殊疑问从句表示提问，存在信息差，说话人双方不知道问题答案；名词性关系从句则表示某人、某物、某时、某地等具体信息，不存在信息差，说话人双方知道从句关系词所指内容。

例如：

① **What you need most** is a good rest. **你最需要的**是好好休息。

例句①中主语从句有具体的所指对象，即系动词后边的 a good rest, 所以说主语从句的信息为说话人所知，不存在信息差。引导从句的连接代词 what 是一个融合型关系代词，表示 the thing that，引导的从句是一个名词性关系从句。

② **How the prisoner escaped** remains a mystery. **囚犯是如何逃脱的**仍然是一个谜。

例句②中，连接副词 how 引导的从句并没有具体的所指对象，所以该从句可以理解为从特殊疑问句 How did the prisoner escape? 改写而来，说话人并不知道问题的答案，存在信息差。所以此处 how 引导的特殊疑问句在句中作主语从句。

③ **What you did** is important to us. **你所做的**对我们很重要。

例句③中，主语从句虽然在句子中没有明确的所指对象，但是对于说话人双方而言，二者都知道 what 所指内容，并不存在信息差，因此主语从句 what you did 应该是名词性关系从句作主语，what 表示 the thing that。

特殊疑问从句作主语时，因为是一个问题作主语，所以谓语动词为单数；名词性关系从句作主语时，它所指事物或人的数根据语境而定，谓语动词与连接词所指名词的数保持一致。

例如：

① **What were left behind** were five books. **被落下的**是五本书。

例句①中，主语从句 what were left behind 是名词性关系从句，与表语（主语补语）five books 是对等关系，可以拆解为名词短语 the things that were left behind。由于该名词短语中的核心名词 the things 是复数形式，所以主句的谓语也要与主语一致，使用复数。

② —**What were left behind**? **我们落下了什么东西？**

　　—**It** is not clear to me. **这我不清楚。**

→ **What were left behind** is not clear to me. 我不知道**落下了什么东西**。

例句②可以理解为一组问答式对话的合并。答语中，指示代词 it 所指的是问句，所以它后边的谓语使用单数形式。合并后，问句 What were left behind? 作为主语放在了答句主语 it 的位置，替换了指示代词 it，后边的谓语依然不变。

疑问从句作主语，可以外置于句末，主语位置用 it 作形式主语；因为名词性关系从句本质上是一个含有定语从句的名词短语，所以不能外置于句末。可以外置句末的主语只有从句、动名词短语和不定式短语三种形式，名词短语不能外置于句末。

例如：

① **What you said** was wrong.

→ **The thing that you said** was wrong.
　　　　名词短语
　　你说的话是错的。

　　It was wrong **what you said**. （×）

例句①中，what you said 是名词性关系从句，可以拆解为名词短语 the thing that you said，由于它的本质不是从句，因此不能外置到句末。

② **How the prisoner escaped** remains a mystery. **囚犯是如何逃脱的**仍然是个谜。

　　It remains a mystery **how the prisoner escaped**. （√）

例句②中，how the prisoner escaped 是一个疑问从句作主语，因为它本质上是一个从句，所以可以外置到句末以保证句子结构的平衡。

疑问从句中，如果疑问词是从句中介词的补足成分，介词可以放在疑问词前，也可以放在从句后；名词性关系从句中的介词不能放在关系词前。

第三讲　简单句各要素升级（复合句）

不简单的简单句

例如：

① "What did you base your predictions on?" "你的预测是基于什么？"

→ I asked them **what they based their predictions on**. 我问他们**是基于什么做出的预测**。

I asked them **on what they based their predictions**. （√）

例句①中，名词从句是宾语的补语，引导从句的疑问词 what 是句子中介词 on 的宾语（补语）。如果把介词 on 挪到疑问词 what 前构成介宾结构 on what，它们依然还属于从句层面，并没改变句子结构层次的变化，所以这种挪动是可以的。

② **Whoever they lend the money to** must be trustworthy. **无论他们借钱给谁**都必须值得信赖。

To whoever（= anyone who） they lend the money must be trustworthy. （×）

例句②中，whoever 引导的名词性关系从句在句子中作主语，内含有介词 to，但是 whoever 本身并不完全是介词 to 的宾语。whoever 可以拆解为 anyone who，其中的 who 引导后边的定语从句修饰 anyone，介词 to 就在定语从句中，它的真正的宾语是引导定语从句的 who，而不是 anyone who。而如果把介词 to 移至融合型关系代词 whoever 前，就意味着 to 的宾语变成了主语的主语 anyone，而不是处于从属地位的从句关系词 who，因此改变了介词 to 的从属地位。所以从句中的介词 to 不能挪至 whoever 前。如果要前移介词 to，只能先把 whoever 拆解为 anyone who，再将 to 移至关系代词 who 前边。

即：

Whoever they lend the money to must be trustworthy.（√）

Anyone to whom they lend the money must be trustworthy.（√）

无论他们借钱给谁都必须值得信赖。

who、whom 一般只能引导名词性疑问从句，如果要引导名词性关系从句，需要变成 whoever 和 whomever。

例如：

① **Whoever did this**（= anyone who did this） should be responsible for this.

做这件事情的人应该对后果负责。

例句①汉语意思表明说话人认为"任何做这件事情的人"都要负责，明确了主语的指代对象，不存在信息差。所以作主语的从句是名词性关系从句。

② **Who did this**（= Who did this?） is unknown to us all. **谁做了这件事**不得而知。

例句②根据汉语意思可知说话人并不知道这个问题的答案，所以译文的主语是疑问句 Who did this? 的从句形式。

③ **Whomever I hire** (anyone whom I hire) will start immediately.

我雇佣的人将立即开始工作。

例句③ Whomever I hire "我雇佣的人"表示说话人泛指"任何我雇佣的人"，明确了主语的指代对象，不存在信息差。所以作主语的从句是名词性关系从句。

● 注意，在以下两种情况中，可以用 who 引导名词性关系从句。

第一，who 偶尔引导名词性关系从句作主语补语。

例如：

① You are not **who I thought you were**.

You are not **the person that I thought you were**. 你不再是**我以为的那样了**。

第二，在个别谚语中，who 可以替代 whoever 引导名词性关系从句。

例如：

① **Who(=Whoever) keeps company with wolves** learns to howl. **和狼在一起就会学狼叫。**（近朱者赤，近墨者黑。）

V 感叹句作主语从句

由 what 或者 how 引导的感叹句作主语从句时要外置到句末，以避免句子结构出现头重脚轻的问题。

例如：

① -1 **How willing they are to cooperate with each other! It's amazing. 他们是多么愿意彼此合作啊！这真让人惊讶。**

→ -2 **How willing they are to cooperate with each other** is amazing.

→ -3 It's amazing **how willing they are to cooperate with each other**.
　　　令人惊讶的是**他们如此愿意彼此合作**。

例句① -1 中代词 It 指前句内容，这两句合并为一句后 How willing they are to cooperate with each other 为句子主语。为避免句子结构出现头重脚轻的问题，可转换为① -3 句中用 It 作形式主语。

② -1 **What little money they had when they started the business. It surprised me. 他们创业时钱好少啊！这让我很吃惊。**

→ -2 **What little money they had when they started the business** surprised me.

→ -3 It surprised me **what little money they had when they started the business**.
让我吃惊的是，**他们创业时钱那么少**。

例句② -1 中代词 It 指前句内容，这两句合并为一句后 What little money they had when they started the business 为句子主语。为避免句子结构出现头重脚轻的问题，故可转换为② -3 句中用 It 作形式主语。

3.1.2 简单句宾语的升级：宾语从句

简单句宾语和主语一样，都是由短语形式充当的名词性成分。如果宾语需要表达一个完整事件，只用短语是无法实现的，此时需要将作宾语的短语升级为从句，就是我们所说的宾语从句。由于宾语是名词性成分，因此充当宾语的从句也是名词性从句。

I that 引导的宾语从句

that 引导的完整的句子可以跟在及物动词后边作宾语，被称为宾语从句。that 作为从属连词，不在从句中充当任何成分，只起到引导从句的语法功能。

例如：

① I noticed **that he spoke English with an Australian accent.**
　　　从属连词　　　　结构完整的句子
我留意到**他说话时有澳大利亚口音**。

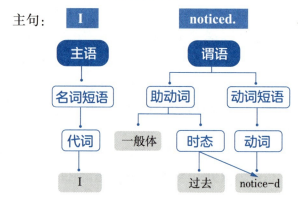

宾语从句：

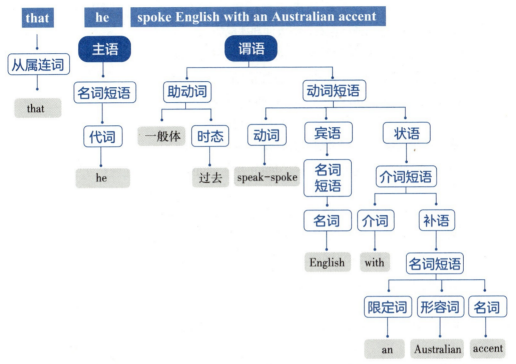

② Oliver believed **that with a million pound note a man could survive a month in London**.
    从属连词   结构完整的句子

奥利弗认为，**有了一张百万英镑的钞票，一个人可以在伦敦生活一个月**。

作宾语的 that 从句，如果后边跟有宾语补足语，that 从句要外置在主句句末，宾语位置用形式宾语 it 来替代。这样挪动从句位置的目的是避免谓语部分被从句拆解得过于松散。

例如：

① -1 Their daughter's success **makes that she will leave for California very likely**.
        谓语动词   宾语从句   宾语补语

他们女儿的成功**使她很有可能去加利福尼亚**。

例句① -1 中，以 make 为核心词的动词短语因为中间的宾语从句过长，导致整个动词短语结构过于松散。为了确保动词短语结构紧凑性，可以将较长的宾语从句 that she will leave for California 外置到句末，宾语从句所在的地方用形式宾语 it 来替代即可。即：

不简单的简单句

① -2 Their daughter's success **makes it very likely** that she will leave for California.
           动词短语   宾语从句
  他们女儿的成功**使她很有可能**去加利福尼亚。

例句① -2 中挪动从句位置后，以 make 为核心的动词短语 makes it very likely 结构就变得更加紧凑，句子结构就会更加清晰。

② I found **it strange** that she didn't seem to be aware of it.
  形式宾语 宾语补语   宾语从句
  我觉得**很奇怪**，她似乎没有意识到这一点。

③ Alibaba has made **it pretty clear** that mobile shopping is a key part of its business.
       形式宾语 宾语补语   宾语从句
  阿里巴巴已经**明确表示**，移动端购物是自己业务的主要部分。

有些及物动词后边不能跟宾语补足语，同时也不能直接跟宾语从句。如果一定要在这些动词后加一个宾语从句，就需要用指示代词 it 作一个虚指的宾语跟在动词后，然后再将 that 引导的宾语从句跟在 it 后。

这些动词有 take "认为"、see to "确保"、legend / rumor / the newspaper has it that "据传说 / 谣传 / 报道"、spill "无意说出"、depend on / upon "依赖"。

例如：

① I **take it** that he has told you the news.
  虚指宾语 宾语从句
  我想他已经把这个消息告诉你了。

例句①中，take 后边如果跟宾语，宾语后不能跟宾语补语，且宾语不能是从句形式。这就意味着如果要在 take 后边跟一个从句，就要先在 take 后用代词 it 作虚指宾语。

② Whoever fights monsters should **see to** it that in the process he does not become a monster. 无论谁与怪物作战，都应该**确保**在这个过程中他不会变成怪物。

③ He **spilled** it that he was once in prison. 他**无意中说出**自己曾经蹲过监狱。

④ **Rumor has it that** he is going to resign. **据传**，他要辞职。

⑤ You may **depend on** it that we'll never desert you. 你可以**放心**，我们永远不会抛弃你。

一些表示"好恶"的及物动词，它们后边也不能直接跟宾语从句。如果一定要在它们后边跟从句以表示"好恶"的对象，就要先在这些动词后放置指示代词 it 作虚指宾语，然后再跟 if 或 when 引导的宾语从句，if 和 when 有时可以互换。从语义的角度看，从句是该动词的宾语，但是从形式上看，它是副词性从句作状语，而不是名词性从句。

这些动词有 like/dislike；love/hate；resent；enjoy；prefer；appreciate。

例如：

① I'll **appreciate** it if you can reply as soon as possible.
　　　　　　　虚指宾语　　　　宾语从句
如果您能尽快回复，我将**不胜感激**。

例句①中，动词 appreciate 后边必须跟宾语，但是后边不能跟宾语补足语，同时该宾语还不能以从句的形式呈现。如果 appreciate 后的宾语必须以句子的形式呈现，就要先在 appreciate 后加 it 作虚指宾语，然后用 if 引导从句跟在 it 后。该从句从语义上来看是 appreciate 的宾语，但是从句法结构上来看，它是 if 引导的副词性从句，在句子中作状语。

② I **hate** it when people talk with their mouths full of food. 我很**讨厌**当人们说话时满嘴食物。

例句②中，it 作虚指宾语，从句语义上为 hate 的宾语，但语法功能是状语从句。

③ They **like** it when / if you treat them decently. 他们**喜欢**你体面地对待他们。

例句②中，it 作虚指宾语，从句语义上为 like 的宾语，但语法功能是状语从句。

主句的谓语动词如果是表示"认为""猜想"等心理活动含义的动词，比如 think、believe、expect、assume、guess、imagine 等。其后 that 引导的宾语从句如果是否定结构，通常将否定副词 not 前移到主句中。

例如：

① I **don't** think you have found any solution to the problem. 我认为**你没有找到解决问题的办法**。

例句①中，主语部分助动词 don't 中的否定副词 not 的否定的是从句谓语部分 have found any solution to the problem 的否定副词前移到了主句中。

● 注意，否定副词前置后，如果句子后跟反问句，反问句主语要根据具体情况而定。

第一，当主句主语为第一人称时，反义疑问句对宾语从句进行提问，所以它的主语与宾语从句主语一致。

例如：

① I don't think you have found any solution to the problem, have you?

我认为你还没有找到解决这个问题的办法，是吗？

例句①中，反义疑问句"have you?"是对 think 后边的宾语从句 you have found any solution to the problem 进行的提问。由于 not 否定的内容是 think 后边的从句内容，所以反义疑问句就用肯定句形式。

第二，当主句主语是第一人称且主句中没有否定副词前置的情况时，宾语从句如果含有具有否定意义的形容词或副词，也表明宾语从句是否定含义。此时，反义疑问句要用肯定句形式。

例如：

① We've found that he never listens to the teacher carefully, does he?

我们发现他从来不认真听老师讲课，是吗？

例句①中，主句部分主语为第一人称 we，且没有前置否定副词 not，但是宾语从句中出现了表示否定含义的副词 never，所以从句是否定含义。此时反义疑问句应该是对从句进行提问，且为肯定形式。

第三，如果主句主语为第二、三人称，反义疑问句应该被认为是对主句部分进行提问。所以，它的主语与主句主语一致。

例如：

① You thought that they could have accomplished the project, didn't you?

你认为他们应该能完成项目，是吗？

例句①中，主句部分为第二人称，此时反义疑问句应该是对交谈的对方进行提问以确认对方的观点，因为主句的主语表示肯定含义，反义疑问句表示否定含义，所以反义疑问句的主语应该和主句的主语一致。

表示"意见、建议、请求、恳求、命令、要求"等含义的及物动词后边如果跟宾语从句，从句要使用虚拟语气形式（授意型虚拟语气），即谓语部分使用"should+动词原形"，should 可以省略的形式。（见第二讲：虚拟语气）

这些动词有 advise、agree、decide、demand、insist、move、order、prefer、propose、request、require、suggest、command、recommend 等。（hope 后从句不用虚拟语气形式）

例如：

① The doctor **recommended** that she (should) **take** a holiday. 医生**建议**她去**休**个假。

② The landlord **requested** that John (should) **move** out of the apartment. 房东**要求**约翰**搬**出公寓。

③ The boss **asks** that you **(should) be** early for your first day of work. 老板**要**你第一天上班早点来。

that 引导宾语从句时一般可以被省略，但是以下六种情况要保留 that 以保证句子结构清晰，不易产生歧义。

第一，在转述动词后不省略 that（say 除外）。

转述动词后跟的宾语从句多为从直接引语转述而来。这些转述动词有 admit、agree、announce、claim、recommend、replay、suggest、promise、complain、remind、advice、allow、warn、expect、apologize、report、argue 等。

例如：

① He **promised** that he would be back home before lunch. 他**答应**午饭前回家。

② The corporation **announced** that since sales were poor, it could be closed. 公司**宣布**，由于销售业绩不佳，可能会倒闭。

● 注意：say 引导的宾语从句有时可以省略从属连词 that。如果宾语从句是并列结构，第二个从句一般不省略 that，以免读者混淆并列连词前后连接的对象。

例如：

① Sheila **says** they're closing the motorway tomorrow for repairs. 希拉说他们明天要关闭高速公路进行维修。

② He **said** (that) the book was very interesting and that all the kids liked to read it. 他**说**这本书很有趣，所有孩子都很喜欢读。

③ He **said** (that) he was not coming and that he would call me tonight. 他说他不来了，今晚给我打电话。

例句②③中的第二个宾语从句都保留了从属连词 that，明确了第二个从句也是跟在谓语动词 said 后边的宾语，与并列连词 and 前的宾语从句呈平行结构。如果省略第二个从句的 that，会让人误以为并列连词 and 后边的句子和前边的整个主句呈平行结构，为说话人自己表达的内容而非转述主句主语 he 的话语。

第二，宾语从句外置。

谓语部分含有宾语从句和宾语补语时，宾语从句一般外置句尾以确保主句结构更加紧凑，宾语的位置用形式宾语 it 来替代。为了明确从句的从属地位，一般不省略引导从句的从属连词 that。

例如：

① We all considered **it a pity that you could not come with us**. 你不能和我们一起去，

我们都觉得很遗憾。

② I found **it** disappointing **that no progress was achieved in the talks**. 我对**会谈没有取得进展**感到失望。

第三，宾语从句前置。

为了强调语气把宾语从句前置到句首时，引导宾语从句的从属连词 that 不能省略，以免被混淆为主句的并列结构。

例如：

① **That** our team will win, I believe. 我相信我们的队伍一定能赢。

第四，主句谓语动词与 that 宾语从句之间有插入语，不能省略 that，以免句子结构混乱。

例如：

① We hope, on the contrary, **that** he will stay here with us. 相反，我们希望他能和我们留在这里。

第五，宾语从句结构相对比较复杂时，不省略 that。

例如：

① This book will show you **that** what you have observed can be used in other contexts. 这本书将告诉你，你所观察到的也可以在其他环境中使用。

例句①中，that 引导的宾语从句中含有一个 what 引导的主语从句。如果省略 that，读者容易把 what 引导的主语从句误以为是主句谓语动词 show 的直接宾语，导致无法正确理解句子结构。

第六，在简略回答中，that 不能省略。

例如：

① A: What did he say? 他说了什么？

　　B: That he was frightened. （他说）他很害怕。

例句①中，B 针对 A "What did he say?" 做出了回答，为了语言的简练，B 省略了主句部分 He said，只保留了 that 引导的宾语从句部分。此时，that 不能省略，如果省略 that 会让人认为 "he was frightened" 是 B 对 he 进行的评价，而非转述 he 说的话。

II 疑问句作宾语从句

(1) 一般疑问从句

一般疑问句在句子中作宾语从句由从属连词 if 或者 whether 引导，疑问句变为陈述句语序。

例如：

① I wonder **if / whether you can help me**. 不知您**是否能帮我的忙**？

例句①中，wonder 的宾语从句是由一般疑问句 "Can you help me?" 改写而来。由引导一般疑问从句的 if 或 whether 引导跟在谓语动词 wonder 后边作宾语。

● 注意：

第一，如果从句由含有 or not 的一般疑问句改写而来，且 or not 位于句尾，引导从句的连词依然可以用 if 或者 whether。但是，当 or not 前置到从句句首时，引导从句的连词只能用 whether。

例如：

① He didn't say **if / whether** he'll be staying here **or not**.

→ He didn't say **whether or not** he'll be staying here. 他没有说**要不要**待在这里。

第二，如果一般疑问从句是否定句，引导从句的连词要用 if，而非 whether。

例如：

② I don't care **if** she doesn't come. 她**是不是**不来，我根本不在乎。

(2) 特殊疑问从句

特殊疑问句作宾语时，引导从句的连接代词或副词不变，疑问句改变为陈述句语序放在谓语动词后边作宾语即可。

引导特殊疑问从句作宾语的疑问词有 what、when、where、how、why、who、whom、which（限定词）。

例如：

① I can't imagine **what** they want with your address. 我不知道他们要你的地址**干什么**。

例句①中，imagine 后边的宾语从句是通过去掉特殊疑问句 "What do they want with your address?" 中的助动词 do，将疑问句改为陈述句语序而来的。

② She didn't tell me **when** she will come. 她没有告诉我**什么时候**来。

例句②中，tell 的直接宾语从句是通过调换特殊疑问句 "When will she come?" 的情态动词 will 和主语 she 的位置，将其改为陈述句语序而来的。

③ I haven't decided yet **which** one I should choose as his birthday present. 我还没

> 不简单的简单句

有决定选**哪**一个作他的生日礼物。

例句③中，decided 的宾语从句是通过调换特殊疑问句"Which one shall I choose as his birthday present?"的主语 I 和 shall 的位置，并将情态动词 shall 改为过去时 should 改写而来的。which 引导特殊疑问句做从句时，只能作为限定词来用，后边必须跟名词。

Ⅲ 名词性关系从句作宾语从句

(1) 融合型简单关系代词或副词引导的宾语从句

充当连接代词或副词、能引导名词性关系从句作宾语的融合型关系代词或副词有 what、when、where、how、why。

例如：

① Don't criticize **what**(=the thing that) you don't understand. 不要批评你不了解的**事情**。

② I don't like **how**(=the way that) he behaved to her. 我不喜欢他对她的**态度**。

③ I'll never forget **when**(=the time when) I first saw you. 我不会忘记第一次见到你的**时候**。

● 注意：

第一，简单关系代词或副词引导的名词性关系从句作宾语与特殊疑问词引导的名词性从句作宾语在句子结构上没有太大差别，主要差别体现在语义上。前者表示"具体事物"，后者表示"一个问题"。有时候一个句子也会解读出两种含义。

例如：

① They asked me what I knew about him.

例句①中，宾语从句"what I knew about him"可以改编自特殊疑问句"What do you know about him?"。此时从句就是一个疑问从句表示问题。句子可以翻译为"他们问我对他有多少了解。"。当然，宾语从句也可以理解为"the things I knew about him"。此时从句就是一个名词性关系从句表示具体信息，句子可以翻译为"他们问了我一些我对他所了解的事情。"。

第二，what 作限定词引导名词性关系从句作宾语时，表示"几个""为数不多"的含义。

例如：

① I gave him **what books**(=few books) I have. 我把我仅有的**几本书**都给他了。

② He collected **what information**(=little information) he could find. 他收集了他能找到的**信息**。

(2) 复合关系代词或副词引导的宾语从句

充当连接代词或副词，引导名词性关系从句作宾语的复合关系代词或副词有 whatever、whenever、wherever、whoever、whichever。

例如：

① He gave **whoever**(=anyone who) asked for it a copy of his latest paper. 他把自己最新的论文给了**每一个想要的人**一份。

② You can choose **whichever** you like best. 你可以挑选你最喜欢的**东西**。

例句②中，由于 which 只能作疑问词引导疑问从句，如果引导名词性关系从句，需要变为 whichever。

Ⅳ 感叹句作宾语从句

由 what 或 how 引导的感叹句一般可以直接放在谓语动词后作宾语。

例如：

① I remember **what a good time I had at the party**. 我还记得**我在晚会上过得多么愉快**。

② I've never realized **what a liar he is**. 我没有意识到**他竟然是那样一个骗子**。

③ I never realized **how difficult it is to balance work and personal life** until I started my new job. 直到开始了新工作，我才意识到**平衡工作和个人生活是多么困难**。

● 注意：

第一，引导感叹句的 what 是前位限定词。如果 what 是代词或中位限定词，此时 what 引导的多为疑问从句。

例如：

① I don't know **what lie he has told**. 我不知道**他撒了什么谎**。

例句①中的 what 为中位限定词，其引导的 what lie he has told 为疑问从句。

② I don't know **what he has said**. 我不知道**他说了什么**。

例句②中的 what 为代词，其引导的 what he has said 为疑问从句。

第二，how 引导的感叹句作从句有时也会被解读为 how 引导的名词性关系从句。

例如：

① I told her **how late she was**. 我告诉她**她来得太晚了**。

例句①中，how late she was 可以理解为由直接引语"How late you are!"转述而来。如果该感叹句放在对话情境中，使用情境如下：

A: Sorry, I am late. 很抱歉，我迟到了。

B: Oh, My goodness. How late you are! 天呀，你来得太晚了！

C: What did you tell her just now? 你刚才跟她说什么？

B: I told her how late she was. 我告诉她她来得太晚了。

这句话也可以理解为是由 how 引导的疑问从句，改编自对方提出的问题"How late am I？"（我迟到了多久？）。可以翻译为"我告诉她她迟到了有多久"。如果该问句把这句话放在对话情境中，使用情境如下：

A：How late am I? 我迟到了多久？

B：You are ten minutes late. 你迟到了十分钟。

C: What did you tell her just now? 你刚才跟她说了什么？

B: I told her how late she was. 我告诉她她迟到了多久。

3.1.3 简单句中的补足语升级：补语从句

在简单句中，补语多以短语形式呈现，如果内容是一个完整事件，则需要用句子来表示。此时，补语就升级为补语从句，而简单句也就升级为含有从句的复合句结构了。由于补语在简单句中属于名词性成分，所以作为补语的从句也被称为名词性从句。

根据补语从句在句子中充当的成分不同，我们可以把补语从句分为**主语补语从句、宾语补语从句、介词补语从句、形容词补语从句**。

Ⅰ 主语补语从句

主语补语从句就是传统语法的表语从句，它跟在系动词后对主语进行解释说明。

(1) that 引导的主语补语从句

第一，that 引导主谓结构完整的句子跟在系动词后作主语补足语从句，解释说明主语的内容。that 只起到引导从句的作用，在主语补足语从句中不充当任何成分，且不能省略。

例如：

① My assumption is **that** the house prices will soon fall. 我的假设是房价很快就会下跌。

例句①中 My assumption 为主语，that the house prices will soon fall 为主语补足语从句。

② However, the truth is **that** they still remain strong. 但是，事实是它们依然坚挺。

例句②中 the truth 为主语，that they still remain strong 为主语补足语从句。

第二，当主句的主语为表示建议、请求、命令、意愿、决议等的名词时，that 引导的主语补足语从句谓语动词部分要使用虚拟语气结构，即 (should)+ 动词原形。这些名词有 advice、suggestion、order、demand、decision、instruction、recommendation、order、resolution、proposal、opinion 等。（见第二讲：虚拟语气）

例如：

① My **opinion** is that we **(should) take** the initiative into our own hands. 我的**建议**是我们**应该**主动**采取**行动。

例句①中 My opinion 为主语，that we (should) take the initiative into our own hands 为主语补足语从句。

② His **suggestion** is that we **(should) send** more men to help them out. 他的**建议**是我们**应该派**更多的人去帮助他们。

例句②中 His suggestion 为主语，that we (should) send more men to help them out 为主语补足语从句。

(2) 疑问词引导的主语补语从句

第一，特殊疑问句可以在将句子改为陈述句语序之后放在系动词后作主语补足语从句，解释说明主语的内容。

例如：

不简单的简单句

① My question is who will water my plants when I am away for holiday. 我的问题是我去度假的时候，谁来给我的植物浇水。

例句①中 My question 为主语，who will water my plants when I am away for holiday 为主语补足语从句，相当于"Who will water my plants when I am away for holiday?"。

第二，一般疑问句在将句子改为陈述句语序之后放在系动词后作主语补足语，解释说明主语的内容。引导一般疑问从句作主语补足语的连词只能用 whether，而不能用 if。

例如：

① My main problem is whether I should ask for another loan. 我的主要问题是我是否应该申请另一笔贷款。

例句①中 My main problem 为主语，whether I should ask for another loan 为主语补足语从句，相当于"Should I ask for another loan?"。

(3) 融合型关系代词或副词引导主语补足语从句

充当连词的融合型关系代词或副词引导的名词性关系从句也可以跟在系动词后作主语补语，解释说明主语的内容。

例如：

① Spring Festival is when(=the time when) Chinese people living away will return home for family reunion. 春节是旅居外地的中国人回家团聚的日子。

例句①中 Spring Festival 为主语，when Chinese people living away will return home for family reunion 为主语补足语从句。

Ⅱ 宾语补语从句

能作宾语补语的从句只有融合型关系代词或副词引导的名词性关系从句。that 引导的名词性从句和疑问词引导的从句不能作宾语补语，这是因为宾语补语只能以短语的形式呈现，名词性关系从句等同于名词短语，它除了具有一般名词性从句的功能外，还可以充当名词短语作宾语补语，对宾语进行补充说明。

例如：

① You can call me **whatever you like**(=anything that you like). 你**爱怎么**叫我**都行**。

例句①中 me 为宾语，whatever you like 为宾语补语从句。

② I found him **what he had been several years before**(=the man who he had been ...).
我发现他**和几年前一样**。

例句②中 him 为宾语，what he had been several years before 为宾语补语从句。

Ⅲ 介词补语从句

由于介词不能单独表达完整的含义，后边需要跟补充成分帮助其完成意义的表达，所以该补充成分被称为**介词的补语**，它们在传统语法中被称为**介词的宾语**。介词后以从句形式出现的补语被称为**介词的补语从句**，在传统语法中也被称为**宾语从句**。

(1) that 引导的名词性从句作介词补语

除了 that 在三个复合连词短语中后边可以直接跟句子，that 引导的名词性从句不能直接跟在介词后作补语从句。这三个复合连词短语是 in that "因为"、except that "除了"、but that "要不是，若非"。

例如：

① I regret my remark **in that** it upset you. 我很后悔我说过的话，**因为**它让你难过了。

② I say no more **except that**, for me, it worked. 我不再多说，**除非**对我来说它奏效了。

③ We can't be sure **but that** he is right. 我们不能肯定他是对的。

如果在含有介词的动词短语后一定要跟 that 引导的名词性从句，则要在介词后先加 it 作虚指补语，然后后边再跟 that 从句。

例如：

① Whoever fights monsters should see to **it** that in the process he does not become a monster. 无论谁与怪物作战，都应该确保在这个过程中他不会变成怪物。

例句①中，see to 就是一个含有介词 to 的动词短语，如果后边要跟 that 引导的名词性从句作 to 的补语或作动词短语 see to 的宾语，就要先在介词 to 后加 it 作虚指的补语，然后再将 that 引导的介补从句跟在 it 后边。

② You may depend on it that we'll never desert you. 你可以放心，我们永远不会抛弃你。

不简单的简单句

如果 that 引导的从句要跟在某些含有介词的动词或形容词短语后，也可以去掉介词，然后将 that 引导的从句跟在动词或形容词后，以避免出现 that 从句跟在介词后作补语的情况。

例如：

① I am surprised **at the news**. 我**对这个消息**感到很惊讶。

→ I am surprised **that they didn't tell us the truth**. 我**对他们没有告诉我们实情**而感到惊讶。

例句①中，转换前句中的形容词短语 be surprised at 含有介词 at。当句子与"They didn't tell us the truth."合并后，surprised 后边的名词短语用 that 引导的从句来替代，此时要去掉介词 at。

② She is aware **of the truth**. 她知道**真相**。

→ She is aware **that we are running out of money**. 她知道**我们的钱快花完了**。

例句②中，转换前句中包含介词 of。当句子与"We are running out of money."合并后，aware 后边的名词短语用 that 引导的从句来替代，此时要去掉介词 of。

(2) 疑问句作介词补语

一般疑问句在将句子调整为陈述句语序后可以跟在介词后作补语，此时，要用连词 whether 引导，而不能用 if。

例如：

① It depends on **whether you have time to be with us**. 这取决于**你是否有时间和我们在一起**。

② I am worried about **whether you can make it on time**. 我很担心**你是否能按时赶到**。

特殊疑问句可以在将句子调整为陈述句语序后跟在介词后作补语。

③ They didn't consult us on **whose names should be put forward**. 他们没有咨询我们**应该提谁的名字**。

④ It was on the Galapagos Islands off the coast of Ecuador that Darwin found creatures that made him wonder about **how species develop and change**. 正是在厄瓜多尔海岸之外的加拉帕戈斯群岛上，达尔文发现了一些生物，这使他思考物种是**如何发展和变化的**。

第三讲 简单句各要素升级（复合句）

(3) 融合型关系代词或副词引导名词性关系从句作介词的补语

融合型关系代词或副词可以作为连词引导名词性关系从句作介词的补语。

例如：

① We regard him as **what**(=the person who) **he is**. 他是什么人，我们就把他看作**什么人**。

② The car stopped short only a few inches from **where**(=the place where) **I stood**. 汽车在离**我站的地方**只有几英寸远的地方突然停住了。

③ You must give it back to **whoever**(=anyone who) **it belongs to**. 你必须把它还给**它的主人**。

④ The book is about **how**(=the way by which) **manned spacecraft was sent up into space**. 这本书是关于**载人航天飞船如何被送入太空的**。

(4) 疑问从句作介词补语 VS 名词性关系从句作介词补语

融合型关系代词或副词充当连词引导名词性关系从句作介词补语时，介词不能省略。因为名词性关系从句本质上是一个名词短语，直接放在介词后边作补语时介词不能省略，以保证名词性关系从句的句法功能明确。

例如：

① You should vote **for** whichever candidate you think best. 你应该投票给你认为最好的候选人。

例句①中的 whichever 为限定词，介词 for 后的从句 whichever candidate you think best 指的是 any candidate that you think best，是一个名词短语 any candidate 后跟关系从句 that you think best，它在句法功能上相当于名词短语。名词短语作介词的补语时，介词不能省略。

② Some students take part **in** whichever of their events seem interesting. 有些学生参加他们觉得有趣的活动。

例句②中 whichever 为代词，介词 in 后的 whichever 从句也是一个名词短语后跟关系从句的结构：any of their events that seem interesting，它相当于名词短语，跟在介词 in 后作补语，介词不能省略。

当疑问从句作介词补语时，介词可以省略。

例如：

① I am not sure **(about)** what I can do. 我不确定该怎么办。

例句①中，介词 about 后边的补语是一个疑问从句，可理解为 "What can I do?" 之意。如果省略 about，句子依然成立。

② I have no idea **(of)** how much sugar there is in the food I have bought. 我不清楚买的食物中的含糖量。

例句②中，介词 of 后边的补语是一个疑问从句，可理解为 "How much sugar is there in the food I have bought?" 之意。如果省略 of，句子依然成立。

(5) 感叹句在介词后作补语

What 或者 How 引导的感叹句可以在介词后作补语。

例如：

① I read an account of **what an impression you had made**. 我读过一篇报道，说你**给人留下了多么深刻的印象**。

例句①中，介词后的从句为感叹句，其含义为 You had made an excellent impression. "你给人们留下了很好的印象。"或者 You had made a terrible impression. "你给人们留下了很糟糕的印象。"。

② He wasn't aware of **what an important discovery he had made**.

He wasn't aware of **how important his discovery was**.

他没有意识到**自己做出了多么重要的发现**。

IV 形容词补语从句

(1) that 从句作形容词补语

that 引导的名词性从句可以在形容词后作补语，将形容词含义补充完整。that 有时可以省略。但是，形容词后的名词性补语不是直接跟在形容词后，而是要用介词连接从句和形容词。因为介词后边不能跟 that 引导的从句，所以如果形容词后要跟 that 引导的从句作补语，则需要去掉介词，直接将从句置于形容词后。

例如：

① We are **glad** ~~about~~ (that) you can come to our wedding ceremony. 我们很**高兴**你

能来参加我们的婚礼。

② I am **afraid** of (that) I have made a mistake. **恐怕**我犯了一个错误。

③ I am **certain** of (that) she will overcome her difficulties. 我**确定**她能克服困难。

例句①②③中，形容词 glad、afraid、certain 后边如果跟名词性补语，通常要加一个介词，即 be glad about、be afraid of、be certain of。但是由于介词后不能直接加 that 引导的名词性从句，所以在这些形容词后如果跟 that 引导的补语从句，要先把介词去掉。

(2) 疑问从句作形容词补语

疑问词作连词也可以引导疑问从句在形容词后作补语。形容词后的名词性补语不是直接跟在形容词后，要用介词连接从句和形容词。如果疑问从句作形容词补语，也需要跟在介词后，介词可以省略也可以保留。

例如：

① I'm not **sure** (about) which one she prefers. 我不**确定**她喜欢哪个。

② She was not **aware** (of) how rude he could be. 她不**知道**他有多粗野。

③ I am not **certain** (of) whether we can persuade him out of smoking. 我不敢**肯定**能不能劝他戒烟。

④ Are you **clear** (about) what you should do next? 你**清楚**下一步该做什么吗？

(3) 融合型关系代词或副词引导从句作形容词补语

融合型关系代词或副词引导名词性关系从句作形容词补语时，鉴于从句本质上是名词短语，形容词和从句之间的**介词不能省略**。（careful 除外）

例如：

① He is **aware of** what I am writing(=the thing that I am writing). 他**知道**我在写的东西。

② We are **proud of** what you have achieved(=the thing that you have achieved). 对于你获得的成就，我们**很骄傲**。

③ He is **aware of** what he has done to her(=the thing he has done to her). 他**清楚**对她的所作所为。

④ She is always **careful (with)** what she does(=the thing that she does). 她做事总是

·243·

很小心。

3.1.4 简单句中的同位语升级：同位语从句

简单句中的同位语，尤其是名词性成分的同位语多以短语形式呈现，但短语不足以表达一个事件，此时就需要句子替代短语来表述一个完整的事件。简单句同位语升级为句子就被称为同位语从句，而含有同位语从句的句子就不再是简单句，而是升级后的复合句了。

因为同位语从句多与句子中的名词性成分呈共指关系，所以同位语从句也是名词性从句。

Ⅰ that 引导的同位语从句

that 引导的同位语从句是一个结构完整的句子，它跟在表示抽象概念的名词后边表示该名词所表达的具体内容。从句与被修饰的名词（主体词）内容对等，为共指关系。that 作为引导同位语从句的从属连词，没有实际含义，也不在句子中充当任何成分。

这些名词一般表示事实、观点、建议、问题、可能性等含义。

表示事实的名词：fact, truth, evidence, statement, report, discovery, knowledge, law, news, information, principle, indication...

表示观点的名词：belief, decision, explanation, hope, idea, knowledge, opinion, promise, thought, understanding, doubt, answer, conclusion...

表示建议的名词：suggestion, advice...

表示问题的名词：problem, question, rumour...

表示可能性的名词：possibility, probability...

例如：

① The **news** that she won the championship is exciting to us all. 她赢得冠军的**消息**使我们大家都很激动。

例句①中 The news 为主体词，that she won the championship 为同位语从句，从句中 she won the championship 从句主谓结构完整，详述 news 的内容。

② The **belief** that students can become independent learners is common among teachers. 教师普遍**认为**学生可以成为独立的学习者。

例句①中 The belief 为主体词，that students can become independent learners 为

同位语从句，从句中 students can become independent learners 主谓结构完整，详述 belief 的内容。

例句①②中的同位语从句分别对同位名词的内容进行了解释说明，二者内容对等，为共指关系。它们分别可以构建成一个主系表结构。即：

③ the news = that she won the championship.

→ The news is that she won the championship.

| 主语 | 系动词 | 表语（主语补语）从句 |

消息是她赢得了冠军。

④ the belief = that students can become independent learners

→ The belief is that students can become independent learners.

| 主语 | 系动词 | 表语（主语补语）从句 |

相信学生可以成为独立的学习者。

● 注意：如果 that 引导的从句作句子主语的同位语从句，同时谓语动词及其补足成分较短，那么同位语从句可以与它的修饰的同位名词（主体词）分隔开置于谓语后保持紧凑、平衡的句子结构。

例如：

① The fact remains that there is no filling station here.

这里没有加油站，这是事实。

② The law is well-known that to every action there is an equal opposite reaction.

每个作用力都有一个大小相等的反作用力，这是众所周知的定律。

that 引导的名词性从句跟在表示建议、请求、命令、意愿、决议等名词后边作同位语时，从句谓语要用虚拟语气形式，即（should）+ 动词原形。这些名词有 advice、suggestion、order、demand、decision、instruction、recommendation、order、resolution、proposal 等。（见第二讲：虚拟语气）

例如：

① Any proposal that John (should) be dismissed must be resisted.

　　　　　主体词　　　　同位语从句

> 不简单的简单句

任何解雇约翰的提议都必须驳回。

② The officer gave <u>the order</u> <u>that nothing (should) be touched until the police came</u>.
       主体词   同位语从句

官员下令在警察来之前不许动任何东西。

当主体词表示类指含义，需要同位语从句明确其所指时，that 引导的同位语从句与主体词之间是限制性同位关系，从句和主体词紧密结合，从句的引导词 that 有时可以省略；当主体词表示特指含义并已经明确指称时，同位语从句只起到补充信息的作用，同位语从句与主体词之间是非限制性同位关系，从句和主体词之间用逗号隔开，引导从句的 that 不能省略。

例如：

① We must face the fact (that) we don't have any money left. 我们必须面对现实，我们已经没有钱了。（限制同位关系）

例句①中主体词 the fact 表类指含义，限制同位语从句 (that) we don't have any money left 明确主体词所指。

② Her explanation, that she didn't receive the letter, surprised us all. 她解释说她没有收到那封信，这让我们大吃一惊。（非限制同位关系）

例句②中主体词 Her explanation 表类指含义，非限制同位语从句 that she didn't receive the letter 提供补充信息。

Ⅱ 疑问句作同位语从句

(1) 一般疑问句作同位语从句

引导一般疑问句作同位语从句的从属连词只能用 whether，不能用 if。一般疑问句变为陈述句语序然后跟在 whether 后边作主体词的同位语从句，解释主体词的内容。

例如：

① You have yet to answer my question **whether** I can count on your vote. 你还没有回答我的问题，你**是否**愿意投我一票？

例句①中主体词为 my question，同位语从句为 whether I can count on your vote，其为一般疑问句 Can I count on your vote? 转换为陈述语序而来。

② The question **whether** a new school should be built is under discussion. **是否**建造一所学校还在商讨之中。

例句②中主体词为 The question，同位语从句为 whether a new school should be built，其由一般疑问句 Should a new school be built? 转换为陈述语序而来。

(2) 特殊疑问句作同位语从句

引导特殊疑问句在句子中作同位语从句的引导词为连接代词或连接副词 what、who、when、where、how、why。特殊疑问句变为陈述句语序后由连词引导在主体词后作同位语从句，解释主体词的内容。

例如：

① I have no idea why he hasn't shown up. 我不知道他为什么还没来。

例句①中主体词为 idea，同位语从句为 why he hasn't shown up，其由特殊疑问句 Why hasn't he shown up? 转换为陈述语序而来。

② The question who can accomplish this task requires consideration. 谁能完成这个任务？这个问题需要考虑。

例句②中主体词为 The question，同位语从句为 who can accomplish this task，其由特殊疑问句 Who can accomplish this task? 转换为陈述语序而来。

Ⅲ 名词性关系从句作同位语

融合型关系代词或副词引导名词性关系从句跟在主体词后作同位语，与名词性关系从句呈同位关系的主体词一般为特指含义，同位语从句只为主体词提供补充信息，多为非限制性同位语从句，由逗号或冒号跟主体词隔开。

例如：

① I'll pay you **the whole debt**: **what I originally borrowed and what I owe you in interest**. 我会还清**所有的债务**，包括我最初借的钱和我欠你的利息。

例句①中主体词为 the whole debt，同位语从句为 what I originally borrowed and what I owe you in interest。

② He bought her daughter **a pocket dictionary**, exactly **what she longed to have**. 他给女儿买了**一本袖珍词典**，这正是**她渴望得到的**。

例句②中主体词为 a pocket dictionary，同位语从句为 what she longed to have。

③ **The summer of 1969, when men first set foot on the moon**, will never be forgotten.

  1969 年夏，人类首次登上月球的时刻，将永载史册。

  例句③中主体词为 The summer of 1969，同位语从句为 when men first set foot on the moon。

3.2 简单句中形容词性成分的结构升级

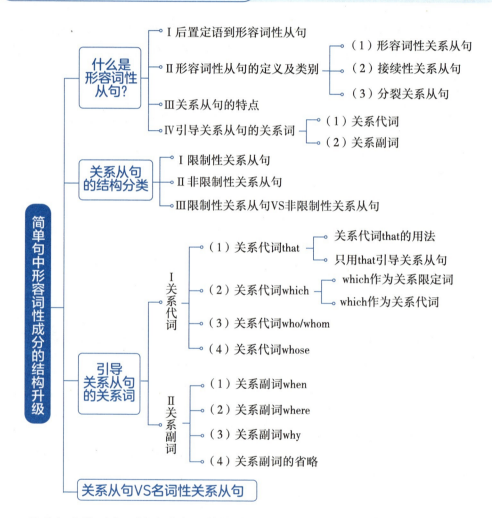

  简单句中的形容词性成分主要修饰名词性成分，多为短语形式。但是如果修饰成分信息包含完整事件，则需要升级为句子的形式。修饰名词性成分的句子被称为

形容词性从句，因为该成分被称为定语，所以形容词性从句也被称为**定语从句**。同时，因为该从句是由关系代词或关系副词引导，所以也被称为**关系从句**。但是，定语从句和关系从句在语义上存在差别。

 3.2.1　什么是形容词性从句？

I　后置定语到形容词性从句

一般情况下，名词的后置定语都可以改写为形容词性从句。

例如：

① something useful

　= something that is useful 有用的东西

② Anyone intelligent can do it.

　= Anyone who is intelligent can do it. 任何聪明人都可以做这件事。

③ a man greedy for money

　= a man who is greedy for money 贪财的人

④ a swimming pool 2 meters deep

　= a swimming pool that is 2 meters deep 两米深的游泳池

II　形容词性从句的定义及类别

形容词性从句就是传统语法中提到的定语从句，因为它主要作定语修饰句中的名词性成分。但是，在现代语法体系中因为引导从句的标记词被称为**关系词**，所以这种**形容词性从句被称为关系从句**。

关系从句根据在句子中的语法功能不同，可以分为**名词性关系从句**、**形容词性关系从句**、**接续性关系从句**和**分裂关系从句**。名词性关系从句在句子中作名词性成分，在讲名词性成分升级为从句时已经详述，此处不再赘述。（见第三讲：简单句名词性成分的结构升级）

(1)　形容词性关系从句

形容词性关系从句修饰名词性成分，相当于传统意义上的"**定语从句**"。

例如：

① **The book that she read** is important for her literature review. **她读的那本书**对她写

> 不简单的简单句

文献综述非常重要。

例句①中定语从句 that she read 修饰主语 The book。

② This is **the hospital where I was born**. 这是**我出生的医院**。

例句②中定语从句 <u>where I was born</u> 修饰主语补语 <u>the hospital</u>。

(2) 接续性关系从句

接续性关系从句不以修饰前面的名词为主要功能，而是为了使叙述能够继续进行。引导从句的关系代词或关系副词可以在特定的语境中表示时间、让步、原因、条件、结果等逻辑关系，所以在语义上起到的是状语的作用，不被当作定语来翻译。

例如：

① Bob had told Edwin, **who passed the news to Henry**(= and Edwin passed the news to Henry).

鲍勃告诉了埃德温，**而埃德温又把这事儿告诉了亨利**。

② My brother, **who has lived in America for over 30 years** (= although he has lived in America for over 30 years), can still speak Italian.

我哥哥虽然**在美国居住了 30 多年**，仍然会说意大利语。

③ I'll pardon her, **who didn't do it on purpose**(= because she didn't do it on purpose).

我会原谅她，她**不是故意这么做的**。

在例句①②③中，关系从句分别为 who passed the news to Henry、who has lived in America for over 30 years、who didn't do it on purpose。它们在结构上分别修饰句子中的宾语 Edwin、主语 my brother 和宾语 her。它们虽然在结构上起到修饰这些名词性成分的作用，但是在语义上分别表示继续叙述、让步和原因的含义。所以这些从句在翻译为汉语时都没有被翻译为这些名词性成分的定语。

(3) 分裂关系从句

分裂关系从句是跟在 it 引导的分裂结构后边的关系从句。所谓的分裂结构就是传统语法中的强调句型结构：it + be + 被强调成分 + that / who 从句。在这个结构中，"It be+ 被强调成分"是一个前置的分裂结构，而 that 或 who 引导的从句就是一个关系从句，含除被强调成分以外的其他句子结构。

例如：

① -1 John gave Mary a handbag at Christmas.
　　主语　间接宾语 直接宾语　状语
　　约翰在圣诞节给了玛丽一个手提包。

① -2 It was **John** who / that gave Mary a handbag at Christmas.
　　约翰在圣诞节送给玛丽一个手提包。（强调主语）

① -3 It was **Mary** who / that John gave a handbag at Christmas.
　　约翰在圣诞节把手提包给的是**玛丽**。（强调间接宾语）

① -4 It was **a handbag** that John gave Mary at Christmas.
　　约翰在圣诞节给玛丽的是**一个手提包**。（强调直接宾语）

① -5 It was **at Christmas** that John gave Mary a handbag.
　　约翰是**在圣诞节**送给玛丽一个手提包。（强调状语）

② -1 Tom **didn't** come to the party.
　　汤姆**没**来参加晚会。

② -2 It **wasn't Tom** that came to the party.
　　不是汤姆参加的晚会。（否定前置：否定主语）

② -3 It was Tom that **didn't come** to the party.
　　是汤姆**没来**参加晚会。（否定后置：否定谓语）

例句②中，如果谓语含有否定词 not，在强调主语时，如果将 not 前置到被强调的位置，则否定的是主语；如果将 not 后置到谓语的位置，则强调"没来"这个动作。

通过以上对关系从句类别的分析，我们可以看到传统的定语从句与现代语法的关系从句在语义上存在差别。所以，第三讲中用"**关系从句**"指称形容词性从句，以确保其语义功能既包含形容词性关系从句，也包含接续性关系从句。通过表 3-1 可以清楚了解"定语从句"和"关系从句"的区别。

不简单的简单句

表3-1 定语从句与关系从句的对比

定语从句	关系从句
传统语法概念	现代语法概念
句法功能：修饰名词成分	结构形式：由关系词引导
语义功能	语义功能
修饰名词性成分，具有定语功能，一般翻译为定语。	除了具有定语功能，还具有其他语义功能，比如状语。
例如：	例如：
① I know the girl **who speaks English.** 我认识那个**说西班牙语的**女孩。	② Kennedy was rushed to the hospital **where he died immediately.** 肯尼迪被急忙送往一家医院，**在那里他很快就死了**。 ③ Dr. Bethune, **who was very tired on his arrival,** set to work at once. 白求恩大夫**刚到时虽然很累**，但是他立即便开始工作了。

例句①中的从句 who speaks English 修饰名词短语 the girl，是传统意义上的定语从句，而且也被翻译为定语来修饰 the girl。但在例句②③中，修饰名词的从句分别为 where he died immediately 和 who was very tired on his arrival，它们虽然都是形容词性从句，分别修饰名词短语 the hospital 和 Dr. Bethune，但是如果都当作定语来翻译，则不符合表达逻辑，所以这两句话中的形容词性从句都被翻译为状语，分别表示地点和让步含义。

Ⅲ 关系从句的特点

第一，是一个句子（含主谓结构）；

第二，修饰代词、名词或名词短语，或者修饰句子；

第三，从句中含有与被修饰名词、代词或名词短语相同的名词性成分；

第四，修饰被修饰词时，为避免重复，从句中相同的名词性成分用关系词（关系代词、关系副词）替代放在从句前（建立关系）；

第五，被修饰词为先行词；

第六，如果关系词在从句中作主语，从句谓语与先行词保持一致；

第七，先行词所在的句子被称为主句；

第八，修饰先行词的句子被称为关系从句（定语从句）；

第九，"先行词＋关系从句＝名词短语"在主句中作名词性成分。

例如：

① I know the girl who speaks Spanish. 我认识那个会说西班牙语的女孩。

第三讲 简单句各要素升级（复合句）

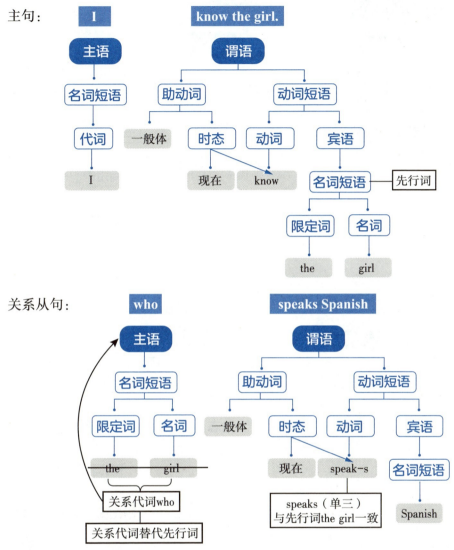

例句①中，关系从句是 who speaks Spanish，主句是 I know the girl.。从句修饰主句中的宾语 the girl。The girl 是从句的先行词，who 是关系代词替代先行词 the girl 在从句中作主语，所以 who 是单数第三人称，因此从句的谓语也是现在时单数第三人称形式。

② The man whom you met is my teacher. 你遇到的那个人是我的老师。

不简单的简单句

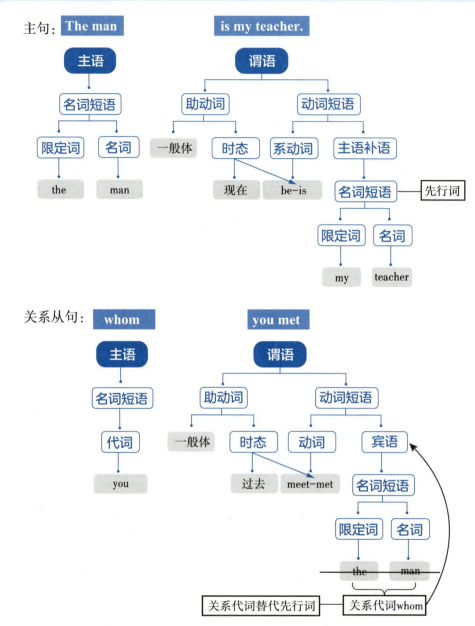

例句②中，关系从句是 whom you met，主句是 The man is my teacher.。从句修饰主句中的主语 the man。The man 是从句的先行词，whom 是关系代词替代先行词 the man 引导从句，并在从句中作宾语。

③ The man whose son won the Judo competition is a wrestler. 那个人是摔跤手，

第三讲　简单句各要素升级（复合句）

他儿子赢得了柔道比赛。

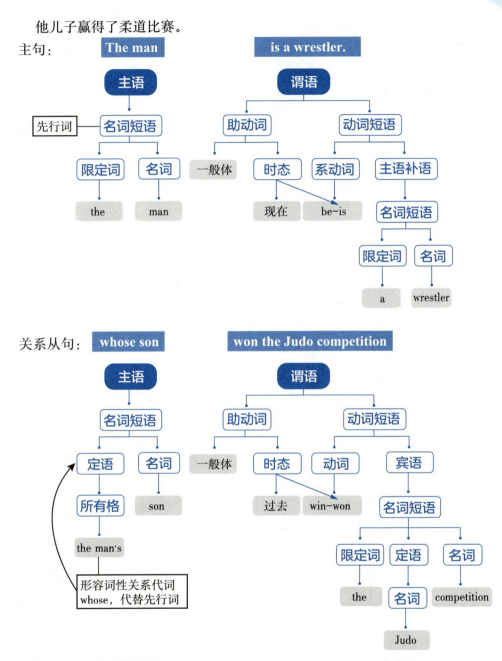

例句③中，关系从句是 whose son won the Judo competition，主句是 the man is a wrestler。从句修饰句子主句中的主语 the man。The man 是从句的先行词，whose 作为

不简单的简单句

形容词性关系代词替代 the man's 引导从句，并在从句中作定语修饰从句的主语 son。

④ He knows the place where we are meeting. 他知道我们要见面的地方。

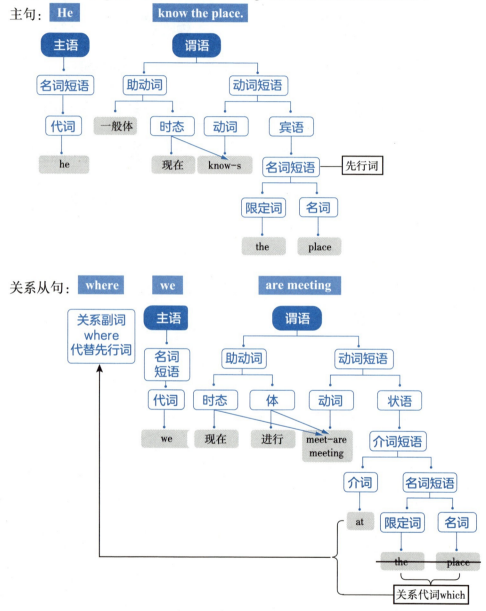

例句④中，关系从句是 where we are meeting，主句是 He knows the place，从句修饰主句中的宾语 the place。The place 是先行词，由关系代词 which 替代在从句中跟在介词 at 后边与 at 一起作从句状语，置于从句句首引导从句。at which 由于在句子中作状语，可以由关系副词 where 来替代引导从句。

Ⅳ 引导关系从句的关系词

由于引导形容词性从句的词为关系词，所以从句也被称为关系从句。关系词可以分为关系代词和关系副词。

(1) 关系代词

关系代词在从句中充当名词性成分或修饰性成分，如表 3-2 所示。

表 3-2 关系代词

成分	人	物	人或物
主语	who	which	that
宾语	whom	which	That
限定词	whose(=of whom)	whose (=of which)	
		which	

例如：

① I spoke with **the student**. I loaned the book to **the student**.

我和那个**学生**谈过了。我把书借给了那个**学生**。

→ I spoke with the student ~~the student~~(由关系代词 that / whom 替代) I loaned the book to.

→ I spoke with the student that / whom I loaned the book **to**.

→ I spoke with the student **to whom** I loaned the book.

→ I spoke with the student **that** I loaned the book **to**. 我和那个我把书借给的学生谈过。

② **The students** missed the announcement. **The students** arrived late. **学生们**错过了通知。**学生们**迟到了。

→ **The students** ~~the student~~（由关系代词 that/who 替代） arrived late missed the announcement.

→ The students **who** arrived late missed the announcement. 迟到的学生错过了通知。

(2) 关系副词

关系副词在从句中充当状语成分，如表 3-3 所示。

表 3-3　关系副词的作用

关系副词	被替代的先行词	从句成分
when (=at, in, on during which)	表示时间的名词	时间状语
where (=in, at which)	表示地点的名词	地点状语
why (=for which)	reason	原因状语

例如：

① I'll never forget **the day**. I arrived in China on **that day**.

我永远不会忘记**那一天**。**那天**我到了中国。

→ I'll never forget the day that day(由关系代词 which 替代) I arrived in China on.

→ I'll never forget the day which I arrived in China **on**.（on 移至 which 前，which 是 on 的补语）

→ I'll never forget the day **on which** I arrived in China.

→ I'll never forget the day **when** I arrived in China.

3.2.2　关系从句的结构分类

关系从句和先行词之间的关系可以分为限制性关系从句和非限制性关系从句。

I 限制性关系从句（restrictive relative clause / defining relative clause）

限制性关系从句也可以被称为定义性关系从句，用以明确先行词的指称，它与先行词不可分割。其特点如下。

第一，先行词泛指一类名词，无明确所指；

第二，先行词需要与从句一起才能明确所指对象；

第三，从句脱离主句意义也不完整；

第四，翻译为汉语时多翻为被修饰名词的定语。

例如：

① **The climbers** who reached the summit were exhausted. 爬到山顶的**登山者**非常

疲惫。

在例句①中，主语 the climbers 没有明确所指，所以后边跟了限制性关系从句对其进行修饰和限定，以明确 the climbers 的具体指称，所以限制性关系从句作为定语翻译为"爬到山顶的登山者"，暗指 the climbers 只是某一大群"登山者"中的一部分人，而非全体成员。

② I like **the lady** who lives next door. 我喜欢住在隔壁的**女士**。

例句②中的关系从句 who lives next door 是修饰先行词 the lady 的限制性关系从句，如果省略该从句，the lady 所指不明确。

③ **The girl** who is standing in the corner is Mary Smith. 站在角落里的**那个女孩**叫玛丽·史密斯。

例句③中的关系从句 who is standing in the corner 是修饰先行词 the girl 的限制性关系从句，如果省略该从句，the girl 所指不明确。

Ⅱ 非限制性关系从句（non-restrictive clause / non-defining clause）

非限制性关系从句也被称为非定义性关系从句，对先行词进行补充说明，或对整个句子进行评述，它与先行词或主句之间用逗号隔开，关系词不可以省略。其特点如下。

第一，先行词有明确指称；
第二，关系从句只对先行词提供补充信息，如果去掉，先行词指称依然明确；
第三，从句除了可以修饰名词性成分，还可以修饰整个主句；
第四，从句可以脱离主句单独成句；主句也可以省去从句独立存在；
第五，从句可以作为单独的句子来翻译，表达不同的语义功能。

例如：

① The climbers, ~~The climbers~~ (由关系代词 who 替代) reached the summit, were exhausted.

→ The climbers, **who** reached the summit, were exhausted. 这些登山者爬到了山顶，**他们**都非常疲惫。

例句①可拆分为 The climbers were exhausted. 和 The climbers reached the summit. 两个完整句子，两句中的 The climbers 指代对象相同。例句中关系从句 who reached the summit 与先行词 the climbers 之间用逗号隔开了，说明先行词 the climbers 有明确指称，可以翻译为"这些登山者"。从句只起到补充说明的作用，即使省略，也不影响先行词指称。

② Charles Smith, ~~Charles Smith~~ (由关系代词 who 替代) retired last year, was my former English teacher.

→ Charles Smith, **who** retired last year, was my former English teacher. 查尔斯·史密斯先生去年退休了，**他**是我以前的英语老师。

在例句②中，非限制关系从句 who retired last year 修饰句子的主语 Charles Smith，用逗号将从句与先行词隔开，因为先行词 Charles Smith 有明确指称，从句只起到补充信息的作用。

③ He forgot to give me the cake, ~~it~~ (由关系代词 which 替代) was very annoying.

→ He forgot to give me the cake, **which** was very annoying. 他忘记给我蛋糕了，这让人很不高兴。

在例句③中，非限制性关系从句 which was very annoying 修饰的是主句内容，用逗号将从句与主句隔开，表示主句内容产生的影响和后果。which 作为关系代词替代主句指示词 it，在从中作主语。

Ⅲ 限制性关系从句 VS 非限制性关系从句

根据以上对限制性关系从句和非限制性关系从句的分析，可知二者在语义和结构上都存在差别，差别如表 3-4 所示。

表 3-4　限制性关系从句与非限制性关系从句的区别

	限制性关系从句	非限制性关系从句
语义	先行词为泛指含义，所指不明确	先行词所指明确，具有唯一性、特指性
	从句为必要信息，不可缺少	从句为补充信息，可以省略
	主句和从句脱离彼此意义都不完整	主句和从句可分为两个意义完整的独立单句
	翻译为汉语的定语	不能翻译为汉语的定语，而要翻译为并列句或状语
结构	从句和主句不用逗号隔开	从句和主句用逗号隔开
	从句关系词在从句中有时可以省略	从句关系词不能省略
	可以用 that 引导	一般不用 that 引导
	修饰先行词，先行词不是专有名词	修饰先行词或完整的主句，先行词可以是专有名词
		接续性关系从句多为非限制性关系从句

3.2.3 引导关系从句的关系词

根据上述内容,我们可以知道引导关系从句的关系词分为关系代词和关系副词。关系代词在从句中作名词性成分或定语,关系副词在从句中作状语。如表 3-5、表 3-6 所示。

表 3-5 关系代词充当成分

关系代词	关系词		
	非限制性关系从句		限制性关系从句
	人	物	人或物
主语	who	which	that
宾语	whom	which	that
限定词	whose（=of whom）	whose（=of whom）	

表 3-6 关系副词充当成分

关系词		
关系副词	被替代的先行词	从句成分
when（=at /in / on / during which）	表示时间的名词	时间状语
where（=in /at which）	表示地点的名词	地点状语
why（=for which）	reason	原因状语

Ⅰ 关系代词

(1) 关系代词 that

关系代词 that 的用法

关系代词 that 一般替代表示人或者物的先行词引导限制性关系从句。当然,在替代表示人或物的先行词时,有时也可以用 who 或者 which。

例如:

① The sweater **that/which** I bought at Macy's shrank two sizes when I washed it.
我在梅西百货买的毛衣洗后缩水了两个码。

② The runner **that/who** exercises regularly does the best. 经常锻炼的跑步者跑得最好。

> 不简单的简单句

that 在从句中作宾语或主语的补语（表语）时，可以省略。从句即使省略 that 也能保证从句完整的主谓结构。

例如：

① The sweater **(that)** I bought at Macy's shrank two sizes when I washed it.
我在梅西百货买的毛衣洗后缩水了两个码。

例句①中的 that 为从句中 bought 的宾语。

② The car **(that)** I took was Ed's. 我坐的是埃德的车。

例句②中的 that 为从句中 took 的宾语。

③ It's a puzzle to me what has made him the man **(that)** he is. 我不明白是什么使他成为现在这样的人。

例句②中的 that 为从句中 is 的表语。

that 引导的关系从句如果离先行词较远，一般不省略。

例如：

① Something has cropped up **that I hadn't expected.** 发生了一些**我没有预料到的**事情。

例句①中，句子主干部分的主语 Something（先行词）和它的关系从句 that I hadn't expected 之间被主句的谓语 has cropped up 隔开。如果省略 that，就容易使人误认为 something has cropped up 和 I hadn't expected 为两个呈平行结构的独立的句子。但是，两个句子之间并没有并列句结构的标记，也没有句号将两句话隔开，所以两个单句直接放在一个句子中是不符合语法规则的。为了明确两个句子的关系，避免误解，关系词 that 不能省略。

that 在从句中离从句主干结构距离较远时，不能省略，以免导致主从结构混乱。

① I needed a file **that** only a few days before **I had sent to be copied**.
我需要一份几天前**我拿去复印的**文件。

例句①中，that 引导关系从句并在从句中作谓语动词 sent 的宾语。但是由于在 that 和从句 I had sent to be copied 之间插入了时间状语 only a few days before，使 that 与句子主干结构较远，如果省略 that，会使时间状语 only a few days before 的归属不明。

> 只用 that 引导关系从句

先行词被序数词、形容词最高级修饰，或者被限定词 last、any、only、few、little、much、no、some、very 等修饰时，引导关系从句的代词要用 that。

例如：

① He was the **only** person **that** was present at that time. 他是当时**唯一**在场的人。

② This is **the best** performance **that** I have ever seen. 这是我看过的**最好**的表演。

③ This is the **very** key **that** I was looking for. 这**就是**我在找的那把钥匙。

④ **The first** English novel **that** I read is *The Old Man and The Sea*. 我读的**第一本**英语小说是《老人与海》。

当先行词是表示物的不定代词，如 all、much、anything、something、nothing、everything、little、none、few 等时，引导关系从句的代词要用 that。

例如：

① This is **all that** I can do for you. 这是我能为你做的**一切**。

② **Anything that** can go wrong will go wrong. **凡事**只要有可能出错，那就一定会出错。

③ Once the condition takes hold, there is **little that** can be done about it. 一旦出现这种情况，我们就无能为力。

当先行词既指人又指物时，引导该先行词的关系从句的代词应该用 that。

例如：

① She told me many interesting **things and persons that** I have never heard of. 她告诉了我很多我从未听说过的有趣的**人和事**。

主句是 who、which 引导的疑问句中名词性成分后跟关系从句，为避免 wh- 语音重复，要用 that 引导该从句。

例如：

① **Who** is the man **that** you went to the park with? 和你去公园的那个人是**谁**？

② **Which** is the equipment **that** you used yesterday? 你们昨天用的是**哪一台**设备？

替代表示人或物的先行词，在限制性关系从句中作归属性表语的关系代词要用 that，有时 that 可以省略。

● 注意，系动词后的表语（主语补足语）分为两类：归属性表语和确认性表语。二者区别如表 3-7 所示。

> 不简单的简单句

表 3-7　归属性表语与确认性表语区别

归属性表语（ascribing predicative）	确认性表语（specifying predicative）
抽象概念：解释主语的性质、特征、状态、身份、职业、素养等	具体概念：说明主语是谁，是哪个人或事物，表示唯一，不可选择。在语义上主语和表语为同一个人或同一个事物
由形容词或名词充当；名词通常为泛指含义	通常为特指名词（但不排除泛指名词）
主语和表语不可互换 ① He is **tall**.（特征） 　**Tall** is he.（×） ② He is **a teacher**.（职业） 　**A teacher** is he.（×）	主语和表语可以互换。 ① He is **Tom**.（人名）= Tom is he. ② What I need is **a cup of coffee**.（具体事物，非确定特指） 　= **A cup of coffee** is what I need.

例如：

① My hometown is no longer the place **that** it used to be. 我的家乡不再是过去那样了。

② He is said to be everything **that** an honest man should be. 人们说他具有一个正直的人应有的一切美好品质。

③ I still remember the sweet little girl **that** she used to be. 我仍然记得她曾经是一个可爱的小女孩。

在例句①②③中，关系代词 that 分别替代先行词 the place、everything 和 the sweet little girl 引导关系从句，并在关系从句中作系动词 be 的表语。这些先行词本身并不表示具体的地点、物或者人，而是表示抽象含义——例句①的 the place 指"某地的风貌"，例句②的 everything 指"某些品质"，例句③的 the sweet little girl 指"某个时期人物特征"，所以它们的关系代词也应是抽象含义。因为该关系代词要在从句中作 be 的表语，所以就要用 that，有时 that 也可以省略。

(2) 关系代词 which

which 可以作为**关系限定词**和**关系代词**，代替表示物的先行词引导关系从句。

> which 作为关系限定词

which 作为关系限定词，放在从句名词前作修饰成分，引导的是非限制性关系从句。which 替代的是形容词性指示代词，指称主句中的某个成分或者整个主句。

第三讲 简单句各要素升级（复合句）

例如：

① I said **it would be more efficient to hold the meeting on Saturday morning**（宾语从句）. 我说**星期六上午开会效率会更高**。

They all enthusiastically endorsed **this**（指代上句宾语从句） suggestion.
他们都热烈赞成**这个**建议。

→ I said it would be more efficient to hold the meeting on Saturday morning, **which** suggestion they all enthusiastically endorsed. 我说星期六上午开会效率更高，他们都热烈赞成**这个**建议。

例句①中，which 引导的关系从句修饰的是主干部分中 said 后边的宾语从句 it would be more efficient to hold the meeting on Saturday morning，并在从句中替代指示代词 this 作 suggestion 的限定词，明确 suggestion 的指称。由于宾语内容是一个有明确指称的内容，所以 which 作为限定词引导的是非限制性关系从句。

② I may be late. 我可能会迟到。

I suggest you start without me in **this**（指代上句） case. 我建议你在**这件**事上不要等我。

→ I may be late, in **which** case I suggest you start without me. 我可能会迟到，我建议你在**这件**事上不要等我。

例句②中，which 引导的关系从句修饰的是主句部分 I may be late，并在从句中替代指示代词 this 作 case 的限定词，明确 case 的指称。由于 which case 在从句中跟在介词后与介词一起作状语，所以当 which 前置引导从句时，它所在的整个介词短语结构一并前置。

③ I'll return at 3 p.m. 我将在下午 3 点回来。

I expect this room to be tidy by **that**（指代上句） time. **届时**我希望房间整洁。

→ I'll return at 3 p.m., by **which** time I expect this room to be tidy. 我将在下午 3 点回来，**届时**我希望房间整洁。

which 作为关系代词

which 作为关系代词有时可以替代关系代词 that，指表示"物"的先行词。但是，关系代词 that 和 which 存在语义差别，与限制性关系从句和非限制性关系从句的差别一致，即 that 替代的先行词表示"一类人"或物中的"某个个体"，所以指称不明，需要 that 从句加以限制和明确；which 替代的先行词本身指称明确，就是特定的个体或群体，不需要其他信息加以限制。

例如：

① The chair in my kitchen **that** has a broken leg is dangerous to sit on. 我厨房里断了一条腿的那把椅子坐上去很危险。

例句①中，that 引导的是限制性关系从句明确了先行词 the chair 的指称，即"厨房里众多椅子中那把断了腿的椅子"，所以 that 引导的关系从句被翻译成了汉语中的定语。

② The chair in my kitchen, **which** has a broken leg, is dangerous to sit on. 我厨房里的椅子断了一条腿，坐上去很危险。

例句②中，which 引导的是非限制性关系从句，由逗号和先行词隔开，说明先行词 the chair 有明确指称是"厨房里的那把椅子"而不是别处的椅子，不需要从句对其进行限制。which 引导的关系从句翻译为汉语时，可译为一个独立单句中的谓语部分。

③ The sweater **that** I bought at Macy's shrank two sizes when I washed it. 我在梅西百货买的毛衣洗后缩水了两个码。

例句③中 that 引导的限制性关系从句跟在先行词 the sweater 之后，明确 the sweater 的指称，即"那件在梅西百货购买的毛衣"而不是"我"的其他毛衣。

④ The sweater, **which** I bought at Macy's, shrank two sizes when I washed it. 这件毛衣是我在梅西百货买的，洗后缩水了两个码。

例句④中，which 引导的关系从句作为非限制性关系从句，不需要对主句的主语 the sweater 加以明确，因为 the sweater 本身指称明确"那一件毛衣"，而非其他毛衣。我的"那件毛衣"是在梅西百货购买的。

在以下六种情况中要使用 which 作为关系代词而不用 that。

第一，which 作为关系代词代替表示物的先行词引导非限制性关系从句。先行词可以是名词短语、非谓语动词短语、形容词短语或句子。

例如：

① He asked me **to accomplish this task myself**. 他要我自己**完成这项任务**。

I simply can't **accomplish this task myself**. 我一个人根本**完成**不了**这个任务**。

→ He asked me to accomplish this task myself, **which** I simply can't. 他要我自己完成这项任务，我一个人根本完成不了。

例句①中，关系代词 which 替代主句中作宾语补语的不定式短语 to accomplish this task myself，引导非限制性关系从句，并在关系从句中作情态动词 can't 后的补语。

② My first class on Mondays, **which** starts at 10:30, is my chemistry lab. 我周一的第一节课 10:30 开始，是我的化学实验课。

③ She said he was arrogant, **which** I didn't think he was. 她说他很傲慢，但是我不这么认为。

第二，当关系代词替代表示物的先行词作从句介词的补语时，如果介词前置，关系代词用 which。

例如：

① The table **that** the boy crawled **under** stands in the corner.

The table **under which** the boy crawled stands in the corner.

男孩躲在一张桌子**下边**，那张桌子在角落里。

第三，先行词为 that 时，用 which 引导关系从句。

例如：

① She found **that**（先行词） **which**（关系代词） he lost the other day. 她找到了前天他丢了的东西。

第四，which 作为关系代词替代主句引导非限制性关系从句。

例如：

① **The child is addicted to computer games**, **which** worried his parents very much. **这个孩子沉迷于电脑游戏**，这样他父母很担心。

② **They were divorced soon, which** was unexpected. **他们很快就离婚了**，这出人意料。

第五，当先行词为指人的名词，关系代词替代它在从句中作归属性表语（主语补语）表示主语的身份、职业、素养等一类人的属性特征时，关系代词用 that 引导限制性关系从句，that 可以省略，用 which 引导非限制性关系从句。

① They accused him of being **a traitor**, **which** he undoubtedly was. 他们指控他为**叛徒**，他无疑就是。

② Anna is **a vegetarian**, **which** no one else is in my family. 安娜是**一个素食主义者**，而我们家其他人都不是。

③ He imagined himself to be **an artist**, **which** he was not. 他想象自己是**一位艺术家**，但是实际上他不是。

在例句①②③中，which 引导的非限制性关系从句修饰的先行词 a traitor；a vegetarian 和 an artist 并非特指某一个具体的人，而是指具有一类人的属性特征，which 替代它们在从句中作系动词后边的表语（主语补足语），为归属性表语。

第六，非限制性关系从句中，which 替代表示人的先行词在从句中作动词 have (got) 的宾语。which 表示先行词的类别、身份、职业、素养等含义。

例如：

① Remember that they have **a house-keeper**, **which** we don't **have**. 记住他们有**管家**，而我们没有。

② They have got **a chief executive** who can provide strong leadership, **which** we certainly haven't **got** at the moment. 他们有一个能提供强有力领导的**首席执行官**，而我们现在肯定没有。

例句①②中，which 引导的非限制性关系从句修饰的先行词 a house-keeper 和 a chief executive 均表示具有某一职业身份的一类人，并非具体指某一个人。which 替代它们在从句中分别作从句谓语动词 have 和 got 的宾语。

(3) 关系代词 who / whom

who 替代表示人的先行词引导限制性或非限制性关系从句，并在从句中作主语。例如：

① He introduced me to **his friend**, **who** had just returned from China. 他把我介绍给了**他的朋友**，他朋友刚从中国回来。

例句①中含一个 who 引导的非限制性关系从句，who 替代先行词 his friend 在关系从句中作主语。由于 his friend 具有明确指称，不需要其他信息进行限定，所以修饰它的关系从句为非限制性关系从句。

② I like **the actor who** was playing Oedipus. 我喜欢那个饰演俄狄浦斯的**演员**。

例句②中含有一个 who 引导的限制性关系从句。who 替代先行词 the actor 在关系从句中作主语。由于 the actor 本身不确定指称，需要其他信息对其进行明确限定，所以修饰它的关系从句为限制性关系从句。

● 注意：

第一，当表示人的先行词所指为具体的人的概念，而非某一特征时，引导修饰该先行词的关系从句应该是关系代词 who，且 who 一般在从句中作主语。

例如：

① I still remember **the sweet little girl who** had a little curl right in the middle of her forehead. 我仍然记得**那个可爱的小女孩**，她的前额中间有一小撮卷发。

例句①中，who 引导的关系从句修饰先行词 the sweet little girl，who 在从句中作主语，表示谓语"拥有"这个动作的施动者，所以 who 所指是一个具体的人。

第二，who VS that/which。在引导从句修饰表示"人"的先行词时，如果关系代词替代先行词在关系从句中作系动词的表语（主语补足语）或宾语表示抽象的特征时，关系代词使用 that 引导限制性关系从句，用 which 引导非限制性关系从句。如果关系代词替代先行词在关系从句中作主语，表示具体的人时，关系代词使用 who。图示如下。

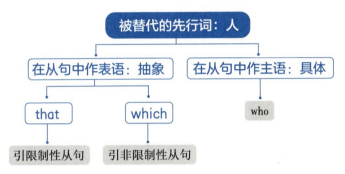

例如：

① I still remember **the sweet little girl who** had a little curl right in the middle of her forehead. 我仍然记得**那个可爱的小女孩**，她的前额中间有一小撮卷发。

② I still remember **the sweet little girl that** she used to be. 我仍然记得她曾经是**一个可爱的小女孩**。

A. 如果先行词是表示人的不定代词（everyone、everybody、someone、somebody、nobody），引导关系从句的关系代词应该是 who 或 whom。

例如：

① **Anyone who** has never made a mistake has never tried anything new. 没犯过错误的**人**从未尝试过新鲜事物。

例句①中的 who 为从句 who has never made a mistake 的主语。

② A friend is **someone** with **whom** you dare to be yourself. 朋友就是你敢在他面前做自己的**人**。

例句②中的 whom 为从句 with whom you dare to be yourself 的介词补语。

③ Everybody you fight is not your enemy, and **everybody who** helps you is not your friend. 你与之斗争的不都是敌人，而帮助你的**人**也不都是朋友。

例句③中的 who 为从句 who helps you 的主语。

先行词 all 如果表示人，替代它引导关系从句的关系词为 who。

例如：

① **All who** heard her speak were impressed by her sincerity. **所有**听过她讲话的**人**都对她的真诚印象深刻。

② **All who** help others on the Word Reference Forum deserve a warm hug. **所有**在词汇参考论坛上帮助别人的人都应该得到一个温暖的拥抱。

③ Not **all who** wonder are lost. 浪子未必迷途。

正式用法中，whom 替代表示人的先行词在从句中作动词的宾语或介词的补语；在非正式用法中，whom 可以被 that 或 who 替代。

例如：

① The late Principal of the College, **whom**（非正式：that / who）we all remember with affection, left this bursary in her will. 学院已故院长在遗嘱中留下了这笔助学金，我们都对**她**怀有深厚的感情。

例句①中，whom 替代先行词 the late principal of the college 引导非限制性关系从句，并在从句中作谓语动词 remember 的宾语。在非正式用法中，whom 可以被 that 或 who 替代。

(4) 关系代词 whose

关系代词 whose 是 who 的所有格形式，替代先行词引导关系从句，在从句中作**关系限定词**放在被修饰的名词前。

例如：

① The woman is Mrs. Brown. 这个女人是布朗夫人。

You have met **her**（指代 Mrs. Brown's/The woman's） daughter. 你见过**她的**女儿。

① -1 The woman is **Mrs. Brown**, **whose** daughter you have met.

这个女人是**布朗夫人**，你见过**她的**女儿。

① -2 **The woman whose** daughter you have met is Mrs. Brown.

你见过她女儿**的那个女人**是布朗太太。

例句①的两个独立单句可以合并为含有关系从句的复合句。

合并后的① -1 句中，第二个独立单句改为了复合句中的关系从句，修饰主干中的表语（主语补足语）Mrs. Brown。关系代词 whose 替代原句中的 her，指称 Mrs. Brown's，在从句中作 daughter 的限定词。

合并后的① -2 中，第二个独立单句改为了复合句中的关系从句，修饰主干中的主语 the woman。关系代词 whose 替代原句中的 her，指称 the woman's，在从句中作 daughter 的限定词。

② **The house whose** roof was damaged has now been repaired.

屋顶受损**的房子**现在已经修好了．

● 注意：如果 whose 引导的关系从句的先行词是"物"，此时关系代词 whose 可以由 of which 来替代。

③ The house **whose** roof was damaged has now been repaired.

→ The house **of which** the roof was damaged has now been repaired.

屋顶受损**的房子**现在已经修好了。

例句③中 whose 引导的关系从句修饰先行词 the house，whose 表示 the house's，在从句中作 roof 的限定词。同时，the house's roof 可以用 the roof of the house 来表达。如果将 the roof of the house 替代 the house's roof 作从句主语修饰先行词 the house 时，the roof of the house 中的 the house 由关系代词 which 来替代作为介词 of 的补语。由于 which 作为关系代词要引导从句，所以 of which 一起置于从句句首。

④ Renovating the structure will be a slow and difficult project, **whose** cost and duration remain unclear.

→ Renovating the structure will be a slow and difficult project, cost and duration **of which** remain unclear. 翻新这个建筑是一个缓慢且艰难**的项目**，成本和工期都不明确。

例句④的译文中，"成本和工期都不明确"被翻译为关系从句，修饰先行词 a slow and difficult project。引导关系从句的关系代词 whose 替代先行词 the project's

> 不简单的简单句

在从句中作名词短语 cost and duration 的限定词，所以 whose cost and duration 所指就是 the project's cost and duration。The project 指称是"物"，所以所有格形式可以改为介词 of 加名词的形式，即 the cost and duration of the project。如果将该名词短语放入修饰先行词 a slow and difficult project 的从句中作主语，就要用关系代词 which 替代 the project 来引导从句。

Ⅱ 关系副词

引导关系从句的关系副词有 when、where 和 why。它们都可以被"介词+which"替换，如表 3-8 所示。

表 3-8　引导关系从句的关系副词

关系副词	被替代的先行词	从句成分
when (=at / in / on / during which)	表示时间的名词	时间状语
where (=in / at which)	表示地点的名词	地点状语
why (=for which)	reason	原因状语

(1) 关系副词 when

关系副词 when 替代介词加表示时间的先行词引导关系从句，并在关系从句中作时间状语。

例如：

① The summer of 1969, **when** men first set foot on the moon, will never be forgotten. 1969 年夏天，人类第一次踏上月球，**这**将永远不会被遗忘。

例句①中引导从句 when men first set foot on the moon 的关系副词 when 可以理解为融合型关系副词，表示 the time when，此时 when 引导的从句为名词性关系从句作同位语修饰主体词 the summer of 1969。当然，when 也可以被理解为是一个关系副词，表示 in which，此时 when 引导的从句就是非限制性关系从句修饰先行词 the summer of 1969。

当 when 作关系副词引导关系从句作主句部分时，主语修饰语的结构如下。

第三讲　简单句各要素升级（复合句）

主句：

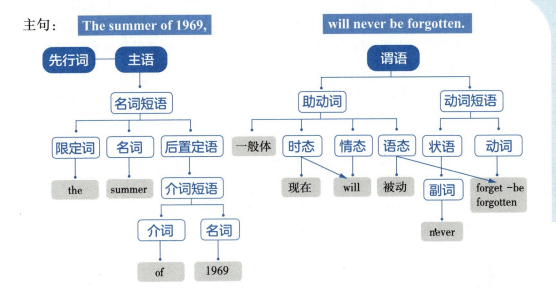

关系从句：

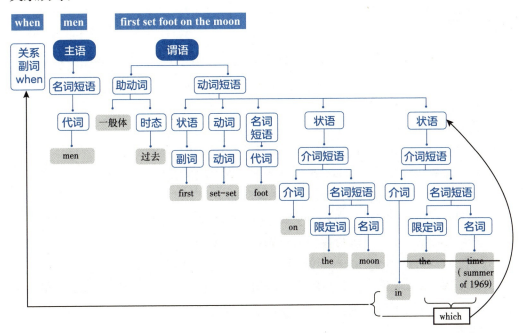

从结构中可以看出来，关系副词 when 在它所引导的关系从句中作时间状语，表示 in the time。从句中的时间状语 in the time 中，the time 指的就是先行词 the summer of 1969。所以为了避免重复，可以先将 the time 用关系代词 which 替换，这样从句中的时间状语就改为了 in which。由于 which 要引导从句，所以 in which 一起移至从句句首。这样，从句就改为 in which men first set foot on the moon。因为从句中的 in which 表示时间含义，所以可以用表示时间的关系副词 when 来替代。

② He can't forget **the day**. 他无法忘记**这一天**。

His father left home on **the day**(指代上句). 他的父亲在**那天**离开了家。

例句②两句合并后 the day 可用 which 替代并前置。

→ He can't forget the day his father left home **on which**.

→ He can't forget the day **on which** his father left home.

例句②转换后 on which 可以用关系副词 when 替代。

→ He can't forget the day **when** his father left home. 他忘不了父亲离开家的那一天。

(2) 关系副词 where

关系副词 where 替代介词加表示地点的先行词引导关系从句，并在关系从句中作地点状语。

例如：

① This is **the factory**. 这是工厂。

My father worked at **this factory**. 我爸爸在这个工厂工作过。

例句①两句合并后 this factory 可用 which 替代并前置。

→ This is the factory my father worked **at which.**

→ This is the factory **at which** my father worked.

例句①转换后 at which 可以用关系副词 where 替代。

This is the factory **where** my father worked. 这是我爸爸工作过的工厂。

●注意，where 是三个关系副词中应用最广泛的一个，它引导的关系从句不仅指具体的地点，还可以指逻辑上的、较抽象的概念。

例如：

② It is important to remain calm in **a situation where** emotions run high.

在情绪高涨的**时候**保持冷静是很重要的。

③ This is the guidance for **cases where** employees who are normally based in the UK undertake work abroad for the University. 这是一个指南，针对常驻英国的员工在国外为大学工作的**情况**。

④ This decade must be **the turning point**, **where** we transform humanity's relationship with nature and put the planet on a path to recovery. 这十年必定是一个**转折点**，从此我们改变人类与自然的关系，使地球走上复苏的道路。

例句②③④中，where 引导的关系从句分别修饰表示抽象概念的先行词 a situation、cases 和 the turning point，where 分别表示 in this situation，in the cases 和 at this turning point 在从句中作状语。

(3) 关系副词 why

关系副词 why 替代介词加 reason 引导关系从句，并在从句中作原因状语。

例如：

① Sam doesn't know **the reason**. 山姆不知道原因。

　　We are meeting for **this reason**. 我们就是为了这个原因开会的。

例句①两句合并后 this reason 可用 which 替代并前置。

→ Sam doesn't know the reason we are meeting **for which**.

→ Sam doesn't know the reason **for which** we are meeting.

例句①转换后 for which 可以用关系副词 why 替代，一般只用 why 替代表示原因。

→ Sam doesn't know the reason **why** we are meeting. 山姆不知道我们开会的原因。

● 注意，the reason why 与 the reason that 的区别：

why 引导（形容词性）关系从句修饰 the reason，在从句中作状语；that 引导同位语从句解释 the reason 的内容。

例如：

① The powerful storm was **the reason why** we didn't attend the event. 强风暴是我们没有参加这次活动**的原因**。

例句①为 why 引导的关系从句修饰 the reason。

② We didn't attend the event for **the reason that** it was raining heavily. **由于**雨下得

很大，我们没有参加那次活动。

例句②为 that 引导的同位语从句，解释 reason 的内容。

除上述区别以外，the reason that 和 the reason why 没有明显的区别。当 reason 是单数时，后边的关系从句可以用 that 或者 why 来引导，that 可省略。

例如：

① This wasn't the **reason why** he lied to you.

　This wasn't the **reason that** he lied to you.

　This wasn't the **reason** he lied to you. 这不是他向你撒谎的**原因**。

当 reason 是复数形式时，后边的关系从句用 why 而不用 that 引导。

例如：

① There are several **reasons why** I don't like this book. 我不喜欢这本书有几个**原因**。

(4) 关系副词的省略

在非正式文体或口语中，语义清晰的情况下，关系副词一般可以省略，或者被 that 替代。（在考试中不建议使用）

当先行词为表示时间的名词时，关系词可以用 that，或者省略。

例如：

① Come and see us **anytime when** you are in town.

　Come and see us **anytime that** you are in town. （非正式）

　Come and see us **anytime** you are in town. （非正式）

　你在镇上时，随时可以来看我们。

② That was the **year when** I first went abroad.

　That was the **year that** I first went abroad. （非正式）

　That was the **year** I first went abroad. （非正式）

　那**一年**我第一次出国。

③ I'll never forget **the day when** we met.

　I'll never forget **the day that** we met. （非正式）

　I'll never forget **the day** we met. （非正式）

　我不会忘记我们见面的**那一天**。

第三讲 简单句各要素升级（复合句）

当先行词是表示地点的不定代词（somewhere、anywhere、everywhere、nowhere）或 place 的时候，关系副词 where 可以被 that 替代以避免重复使用 where；that 可以省略。其他先行词不可以。

例如：

① Have you got **somewhere that** I can lie down for an hour?

　Have you got **somewhere** I can lie down for an hour?

　你有**什么地方**可以让我躺一个小时吗？

② I need **a place where** I can stay for a few days.（正式）

　I need **a place that** I can stay for a few days.（非正式）

　I need **a place** I can stay for a few days.（非正式）

　我需要有**一个地方**可以待几天。

● 注意，where 可以由 that 替换引导关系从句的情况仅适合用上述单词作先行词的情况。如果是其他表示地点的先行词，引导关系代词的 where 不能被 that 替换。

例如：

① I need **a house where** I can stay for a few days.（√）

　I need **a house that** I can stay for a few days.（×）

　我需要一所能住几天的**房子**。

在现代英语中，the reason why 经常被人们用 the reason that 来替代，关系词可省略。

例如：

① **The reason why** you are bad-tempered is that you are hungry.

　The reason that you are bad-tempered is that you are hungry.

　The reason you are bad-tempered is that you are hungry.

　你脾气暴躁是因为你饿了。

用关系词在关系从句中表示方式状语：how 不能引导（形容词性）关系从句修饰先行词。但是，如果遇到关系词替代先行词在从句中作方式状语的情况，只能用介词加 which 的形式表示。在非正式用法中，that 可以替代介词加 which 引导从句，并在从句中作方式状语，有时 that 可以省略。

例如：

① This is the **way in which** he studies English.（正式）

　This is **the way that** he studies English.（非正式）

This is **the way** he studies English.（非正式）

这就是他学习英语的**方法**。

② I don't like **the way in which** she spoke to me.（正式）

I don't like **the way that** she spoke to me.（非正式）

I don't like **the way** she spoke to me.（非正式）

我不喜欢她对我说话的**方式**。

3.2.4 关系从句 VS 名词性关系从句

融合型关系代词引导的名词性关系从句相当于"先行词＋关系代词"引导的关系从句。

例如：

① The new teacher is just **the person who**（先行词＋关系代词） we are looking for.

= The new teacher is just **who** we are looking for.

这位新老师正是我们要找的**人**。

例句①中 who 为融合型关系代词，who we are looking for 为名词性关系从句作表语。

② Painting is **the thing that**（先行词＋关系代词） he does best.

= Painting is **what** he does best.

他最擅长的是绘画。

例句②中 what 为融合型关系代词，what he does best 为名词性关系从句作表语。

"先行词＋关系副词"引导的关系从句相当于融合型关系副词引导的名词性关系从句。

例如：

① She knows **the time when**（先行词＋关系副词） we are meeting.

= She knows **when** we are meeting.

她知道我们见面的**时间**。

例句①中 when 为融合型关系副词，when we are meeting 为名词性关系从句作宾语。

② Sam doesn't know **the reason why**（先行词＋关系副词） we are meeting.

=Sam doesn't know **why** we are meeting.

山姆不知道我们见面的**原因**。

例句②中 why 为融合型关系副词，why we are meeting 为名词性关系从句作宾语。

③ This is **the way (in which)**（先行词 + 介词 + 关系代词） he writes.

= This is **how** he writes.

这是他写作的**方式**。

例句③中 how 为融合型关系副词，how he writes 为名词性关系从句作表语。

④ This is **the place where**（先行词 + 关系副词） he grew up.

= This is **where** he grew up.

这是他成长的**地方**。

例句④中 where 为融合型关系副词，where he grew up 为名词性关系从句作表语。

如果关系从句的先行词具有确切性或唯一性，则不能和关系词合并为融合性关系代词或融合性关系副词来引导名词性关系从句。因为合并后的融合型代词或副词不具备先行词的确切性和唯一性。

例如：

① It was **the time of day** when the temple was closed to the general public.

这是**一天**寺庙对公众关闭**的时间**。

例句①中，the time of day 是指某一天的某一时刻，具有确切性。如果将它与关系副词合并成一个融合型关系副词 when，就不能明确 when 的确切指称，时间单位变得模糊。

② I hadn't seen coffee until I went to **the village** where I'm a resident now.

直到我去了我现在居住的**村庄**，我才看到咖啡。

例句②中，the village 明确了我居住的地方是一个村庄，具有确切性。如果将它与关系副词 where 合并为一个融合型关系副词 where，就模糊了"我"居住的地方确切的行政单位。

不简单的简单句

3.3 简单句中副词性成分的结构升级

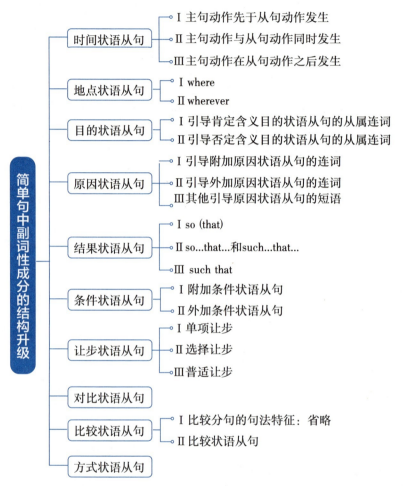

简单句的副词性成分状语短语也可以升级为句子，升级后的状语称为**状语从句**。因为简单句中作状语的短语基本词性是副词，所以状语从句也称为**副词性从句**。随着状语升级为状语从句，简单句也随之升级为复合句。

状语从句由**从属连词**引导修饰主句、主句的谓语或者其他形容词或副词性成分。例如：

① He bakes cake **weekly**. 他**每周**都烤蛋糕。

　　He bakes cake **before he leaves for work every Sunday**. 他**每周日上班前**烤蛋糕。

例句①将 weekly 具体化为一个状语从句 before he leaves for work every Sunday。

主句:

状语从句/副词性从句:

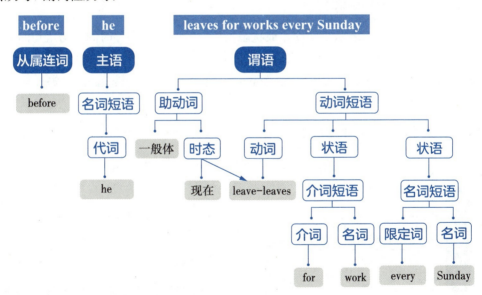

通常情况下,作为附加状语的状语从句,如果位于句首,多用逗号跟主句隔开。如果位于句尾,则不需要用逗号隔开。

例如:

① **As soon as he arrives**, we will have some lunch.(从句位于句首)

We will have lunch **as soon as he arrives**.(从句位于句尾)

他一来我们就吃午饭。

作外加状语的从句如果位于句首，由逗号与主句隔开；如果位于句尾，多数由逗号或语气的停顿与主句隔开。

例如：

① **Unless you call me to say you are not coming**, I'll meet you at the theater. （内容外加状语位于句首）**除非你打电话说你不来**，否则我就在剧院等你。

② She enjoys driving, **though she doesn't like to drive in heavy traffic**. （内容外加状语位于句尾）她喜欢开车，**虽然她不喜欢在交通拥挤的时候开车**。

③ He is too clever by half, **if you ask me**. （方式状语位于句尾）**要我说**，他太聪明了。

状语从句根据语义，可以分为时间、地点、目的、方式、比较、条件、结果、例外、让步、原因、评述、比例等含义的从句。

3.3.1 时间状语从句

时间状语从句表示主句动作或状态发生时的时间，引导时间状语从句的从属连词有 after、as、before、after、once、since、till、until、when、whenever、while、now (that)、as long as、so long as、as soon as、immediately、directly、the moment 等。

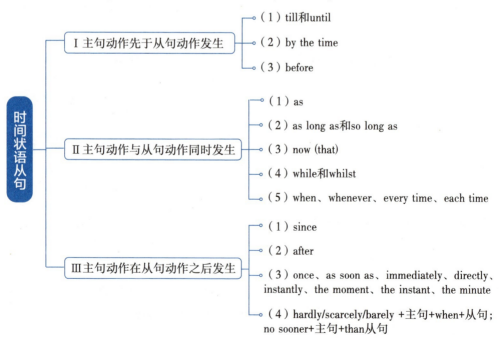

例如：

① Maria was talking on the phone **when all her friends arrived at the party**. **当玛丽亚所有的朋友到达聚会时**，她正在打电话。

② I listen to English **while I was washing the dishes**. **我在洗碗的时候**听英语。

③ The document will be returned **as soon as it is signed**. 文件**一签署**就会退还。

④ **While you are in Beijing**, be sure to see the Great Wall. **你在北京的时候**一定要去看看长城。

● 注意，在上述例句②③④中，它们的从句主语和主句的主语一致。这种情况下，从句可以简化为无主语短语。

例如：

② I listen to English **while I was washing the dishes**.

→ I listen to English **while washing the dishes.** 我在洗碗的时候听英语。

③ The document will be returned as soon **as it is signed**.

→ The document will be returned as soon **as signed**. 文件一签署就会退还。

④ **While you are in Beijing**, be sure to see the Great Wall.

→ **While in Beijing**, be sure to see the Great Wall. （主句为祈使句，隐含的主语是you）你在北京的时候一定要去看看长城。

根据从句与主句之间表示的时间关系，可以将引导时间从句的连词分为三类：主句动作先于从句动作发生、主句动作与从句动作同时发生、主句动作在从句动作之后发生。

Ⅰ 主句动作先于从句动作发生

主句动作先于从句动作发生表示主句的动作在从句所指时间之前发生或主句的状态一直持续到从句表示的时间。引导此类从句的连词或连词短语有 until/till、by the time、before。

(1) till 和 until

till 和 until 都表示"直到"，二者基本上可以互相替换使用，until 比 till 更加正式。
例如：

① The young man kept reading **till / until** the light went out. 这个年轻人一直在读

不简单的简单句

书**直到**灯熄灭了。

在 until 或 till 引导的从句中，用现在时表示将来。

例如：

① She will not leave **until** her mother is well enough to walk. 她要**等**她母亲身体好得能走路了才会离开。

当主句动作一直不发生，直到 until 表示的时间点才开始时，主句谓语用否定形式。此时主句的谓语动词是短暂性动词（开始即结束）。

例如：

① He didn't stop watching TV **until** he was too tired to do so any more. **直到**他累得再也看不下去了，他才停止看电视。

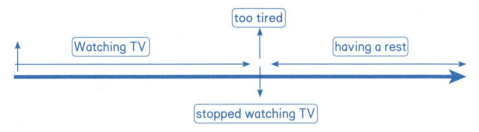

② Don't unbuckle your seat belt **until** the flight attendant says it is safe to move around the cabin. **在**空乘人员确认可以在机舱内活动**之前**，不要解开安全带。

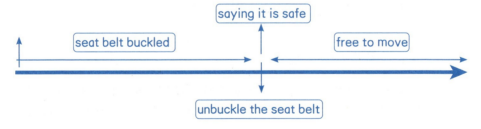

当主句谓语表示延续性状态或动作时，其否定式表示未发生的状态一直在持续，有可能持续到 until/till 从句所指称的时间，也有可能没有持续到从句所指时间；或者发生的动作或状态持续，但没有持续到 until/till 从句指称的时间；或者动作或状态到 until/till 从句指称的时间才开始。

例如：

① He was not able to return to his hometown **until** the war was over. **直到**战争结束，他才能回家乡。

例句①表示战争结束时他能够返回家乡，但是什么时候返回不得而知。

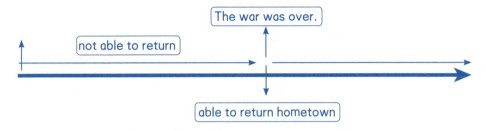

② He didn't wait **until** I returned. 他没有等**到**我回来。例句②内含"他等了，但是没等到我回来"之意。

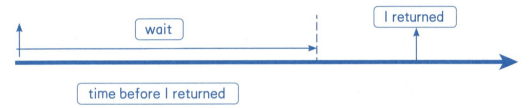

③ They didn't play **until** I came back. **直到**我回来他们才玩。

③-1 They played, but not **until** I came back. 他们在玩，但我回来**之前**就不玩了。

③-2 They started playing **until** I came back. 他们**等到**我回来才开始玩。

当主句动作一直持续到 until 表示的时间点，主句谓语用肯定形式。此时主句的谓语动词是延续性动作（可持续）。

例如：

① I'll wait here **until** he comes out. 我在这儿**等**他出来。

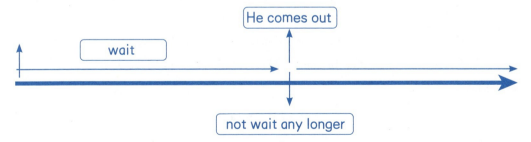

② The team will continue with their drills **until** the coach is satisfied with their performance. 队员们将继续训练，**直到**教练对他们的表现感到满意为止。

不简单的简单句

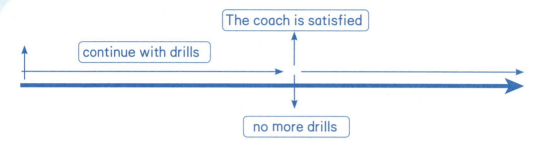

如果从句强调动作彻底完成之后，主句动作再发生，此时 until 从句可以用完成体。

例如：

① I won't give you your bike back **until** you've paid me back the ￡20 I lent you last year. 我不会把自行车还给你，**除非**你把我去年借给你的 20 英镑还给我。

例句①表示：I intend to give the bike back, not when you pay me, but after you've paid me. "我打算把自行车还给你，不是在你付钱给我的时候，而是在你付钱给我之后。"

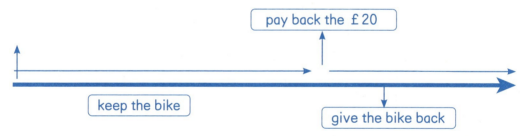

② He spoke no word and made no sigh **until** I had finished the tale. 他没有说话，也没有叹息，**直到**我讲完故事。

例句②表示：He didn't express himself right away but waited for a short while after I had completely finished the tale. "他没有马上表达自己的意思，而是在我讲完故事后等了一会儿。"

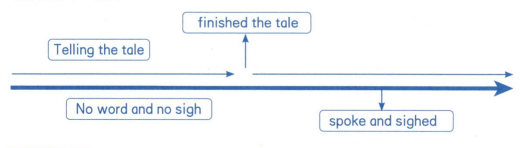

比较：

① She will not leave **until** her mother is well enough to walk. 她要**等**她母亲身体好得能走路了才会离开。

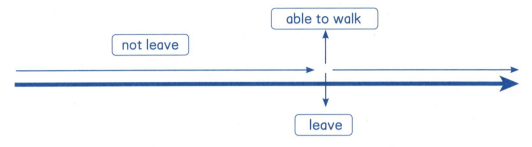

② She will not leave **until** her mother has been well enough to walk. 她要**等到**她妈妈彻底康复能下地走路之后再离开。

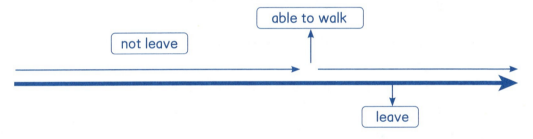

例句①表示：She will leave right after her mother was able to walk. "等她妈妈能走路了，她就会离开。"

例句②表示：She won't leave right away but will wait for a short while after her mother was able to walk. "她不会马上离开，但会等到她妈妈能走路之后。"

③ Stay inside until the danger has passed. 待在里边，直到危险彻底过去。

例句③表示：Don't get out right away but wait for a while after the danger passes. "不要马上出去，等到危险过去之后。"

A. 强调句型中多使用 until。

例如：

① In fact, I didn't fully realize the meaning of commitment and responsibility **until my maturity**. 事实上，**直到我成熟了**，我才完全意识到承诺和责任的意义。

① -1 In fact, **until my maturity**, I didn't fully realize the meaning of commitment and responsibility.

例句① -1 为直接将 until 从句谓语主句前，主句不变。

① -2 In fact, **not until my maturity did** I fully **realize** the meaning of commitment and responsibility.

例句① -2 为 until 引导的从句前置，否定词 not 与从句一起前置，主句部分将助动词位于主语前进行倒装。

① -3 In fact, **it was** not until my maturity **that** I realized the meaning of commitment and responsibility.

例句① -3 为将 not until 从句置于强调句 it be...that... 中。

② Spain didn't find the wealth it had sought **until the continent itself was explored**.
直到有人对这片大陆进行了探索，西班牙才找到了它曾寻找的财富。

② -1 **Until the continent itself was explored**, Spain didn't find the wealth it had sought.

② -2 **Not until the continent itself was explored did** Spain **find** the wealth it had sought.

② -3 **It was not until the continent itself was explored that** Spain found the wealth it had sought.

(2) by the time

by the time 意为"在……时候"，表示某个事件发生时的时间点，通常用来描述在某个特定时间之前或之后发生的事情。当 by the time 表示主句动作在从句标记的时间之前完成，主句谓语一般用完成体。

例如：

① **By the time** I got to the school, the teacher had left.
我**到**学校**时**，老师已经离开了。

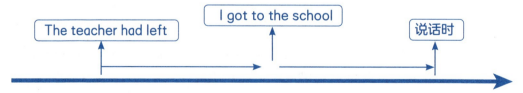

② -1 **By the time** I graduate next year, I will have lived here for four years.

到明年毕业**的时候**，我在这里已经住了四年了。

② -2 **By the time** I graduate next year, I will have been living here for four years.

到明年毕业**的时候**，我在这里已经住了四年了。

例句②的两个英语译文含义不同。例句② -1 表示说话人住到毕业就离开了；例句② -2 表示说话人有可能毕业后在这里继续居住。

当 by the time 引导的时间状语从句要强调"某时刻当时的情况"时，主句一般不用完成体。此时的 by the time 相当于 when。

例如：

① Students need to possess certain basic skills **by the time** they finish school. 学生毕业**时**必须掌握某些基本的技能。

② Most babies can feed themselves **by the time** they're a year old. 多数婴儿**到**一岁**的时候**就可以自己吃东西了。

③ They were eating dinner **by the time** we arrived. 我们到**的时候**他们还在吃饭。

④ They will be eating dinner **by the time** we arrive. 我们到**的时候**他们应该还在吃饭。

例句①②表示从句时间发生时那一刻主句应当实现的动作或具备的状态，主句谓语使用一般体表示对客观规律或基本要求的满足；例句③④从句分别使用进行体，表示到达从句表示的那一时刻，主句正在进行的动作或状态，例句③是对过去那一时刻正在进行的动作进行描述，例句④则是预测到从句表示的将来的某一时刻主句应该正在进行的动作。

(3) before

before 表示"在……之前"，引导的从句动作在主句动作之后。

如果主句和从句动作都发生在将来，before 引导的从句用一般现在时表示将来。

例如：

① -1 **Before** you come back, I will finish my homework.

在你回来**之前**，我将完成我的作业。

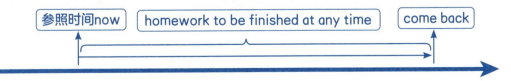

> 不简单的简单句

① -2 **Before** you come back, I will have finished my homework.
在你回来之前，我将完成我的作业。

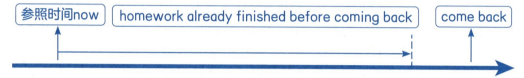

例句① -1 表示回来前完成作业；① -2 强调回来前作业已经完成了。两句的语气略有差别。

从句如果是一般过去时，主句动作可以用一般过去时或过去完成体，意思相同（因为 before 本身就表示两个动作在时间上的先后顺序，所以即使主句不用完成体，读者也能知道主从两句动作发生的顺序）。

例如：

① -1 **Before** I went to school, I ate a big breakfast.

① -2 **Before** I went to school, I had eaten a big breakfast.
在我上学之前，我吃了一顿丰盛的早餐。

② -1 He came home **before** dinner started.

② -2 He had come home **before** dinner started. 晚饭还没开始他就回家了。

③ -1 Five years passed **before** we knew it.

③ -2 Five years had passed **before** we knew it. 不知不觉已过去五年了。

before 引导的从句放在主句的后边有时可以翻译为"才；就"。

例如：

① It won't be long **before** they get to know each other. 过不了多久他们就能相互认识了。

② This is being done as part of a compulsory seven-week tutorial module that the students must pass **before** they can graduate. 学生必须通过七周必修辅导模块的这一部分才能毕业。

③ Running down the long corridors he took a wrong turn, crashing into a group of girls **before** he realized his mistake. 跑下长长的长廊，他转错了弯，冲进一群女孩之间时才发现自己错了。

④ When his turn came to speak, Jacob pushed his feet as far as he could under his desk **before** he started. 轮到雅各布讲话时，他把脚在桌子下边尽可能伸直，

然后**才**开始发言。

从句谓语有时也可以使用完成体，凸显从句动作的"尚未；还没"等未发生或未完成的否定含义。

例如：

① John ran away **before** he got hurt. 约翰受伤**前**跑掉了。

② John ran away **before** he had got hurt. 约翰**还没**受伤**就**跑掉了。（强调没有受伤）

③ The workers stopped striking **before** the situation had come to a head. 情况**还没**到紧要关头，工人们**就**停止了罢工。

④ He lost his temper **before** I had said a word. 我**还**什么都**没**说，他**就**发脾气了。

⑤ The daily exercises lasted only eleven minutes and I proposed to do them early in the morning **before** anyone had got up. 每天的练习只持续十一分钟，我提议**在**早上所有人起床**之前**进行。

⑥ You can't watch TV **before** you have finished your homework. **没**完成作业不能看电视。

before 引导的从句作祈使句的状语时，一般表示条件关系和时间关系。

例如：

① Go **before** I call the police. 快走，**否则**我叫警察了。

(4) hardly/scarcely/barely + 主句 +when+ 从句；no sooner+ 主句 +than 从句

上述两个句式均表示在过去"一……就……""还没来得及……就……"。从句的动作紧跟在主句动作后发生，主句使用过去完成体，从句使用一般过去时。

例如：

① -1 I **had hardly** got into the kitchen **when** the phone rang again.

① -2 **Hardly had** I got into the kitchen **when** the phone rang again.

我**还没来得及**进厨房电话铃**就**又响了。

不简单的简单句

例句① -1 中，hardly 表示动作还没来得及发生，强调了两个动作时间非常接近。when 表示"就在此时"。例句① -2 中，主句中的否定副词 hardly 可以置于句首，主句的助动词 had 移到主语前进行倒装。

② -1 He had **no sooner** arrived home **than** the company asked him to start another business trip.

② -2 **No sooner** had he arrived home **than** the company asked him to start another business trip. 他刚一到家，公司**就**让他再次出差。

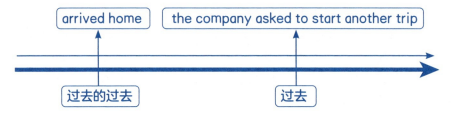

例句②中 sooner 前使用否定词 no 强调比较级前后两个动作时间非常接近。例句② -2 中，否定结构 no sooner 可以置于句首，然后助动词 had 移至主语前进行倒装。

③ -1 She had **scarcely** finished reading **when** she fell asleep.

③ -2 **Scarcely** had she finished reading **when** she fell asleep. 她**刚**读完书**就**睡着了。

④ -1 They had **barely** won the match **when** the coach had a heart attack.

④ -2 **Barely** had they won the match **when** the coach had a heart attack.
他们**刚**赢得比赛，教练**就**心脏病发作了。

⑤ -1 The company had **no sooner** launched its new product **than** it went bankrupt.

⑤ -2 **No sooner** had the company launched its new product **than** it went bankrupt.
这家公司**刚**推出新产品**就**破产了。

II 主句动作与从句动作同时发生

以下连词连接的从句和主句动作同时发生，或二者在时间上出现重叠：as、as long as、so long as、while、whilst、When、whenever、every time、each time、now (that) 等。

(1) as

as 主要表示从句情况与主句情况同时发生，前边常有下加状语 just 来修饰，强调"同时"的含义。

例如：

① She shoved the heels of her palms into her eyes **as** fresh tears flowed. **当**泪水再次涌出，她赶紧用手捂住眼睛。

例句①中"泪水涌出"和"用手捂住眼睛"同时发生。

② She glances at us **as** we emerge, but makes no sign of recognition. 我们出来**时**她瞥了我们一眼，但是没有认出来我们。

③ He appears **just as** I'm about to start on a roasted squid with prawns. **当**我正要开始烤鱿鱼配大虾**的时候**，他出现了。

④ Then, **just as** the team seemed to be establishing a foothold, two interceptions set them back on their heels. 然后，**就在**这支队伍似乎要站稳脚跟**的时候**，两次拦截让他们措手不及。

(2) as long as 和 so long as

as long as 和 so long as 引导时间状语从句表示"长达……"，所以它们引导的从句表示的时间和主句表示的时间都是持续的，二者同时持续同样时长。

例如：

① The movie takes **as long as** I expected. 电影和我预料的一样**长**。

② He worked **as long as** we played. 我们玩了多久，他就学了**多久**。

● as long as 和 so long as 还可以引导条件从句，表示"只要"；或者引导原因从句，表示"既然，因为"。

例如：

① He said he would still support them, **as long as** they didn't break the rules. 他说**只要**他们不违反规则，他仍然会支持他们。

例句①中 as long as 表示"只要"，引导条件从句。

② **As long as** I've got my boots on, I might as well go out and get the firewood. **既然**我穿上靴子了，不如出去捡点柴火。

（as long as 表示"既然"，引导原因从句）

● as long as 和 so long as 作为"时间"的含义和"条件"的含义有时可以重叠在一个句子中。

例如：

① He took a pledge at the outset of the war that he would live a frugal and abstemious existence **as long as** the war lasted. 他在战争一开始就发誓，**只要**战争持续，他就会过一种节俭而有节制的生活。

例句①中"时间"的含义和"条件"的含义重叠在一个句子中：从句既可以理解为是条件从句"只要战争持续"，也可以理解为主句动作"过节俭节制的生活"和战争持续的时间一样长。

② You shan't touch her **so long as** I am alive! **只要**我活着，你就别想碰她！

例句②中"时间"的含义和"条件"的含义重叠在一个句子中：从句可以理解为条件从句"我活着"是"不碰她"的条件；也可以理解为主句"不碰她"的状态在"我活着"期间一直持续。

(3) now (that)

now (that) 的核心意思是"现在"的意思，表示从句事件已经发生，接下来可能会随之发生可知或不可知的另一件事情，所以 now (that) 也有表示原因的含义。

例如：

① **Now that** he had graduated, he had no idea what he would do next. **现在**他已经毕业了，他不知道接下来要做什么。

例句①中 now that 引导时间从句，表示"现在"。

② **Now that** he had graduated, he was ready to look for a job. **既然**他已经毕业了，他就准备找工作了。

例句②中"毕业"为"找工作"创造了条件，前后有因果关系的含义，所以 now that 引导的是原因从句。

(4) while 和 whilst

while 和 whilst 引导表示"一段时间"的从句，主句动作或状态在从句持续的时间内发生。

例如：

① The door bell ran **while** I was doing my homework. 我做作业**时**，门铃响了。（门铃在我做作业期间响了）

(5) when, whenever, every time, each time

when、whenever、every time、each time 表示"每次；每当"，引导频度状语从句，表示主句动作为习惯性动作可重复发生，所以主句谓语多用一般体。

例如：

① The man could laugh at his own mistakes, but turned into raging bull **whenever** I made one. 这个人对自己的错误一笑置之，但**每当**我犯错误时，他就变得暴跳如雷。

② Many people eagerly follow the weather forecasts **whenever** bad weather is looming. **每当**坏天气即将来临，许多人都会急切地关注天气预报。

③ **Every time** we breathe, we inhale pollutants.
我们**每次**呼吸都会吸入一些污染物。

④ He blushes **whenever / every time** she speaks to him.
每次她跟他说话，他都会脸红。

⑤ They complimented me on the way I looked **each time** they saw me.
他们**每次**见到我都就我的外貌恭维我。

⑥ **When / Whenever** they go to town, they always visit their grandfather.
他们**每次**进城，都要去看望祖父。

Ⅲ 主句动作在从句动作之后发生

以下连词引导的从句动作在主句动作之前发生：after、as soon as、the moment、the instant、the minute、immediately、directly、instantly、since。

(1) since

since "自从……"表示从过去的某个时间以来，标志着主句动作从过去的某个时间开始或之后某一刻开始持续到说话时刻。如果说话人参照时间为现在，主句谓语一般用现在完成体，从句谓语多用一般过去时。

例如：

① **Since** she returned home, she has been working in her parents' business. 回国**后**，她一直在父母的公司工作。

例句①中，从句未明确开始工作的时间，她有可能一回国就开始工作，也有可能回国后一段时间才开始工作。主句用完成进行体表示说话人在说话时还在父母公司工作。

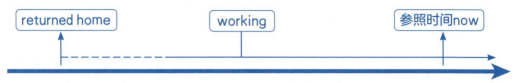

如果说话人参照的时间为过去，主句谓语用过去完成体，从句谓语也要用过去完成体。

例如：

① More than twelve hours had passed **since** the decker had touched the cyberdeck keyboard. **自从**水手触碰网络连接器的键盘后，已经过去 12 个多小时了。

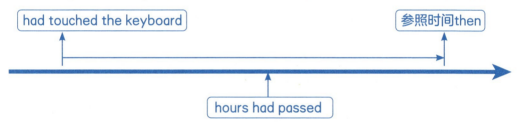

如果 since 引导的时间状语从句表示一段时间，则主句的动作发生时间在从句表示的时间段内采取模糊定位，根据语境来判断。

例如：

① I have known Bill **since** we were at school.

翻译 1：自从一上学我就认识比尔了。

翻译 2：上学期间我就认识比尔了。

翻译 3：一毕业我就认识比尔了。

例句③主句的谓语 know Bill 这个动作可以发生在刚开始上学，也可以发生在上学期间，还可以发生在学校生活结束时。

翻译 1：自从一上学我就认识比尔了。

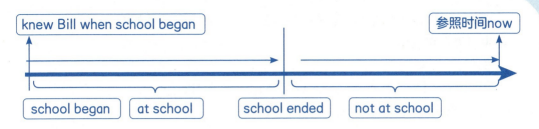

翻译2：上学期间我就认识比尔了。

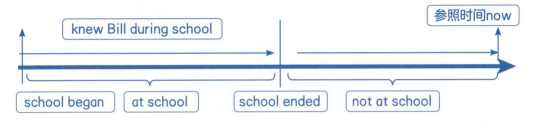

翻译3：一毕业我就认识比尔了。

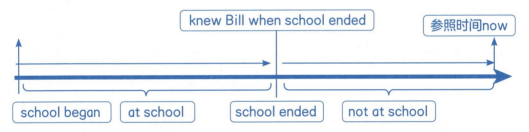

主句谓语部分如果表示一段时间，主句谓语动词可以是一般体也可以是完成体。此时 since 引导的从句用一般过去时表示过去的某一个时间点。

例如：

① -1 It is three years **since** we last saw each other.

① -2 It has been three years **since** we last saw each other.

我俩上次见面**已经**有三年了。

② It has been a year **since** I moved here, and I still haven't unpacked all of my books.

我搬到这里**已经**一年了，但我还没有把我所有的书都开箱。

③ It is almost 50 years **since** the first man landed on the moon.

自从人类第一次登上月球已经将近 50 年了。

> 不简单的简单句

　　强调 since 引导的从句动作或状态与主句动作发生和持续的时间一致时，从句谓语也可以用完成体。

　　例如：

① -1 **Since** I have been back at work, I have been feeling great.

　　自从我回到工作岗位，我一直感觉很好。

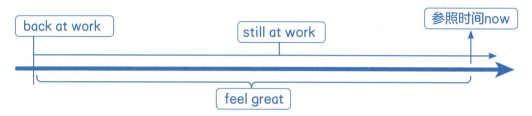

① -2 **Since** I was back at work, I have been feeling great.

　　自从我回到工作岗位，我一直感觉很好。

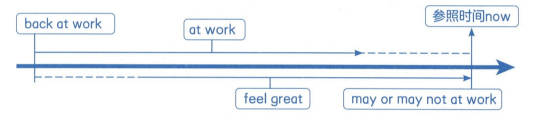

① -1 表示"我"在过去某个时间回到工作岗位，到说话时还在这个工作岗位上。"我"从一回到工作岗位就开始感觉良好，而且这种感觉一直持续到说话时，有可能还会往后延续；① -2 表示"我"在过去某个时间回到工作岗位，但是到说话时有可能已经不在工作岗位上了。感觉良好的状态是在回到工作岗位之后的某个时间开始的，但是具体什么时候开始并不明确，但是这种状态在说话人说话时还存在。

② Michael has done nothing but help us **since** he has joined us, and you can trust him.

　　自从迈克尔加入我们以来，他一直在帮助我们，你可以信任他。

第三讲 简单句各要素升级（复合句）

当主句中的名词短语含有形容词最高级或者序数词作限定词时，后边跟 since 引导的短语或从句应被理解为是该名词短语的修饰成分，而非状语或状语从句。此时主句谓语动词时态不受 since 引导的短语影响。

例如：

① This was only the second general election **since** the severe damage. 这只是自那场惨重的损失**以来**的第二次大选。

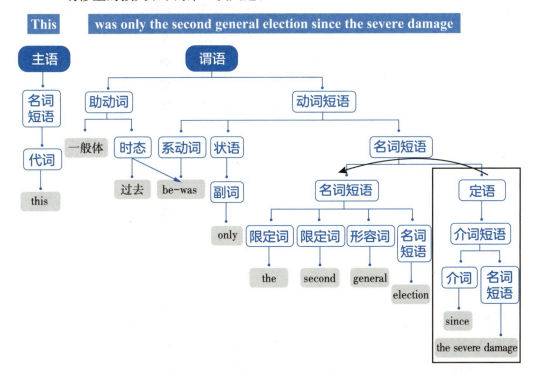

② Matters came to a head in 1833, the year in which the canal made its lowest profit **since** the death of the Duke. 1833 年，问题到了非解决不可的地步，因为这一年运河的利润是自公爵去世**以来**最低的。

不简单的简单句

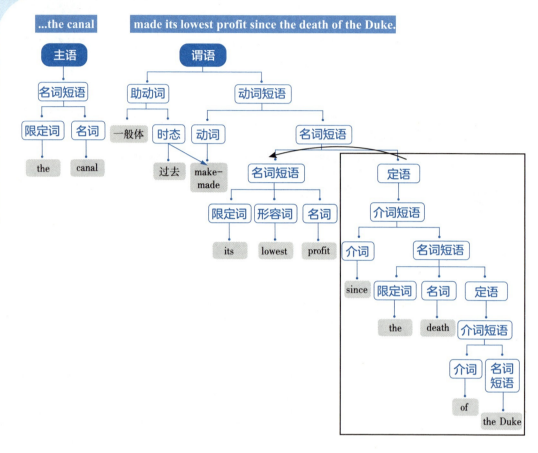

例句①②中，since 分别引导名词短语 the severe damage 和 the death of the Duke 修饰句子中的短语 the second general election 和 its lowest profit。被修饰的两个短语分别由序数词 second 和形容词最高级 lowest 修饰。

(2) after

after 引导的时间状语从句动作先于主句动作发生，可以在 after 前用下加状语表示和主句动作的接近度。

例如：

① Come over **right after** you've finished your work. 干完活你就过来。

例句①中下加状语 right 修饰 after 从句。

after 引导的从句动作先于主句发生，所以从句动作可以通过完成体强调其先发生；但是，由于 after 本身就有先后顺序的含义，所以从句动作也可以不需要时态标记，只需要用一般体表示就可以。

例如：

① -1 He was still tired **even after** he had eight hours of sleep.

① -2 He was still tired **even after** he had had eight hours of sleep.

　　即使睡了八个小时，他还是很累。

例句①中 after 引导的从句前都使用了下加状语 even 强调语气。例句①中两句话虽然从句时态不一致，但都正确。② -1 的从句使用一般过去时表示"睡了八小时"在过去发生，虽然它先于主句发生，但是由于 after 已经表明了主从句中动作的先后顺序，所以从句可以不用完成体；② -2 中从句使用了过去完成体，直接通过时态强调了从句动作先于主句动作发生。

(3)　once, as soon as, immediately, directly, instantly, the moment, the instant, the minute

once、as soon as、immediately、directly、instantly、the moment、the instant、the minute 这些连词都表示"一……就……"，表示主句动作紧跟从句动作之后发生。

例如：

① I'll call you **as soon as** I get home. 我一到家**就**给你打电话。

② We'll eat **once** I finish preparing the meal. 我一做好饭我们**就**吃。

③ She returned **immediately** she heard the good news. 她一听到好消息**就**回来了。

④ Although we hadn't seen each other for many years, I recognized her the moment I saw her. 虽然我们多年没见面了，但我一见到她**就**认出了她。

⑤ She understood and comprehended everything **the instant** it was exposed to her. 一切都暴露在她面前时，她**立刻就**明白了。

⑥ I love the fact that **the minute** I walked into the charcuterie, I heard French being spoken. 我一走进熟食店，**就**听到人们在说法语。我很喜欢这样。

⑦ I'll be with you **directly** I've finished this letter. 我一写完这封信**就**来陪你。

⑧ We realized there would be problems **instantly** we saw the final report. 我们一看到最终报告**就**意识到会出问题。

3.3.2 地点状语从句

地点状语从句表示主句谓语发生的地点。引导地点状语从句的从属连词有 where、wherever、everywhere、anywhere，这些连词在自己引导的从句中也作状语。

例如：

① She was standing in the place. 她站在那个地方。

You are standing in this place right now. 你现在就站在这个地方。

合并两句，第二句中与第一句相同的地点状语 in this place 前置第二句句首，与第一句状语 in the place 结合：

She was standing **in the place**, **in this place** you are standing right now.

用 where 替代 in the place，避免重复：

She was standing **in the place where** you are standing right now.

与主句状语合并：

She was standing **where** you are standing right now.

她当时就站在你现在站着的**位置**。

Ⅰ where

where 是最常用的引导地点状语从句的从属连词，在句子中修饰主句谓语或整个主句。

例如：

① Stay **where** you are. 待在**原地**别动。

② Folkestone is located **where** the escarpment meets the sea. 福克斯通位于悬崖与大海的相接**处**。

③ This causes waterfalls to develop **where** creeks descend over a limestone ridge into a shale valley. 这使瀑布**在此处**形成，小溪从**这里**沿着石灰岩山脊向下流入页岩山谷。

where 有时表示对比关系，与 whereas 相当。

例如：

① **Where** I saw only wilderness, they saw abundant signs of life. 在我眼里只有荒野**的地方**，他们却看到了丰富的生命迹象。

② That model has an attractive design **where** this one is more dependable.

那个型号的设计很吸引人，而这个更可靠。

③ Sometimes a teacher will be listened to **where** a parent might not. 有时老师会被倾听，而家长可能不会。

where 有时也表示"抽象条件"。

例如：

① **Where** there is a will, there is a way. 有志者，事竟成。

② **Where** there is smoke, there is fire. 无风不起浪。

可以将例句①②中的 where 换成 wherever 表示强调。

③ **Where** ignorance is bliss, 'tis folly to be wise. 无知即福，聪明则蠢。

Ⅱ wherever

wherever 表示"无论在哪里；无论去哪里"，引导地点状语从句时可以和 everywhere 或者 anywhere 互换，有时也可以与 where 互换。

例如：

① -1 They went **wherever** they could find a job.

① -2 They went **everywhere** they could find a job.

① -3 They went **where** they could find a job. **哪里**能找到工作，他们就去**哪里**。

② -1 Peter brings his sunglasses **wherever** he goes.

② -2 Peter brings his sunglasses **everywhere** he goes. 彼得去**哪里**都带着他的太阳镜。

③ -1 Birds create nests **wherever** they deem suitable.

③ -2 Birds create nests **anywhere** they deem suitable. 鸟儿在认为合适的**地方**筑巢。

wherever 引导的从句含有让步含义，表示"无论；不管"时，不能与 everywhere、anywhere 或者 where 互换。

例如：

① **Wherever** you go, I'll be right here waiting for you. **无论**你去**哪里**，我都会在这里等你。

② **Wherever** you come from, you have to obey the laws of this country. **无论**你来自**哪里**，你都要遵守这个国家的法律。

例句①②中，引导从句的 wherever 表示让步，可与 no matter where 互换。

wherever 引导的地点状语从句和让步状语从句的区别：

wherever 引导的地点状语从句可以用 where 引导的特殊疑问句来提问，而它引导的让步状语从句则不行。

例如：

① —**Where** did they go? 他们去了**哪里**？

—They went **wherever** they could find a job. 他们到**任何**能找到工作的**地方**去。

② —**Where** does Peter bring his sunglasses? 彼得把他的太阳镜带到**哪里**去了？

—He brings his sunglasses **wherever** he goes. 他**无论**走到**哪里**都带着墨镜。

③ —**Where** do birds create nests? 鸟在**哪里**筑巢？

—They create nests **wherever** they deem suitable. 它们在它们认为合适的**地方**筑巢。

④ —**Where** did they have pauses to draw breath? 他们在**哪里**停下来喘口气？

—They had pauses to draw breath **wherever** the ground sloped upward. **只要**出现上坡，他们就停下来喘口气。

⑤ Where will I be right here waiting for you? (×)

⑥ Where do you have to obey the laws of this country? (×)

例句⑤⑥都是错误的，因为 where 提问的内容本身就可以在句子中找到答案：right here 和 this country，所以这两个句子用 where 提问不符合逻辑。

3.3.3 目的状语从句

引导目的状语从句的从属连词有 in order that、so (that)、in case、lest、for fear that 等。其中 in order that、so (that) 引导的从句是肯定含义的目的，表示"为了"，希望从句情况发生；for fear that、lest、in case 等引导的从句是否定含义的目的，表示"以免"，不希望从句情况发生。

Ⅰ 引导肯定含义目的状语从句的从属连词

(1) in order that, so (that)

In order that 和 so (that) 引导的从句谓语部分经常含有情态动词 may、might、can、could、will、would，它们都表示在将来有可能要实现的目的（可实现也可能不实现，所以使用情态动词表达一定程度的假定含义）。这些情态动词在目的状语从句中丧失了原本情态动词的含义，只是表示对将来可能性的一种预期。对于情态动词的使用，根据习惯进行选择。

例如：

① May I request a postponement **in order that I might** make adequate preparation?

为了做充分的准备，我可以请求延期吗？

例句①中，in order that 引导的目的状语从句一般置于主句后，谓语部分使用 might 是较为正式的用法。

② Please phone everybody before the meeting **so that** we **can** be sure of a quorum.

开会前请给每个人打个电话，**这样**我们**就能**确定法定人数。

例句②中谓语部分使用情态动词 can，正式程度小于 might。

③ Take notes **so (that)** you **will** remember it all. 请记笔记，**以便**能记住所有内容。

例句③中，so 后边的 that 可以在口语中省略。

有时，in order that 和 so that 引导的从句也可以不用情态动词。

例如：

① Eat small portions **so that** your digestive system is not overloaded. 少吃一点，**这样你的消化系统就不会超负荷了**。

一般情况下，目的状语从句可以改为作目的状语的不定式。

例如：

① I lent him some money **so that he could get** home by taxi. 我借给他一些钱，**这样他就可以打车回家**。

目的状语从句可以改为作目的状语的不定式：

I lent him some money **for him to get** home by taxi.

主句宾语 him 也是不定式状语的动作发出者，可省略：

I lent him some money **to get** home by taxi.

不简单的简单句

我借给他一些钱，这样他**就可以**打车**回家**。

② May I request a postponement **in order that I might make** adequate preparation?

　　为了做充分的准备，我可以请求延期吗？

目的状语从句 that I might make 改为不定式 to make。因为从句主语和主句主语一致，所以省略从句主语：

May I request a postponement **in order to make** adequate preparation?

如果要呈现不定式的动作发出者，可以用 for me 替换 in order：

May I request a postponement **for me to make** adequate preparation?

句中的 for me 可以省略：

May I request a postponement **to make** adequate preparation?

为了做充分的准备，我可以请求延期吗？

③ The school closes earlier **so that the children can get** home before dark.

→ The school closes earlier **for the children to get** home before dark.

　　学校早点放学这样**孩子们就可以**在天黑前**到家**。

例句③的 for the children 从句主语与主句主语不一致，且不是主句宾语，不可省略。

如果目的状语从句改写的不定式短语为否定式 not to do，则不能直接用作目的状语，一般要跟在 in order 或 so as 后边。

① I left quietly **so that I won't disturb** the hotel guests.

→ I left quietly **in order not to disturb** the hotel guests.

→ I left quietly **so as not to disturb** the hotel guests.

　　我悄悄地离开，**为了不打扰旅馆的客人**。

② We are going to leave at three, **so that we won't be stuck in** the rush-hour traffic.

→ We are going to leave at three **so as not to be stuck in** the rush-hour traffic.

　　我们打算三点出发，**这样我们就不会**在高峰时间**堵**在路上。

③ Jamie had an afternoon nap **so that he wouldn't fall asleep** at the concert later.

→ Jamie had an afternoon nap **in order not to fall asleep** at the concert later.

　　杰米睡了个午觉，**这样他就不会**在一会儿的音乐会上**睡着了**。

④ **In order that I wouldn't oversleep**, I set the alarm for 7 o'clock.

→ **In order not to oversleep**, I set the alarm for 7 o'clock.

　　为了不睡过头，我把闹钟定在七点钟。

⑤ I walked very slowly across the room with the drinks **in order that I wouldn't spill** them.

→ I walked very slowly across the room with the drinks **in order not to spill** them.
我端着饮料慢慢地穿过房间，**以免洒**出来。

Ⅱ 引导否定含义目的状语从句的从属连词

引导含有否定含义目的状语从句的从属连词有 for fear that、in case、lest、in order that...not 等。以上连词表示"以免；以防"，引导的从句表达否定含义。从句谓语部分多使用情态动词 should，也可以用 would 或 might，表示目的可能发生也可能不发生的假定含义。

例如：

① They left early **for fear that** they would meet him. 他们走得早，**生怕**遇到他。

② She put down her glass **in order that** it should **not** reveal how her hand was shaking. 她放下杯子，**以免**让人看出她的手在发抖。

(1) in case

in case 引导的目的状语从句也表示否定含义"以免"，但是谓语部分通常使用一般体表示陈述语气。

例如：

① They evacuated the building **in case the wall collapsed** (=in order that if the wall collapsed, they wouldn't be affected).
他们疏散了大楼里的人，**以防墙倒塌**（这样即使墙塌了，他们也不受到影响）。

例句①中目的状语从句使用一般过去时表示目的，其真正目的是 they wouldn't be affected."他们也不受到影响"。

② I gave him my phone number **in case** he needed to contact me. 我给了他我的电话号码，**以免**他需要联系我。

③ Take an umbrella just **in case** it rains. 带上伞，**以防**下雨。

④ We do want the couples to have a plan B **in case** the weather turns nasty.
我们确实希望情侣们有备用计划，**以防**天气变坏。

例句②③④的从句谓语也分别使用一般过去时和一般现在时表示目的。

在较正式的英语中，也可以使用情态动词 should、would 或 might，表示"以免什么情况发生"，但不能使用 will 或 shall。

例如：

① We were constantly walking on eggshells because we were worried about upsetting him **in case** it **would** cause a situation.
我们总是如履薄冰，因为我们担心惹他生气，**以防**惹是生非。

② This year, I'm transcribing these rants **in case** someone somewhere **might** want to read them. 今年，我把这些豪言壮语都记录下来，**以免**什么人在什么时候想读它们。

③ Here's a contact number, **in case** there **should** be a problem. 这是联系电话，有问题可拨打。

例句①②③的从句谓语使用了情态动词 would、might 和 should，为正式用法。

(2) lest

lest 引导的从句谓语部分使用虚拟语气，但是经常省略 should，只留下动词原形。
例如：

① He gripped his brother's arm **lest** he **(should)** be trampled by the mob.
他紧抓着他兄弟的胳膊，**以免**让暴民踩着。

② Write it down **lest** you **(should)** forget. 写下来**以免**忘记。

③ Don't push people too hard, **lest** you **(should)** damage close friendships unnecessarily. 不要把别人逼得太紧，**以免**不必要地损害亲密的友谊。

(3) for fear that

for fear that 指"唯恐；生怕"，一般用以解释主句已发生动作的动机和目的。从句的谓语使用情态动词 would 或 might 表示"生怕未发生的情况发生"，在一定程度上具有虚拟含义。

例如：

① Whenever it rains, they pile up sandbags in front of the doors **for fear that** the flood waters **might** enter the houses. 每当下雨时，他们就在门前堆沙袋，**生怕**洪水淹进房子里。

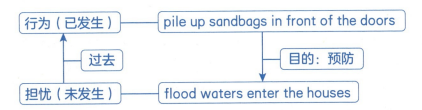

② Even so, I did not dare to move, **for fear that** he **might** be foxing. 即使这样，我也不敢动，**怕**他在忽悠我。

③ I was afraid to respond to this, **for fear that** it **would** add fuel to the fire. 我不敢回应，**生怕**火上浇油。

例句①②③中，for fear that 引导的从句都是说话人担心会发生的情况，但实际上是否会发生是未知的，所以谓语动词使用情态动词的过去式表示虚拟。主句是说话人为了防止情况发生而采取的措施，所以 for fear that 引导的应该是目的状语从句。

由于 for fear that 引导的从句是在说明主句中已经发生的动作的动机，所以如果主句只是一个建议，而非已实际发生的动作，此时引导从句的连词不用 for fear that。

例如：

① -1 You'd better pile up sandbags in front of the door, for fear that the flood waters might enter the house. (×)

① -2 You'd better pile up sandbags in front of the door, lest the flood waters enter the house. (√) 你最好在门前堆些沙袋，以防洪水淹进房子里。

例句①中的主句部分是一个建议，而非已发生的事实，所以表示目的的从句不能用 for fear that 引导。

 3.3.4 原因状语从句

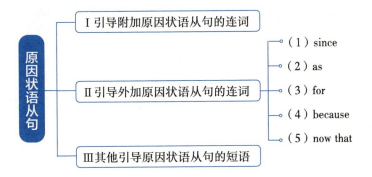

> 不简单的简单句

　　原因状语从句解释主句动作发出的原因。引导原因状语从句的最常用的从属连词有 because、since、as、for，短语则有 as long as、seeing that、inasmuch as (=in as much as)、now that、in that 等。这些表达引导的原因状语从句有的表示已知原因，有的表示未知原因。根据语法功能，可以将它们分为引导附加原因状语从句的连词和引导外加原因状语从句的连词。

Ⅰ　引导附加原因状语从句的连词

　　引导附加原因状语从句的连词主要就是 because。它引导的从句信息为句子中的主要信息，表示未知原因，可以用来进行强调。

　　例如：

① He is thin **because** he doesn't eat enough. 他很瘦，**因为**他吃得少。

② The flowers are growing so well **because** I sprayed them. 花长得很好，**因为**我给它们喷了药。

③ She watered the flowers **because** they were dry. 她给花浇了水，**因为**花干枯了。

④ I help you **because** you are my friend. 我帮你是**因为**你是我的朋友。

⑤ I lent him money **because** he needed it. 我借给他钱是**因为**他需要。

　　以上例句中，because 引导的原因状语从句均解释了主句主语发出某一动作或处在某一状态的原因。我们也可以通过强调句结构对原因进行强调。

　　例如：

① **It is** because he doesn't eat enough **that** he is thin.

② **It is** because I sprayed them **that** the flowers are growing so well.

③ **It is** because they were dry **that** she watered the flowers.

④ **It is** because you are my friend **that** I help you.

⑤ **It is** because he needed it **that** I lent him money.

　　也可以用 why 进行提问，直接用 because 引导的从句进行回答。

　　例如：

① —**Why** is he so thin? 他**为什么**这么瘦？

　　—**Because** he doesn't eat enough. **因为**他吃得不够多。

② —**Why** are the flowers growing so well? **为什么**这些花长得这么好？

　　—**Because** I sprayed them. **因为**我喷了药。

　　如果主句含有否定副词 not，其否定范围根据语境来理解。

例如：

①-1 Marty did**n't** sell his bike because the gears were broken.

①-2 Marty did**n't** sell his bike and the reason was that the gear were broken.

　　马蒂**没有**卖掉他的自行车是因为齿轮坏了。

例句①这两句中的否定范围不包含原因状语从句，not 否定主句谓语。

①-3 Marty did sell his bike but **not** because the gears were broken.

　　马蒂的确卖掉了自行车，但**并不是**因为齿轮坏了。（可能是出于其他原因）

例句①-3 的否定范围为原因状语从句，not 否定从句的内容。

如果主句含有否定副词 not，为了避免歧义，可以将 because 引导的从句置于主句前，用逗号隔开。如果 because 引导的从句位于主句后，可以在从句和主句之间加一个逗号，避免歧义。

例如：

①-4 **Because** the gears were broken, Marty did**n't** sell his bike.

　　因为齿轮坏了，马蒂没有卖掉他的自行车。

①-5 Marty did**n't** sell his bike, **because** the gears were broken.

　　马蒂**没有**卖掉他的自行车，**因为**齿轮坏了。

如果主句中含有只能用在否定句中的词，如 any、yet、any more、no longer、ever 等，此时主句中的 not 只能否定主句的谓语，而不能约束 because 引导的从句。

例如：

①-1 I did**n't** pet **any** cats **because** I had an allergy to animal hair.

①-2 I did**n't** pet **any** cats, the reason was **because** I had an allergy to animal hair.

　　我**不**养猫是**因为**我对动物毛过敏。

例句①中，主句含有否定词 not 和用于否定句的非肯定词 any，此时 any 将 not 的否定范围限制在了主句部分，从句内容不受约束。

② I don't want to see him **anymore** because he's been cheating on me. 我**再也不**想
　　见到他了，因为他一直在欺骗我。

例句②中，主句中的非肯定词 anymore 将主句中的否定副词 not 的否定范围限制在了主句部分，所以 not 不再约束从句内容。

Ⅱ 引导外加原因状语从句的连词

引导外加原因状语从句的连词包括 for、as、because、since、now that、

considering (that)、in that 等。

(1) since

since 引导的原因状语从句表示说话双方都已经知道的原因，其所在句子的主要信息是主句部分的结论，而非原因。主句的内容是根据从句内容做出的推断。此时 since 引导的从句是内容外加状语。

例如：

① **Since** she is my friend（已知信息）, she must have put in a good word for me（推断结论）. **既然**她是我的朋友，她一定为我说了几句好话。

② **Since** the weather has improved（已知信息）, the game will be held as planned（推断结论）. **由于**天气好转，比赛将如期举行。

例句①②中，since 引导的原因状语从句是主句结论的推断依据，二者存在逻辑关系，所以这两个句子中的原因状语从句为内容外加状语。

since 也可以引导与主句内容没有直接因果关系的从句，表示说话人话语或行为隐含的动机。此时的从句为方式外加状语从句。

例如：

① **Since** you seem to know them, why don't you introduce them to me? **既然**你好像认识他们，你为什么不把我介绍给他们呢？

例句①中，since 引导的从句"你好像认识他们"不是主句内容"不把我介绍给他们"的直接原因，而是说话人提出问题"你为什么不……？"的动机。

② **Since** you asked, at this point, I have no confidence in this piece of writing.
既然你问了，此刻我对这篇文章没有信心。

例句②中 since 引导的从句中"你问了"不是导致"我没有信心"的主要原因，而是说话人表达自己观点的动机，即因为"你问了"，我才说明了我的观点。

(2) as

as 和 since 的用法基本相同，引导的从句内容为对话双方已知的信息，在句子中不属于重要信息。

例如：

① **As** we lost the final game, we couldn't qualify for the semi-final. **由于**我们输了

最后一场比赛，我们没有资格进入半决赛。

② **As** you are in charge, where are the files on the new project? **既然**由你负责，那新项目的文件在哪里？

例句①②中，as 和 since 一样，引导的是对话双方已知的原因，主句内容是就这个已知原因推断出的结论，所以这两个句子的重要信息是主句内容。

如果要强调从句中所讲的原因，可以对 as 引导的从句的谓语部分进行倒装。可倒装的成分有主语补足语（表语）、状语、现在分词短语或过去分词短语。此时 as 不能由 since 替代。

例如：

① **As** you are **in charge**, where are the files on the new project?

从句主语补足语 in charge 前置：

In charge as you are, where are the files on the new project?

既然你**负责**，那新项目的文件在哪儿呢？

② This essay, **as** it was **published** in a small magazine, remained unknown for a long time.

从句被动结构中的分词 published 前置：

This essay, **published as** it was in a small magazine, remained unknown for a long time.

这篇文章**由于发表**在一本小杂志上，所以很长时间没人知道。

③ **As** it was **getting late**, we decided to go home.

从句中的分词短语 getting late 前置：

Getting late as it was, we decided to go home.

因为天晚了，我们决定回家。

(3) for

for 引导的原因状语从句为主句说明原因或提供理由。从句内容多为已知情况，不是主句内容发生的直接原因，而是主句中结论的判断依据。for 引导的从句只位于主句后。

例如：

① There must be no one in the house, **for** the door is locked. 家里肯定没人，**因为**

·313·

不简单的简单句

门是锁着的。

② He is in Washington, **for** he phoned me from there. 他现在在华盛顿，**因为**他从那儿给我打了电话。

③-1 He will be promoted, **for** he has done a good job.
他会被提拔的，**因为**他工作做得很好。

③-2 He got promoted, **because** he had done a good job.
他被提拔了，**因为**他工作做得很好。

例句③-1 用 for 引导原因状语从句，因为"他工作做得很好"是"他会被提拔"的判断依据，为已知信息；例句③-2 用 because 引导原因状语从句，因为"他被提拔了"是一个客观事实，而促使这一客观事实发生的原因是"他工作做得很好"，对听这句话的人来说是未知信息，而且原因和客观情况之间有明显的因果关系。

(4) because

because 引导的外加原因状语从句不是主句所说的情况发生的直接原因，而是说话人表达主句内容的依据或动机。此时主句的内容多为说话人的主观判断，并非对事实的客观陈述。

例如：

① Mary is your favorite aunt, **because** your parents told me so. 玛丽是你最喜欢的阿姨，**因为**你父母是这么告诉我的。

例句①中，主句内容并非客观事实，而是说话人的观点，because 引导的从句内容并非主句内容的直接原因，而是说话人表达主句内容的依据。

② Sarah can't be very ill, **because** I saw her shopping this morning. 萨拉不可能病得很重，**因为**今天早上我还看见她在购物。

例句②中，主句内容为说话人的判断，其判断依据是从句内容"今天早上看见她在购物"，但是"看见她在购物"并不是"她病得不重"的原因。

(5) now that

now that 引导的从句表示众所周知的原因。从句内容可以跟主句内容存在因果关系，此时 now that 引导的从句为内容外加状语；从句内容也可以和主句内容没有任何联系，只是说话人表达主句内容的动机，此时 now that 引导的从句就是方式外加状语。

例如：

① They are hoping for a return to normality **now that** the war is over.（内容）
既然战争结束了，他们希望一切都恢复常态。

② **Now that** you mention it, she did seem to be in a strange mood.（方式）
既然你说到这事儿，她确实好像情绪不大对。

例句①中，now that 引导的原因跟主句的内容存在直接的联系；例句②中，now that 引导的从句内容"你说到这事儿"只是说话人表达主句观点"她情绪不大对"的动机，但不是导致"她情绪不大对"的直接原因。

Ⅲ 其他引导原因状语从句的短语

可以引导原因状语从句的连词除了以上常用单词和短语外，还有其他一些短语，比如：in that、seeing that、considering that、inasmuch as、as long as。

例如：

① The book is good, **in that** it's well written, but I didn't actually enjoy reading it.
这本书很好，**因为**它写得很好，但我实际上并不喜欢读。

② There's not much we can do, **seeing that** they've already made their decision. **既然**他们已经做了决定，我们也无能为力。

③ **Considering (that)** the police have almost nothing to go on, I wouldn't expect the case to be solved anytime soon. **考虑到**警方几乎没有任何线索，我不指望很快就能破案。

④ You should not use that source, **inasmuch as** it is badly out-of-date. 你不应该使用那份资料，**因为**它已经严重过时了。

⑤ **As long as** you're going to the grocery anyway, buy me a pint of ice cream. **既然**你要去杂货店，就给我买一品脱冰激凌吧。

3.3.5 结果状语从句

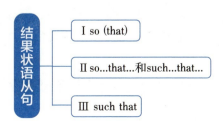

结果状语从句表示主句动作发生后产生的后果。引导结果状语从句最常用的连词为 so (that)。此外还有句型 so...that... 和 such...that...。

Ⅰ so (that)

so (that) 引导的结果状语从句为外加状语，一般位于主句后面，用逗号跟主句隔开，通常省略 that。

例如：

① Acoria consists in the absence of normal sense of satiety after eating, **so that** the patient never knows when hunger is appeased. 贪食症是指进食后缺乏正常的饱腹感，**因此**患者永远不知道饥饿何时会被缓解。

② In 2008, their rankings slipped **so that** during the 2009 Six Nations Championship they dropped to their lowest ranking of 8th. 2008 年，他们的排名便有所下滑，**以至于**在 2009 年六国锦标赛期间，他们的排名降至历史最低的第 8 位。

③ She studied hard for her exams, **so that** she could achieve her dream of attending university. 为了考试，她努力学习，**这样**她就能实现上大学的梦想。

so that 引导目的状语从句和结果状语从句的区别：so that 引导的目的状语从句是主句内容的意图，所以从句谓语一般包含情态动词。但是 so that 引导的结果状语从句只表示主句内容导致的结果，所以从句谓语一般不用情态动词。

例如：

① We paid him immediately, **so (that)** he left contented. 我们立即付给他钱，**因此**他满意地离开了。（结果）

② We paid him immediately **so (that)** he would leave contented. 我们立即付给他钱，**这样**他就能满意地离开了。（目的）

例句①中，so that 引导的从句表示主句动作发生后产生的结果；例句②中，so that 引导的从句中含有情态动词 would，表示主句动作"给钱"是为了达成让他"满意离开"这一意图。

③ All research is easily tagged and categorizable, **so that** researchers can filter through their many files to find the one they were looking for. 所有的研究都能轻松标记和分类，**这样**研究人员就可以从大量文件中进行筛选，找到他们正在寻找的文件了。（目的）

④ There was a power cut, **so** we had to light a few candles. 停电了，我们不得不点

几根蜡烛。（结果）

⑤ I took no notice of him, **so** he flew into a rage. 我没注意到他，**所以**他勃然大怒。（结果）

如果省略 so that 中的 that，so 有时会被当作连接副词在句子中作联加状语，可以和并列连词 and 连用。

例如：

① -1 We paid him immediately, **so (that)** he left contented.

我们立即付给他钱，**因此**他满意地离开了。

① -2 We paid him immediately, **and so** he left contented.

我们立即付给他钱，**因此**他满意地离开了。

② By this time he did want to study mathematics further **and so** he registered as an external student at the institute. 这时他确实想进一步学习数学，**所以**他在这所学院注册，成为一名校外学生。

③ Another channel now has the rights to broadcast it live, **and so** we did not have the exclusivity. 另一个频道也有现场直播权，**所以**我们没有独家报道。

在非正式语体，尤其是疑问句中，that 也可以单独用于引导结果状语从句。

例如：

① What have I done (因) **that** you should insult me (果)? 我做了什么，你要这样侮辱我？

② He must have hurt your feelings **that** you were so angry with him. 他一定伤了你的感情，你才对他这么生气。

③ What had happened **that** she looked so worried and disappointed? 发生了什么事情让她看上去这么焦虑和失望？

Ⅱ so...that... 和 such...that...

在 "so+ 形容词 / 副词 +that 从句" 和 "such+ 名词短语 +that 从句" 中，从句部分也表示结果。so 和 that 都起到强调作用，表示 "（原因）太……，（结果）以至于……。"

例如：

① -1 The problem was **so** difficult **that** we couldn't solve it.

① -2 It was **such** a difficult problem **that** we couldn't solve it.

问题太难了，我们无法解决。

> 不简单的简单句

② The lady read the story **so** slowly **that** all the students could understand it.

那位女士读故事读得很慢，**因此**所有的学生都能听懂。

一般情况下，so 放在形容词或副词前表示强调，但如果名词前有 many、little、much、few 这 4 个限定词修饰，可以把 so 加在前边，也起到强调的作用。

例如：

① There are **so many** languages to learn **that** I don't know where to start. 要学的语言太多了，我不知道从哪里开始。

② There is **so much** mindless golf jabber on TV **that** I would welcome a season-long commentator lockout.

电视上净讲蠢话的高尔夫评论员太多了，我希望评论员能停工一个赛季。

③ He had **so little** contempt for his foe **that** he practiced an utmost caution.

他一点也不敢藐视敌人，因此谨慎得要命。

④ There were **so many** of them and **so few** tables **that** some of them were forced to share. 他们人那么多，桌子又那么少，一些人只能被迫与别人拼桌。

在 "so+ 形容词 / 副词 +that 从句" 和 "such+ 名词短语 +that 从句" 中，引导结果状语从句的 that 有时候可以省略。

例如：

① -1 The problem was **so** difficult we couldn't solve it.

① -2 It was **such** a difficult problem we couldn't solve it.

　　问题太难了，我们无法解决。

② The lady read the story **so** slowly all the students could understand it.

那位女士读故事读得很慢，**因此**所有的学生都能听懂。

so 或 such 强调的成分可以放在句首，主句部分需要将系动词 be 或实意动词的助动词放在主语前进行倒装。

例如：

① -1 The problem **was so difficult** that we couldn't solve it.

　　→ **So difficult was** the problem that we couldn't solve it.

　　　 问题太难了，我们无法解决。

① -2 It **was such a difficult problem** we couldn't solve it.

　　→ **Such a difficult problem was** it that we couldn't solve it.

　　　 问题太难了，我们无法解决。

② The lady **read**（过去时）the story **so slowly** that all the students could understand it.

→ **So slowly did** the lady read (原形) the story that all the students could understand it.

那位女士读故事读得很慢，因此所有的学生都能听懂。

例句②中 So slowly 置于主句句首的同时，谓语实意动词短语的助动词 did 也一并放在主句前，此时实意动词恢复为原形。

③ My back aches **so badly** that I can't lift anything anymore.

→ **So badly does** my back ache (原形) that I can't lift anything anymore.

我的背太疼了，什么也拎不动了。

Ⅲ such that

在正式语体中，such 后可以直接跟 that 从句表示方式和结果，此时 such that 就被当作引导状语从句的连词来使用。

例如：

① The house was damaged, **such that** it would cost thousands to repair.

房屋损坏严重，要修好就得花几千块钱。

② The assault was fierce, **such that** he passed out and remembers nothing further of the attack. 攻击很猛烈，**以至于**他昏过去了，记不得那次袭击的其他事情了。

例句①②中，such that 的含义是 to such a degree that...，即 "到这样的程度以至于……"。

③ The anticyclones are spinning in different directions, **such that** they keep a delicate balance with one another.

反气旋向不同的方向旋转，**因此**它们彼此之间保持了微妙的平衡。

④ The modals themselves tend to have overlapping meanings, **such that** in some circumstances, they can be more or less interchangeable. 情态动词的含义往往会有重叠，**因此**在某些情况下，它们或多或少可以互换。

例句③④中，such that 可以理解为 in such a way that...，即 "以这样的方式以至于……"。

such that 引导的从句在 be 动词后作表语（主语补足语）时，可以将 such 移至句首，将 be 动词移至主语前进行倒装。

例如：

① **His diligence was such** that he made great progress.

→ **Such was his diligence** that he made great progress.

他这么勤奋，因此取得了很大的进步。

② **The shock had been such** that she gave birth before her time.

→ **Such had been the shock** that she gave birth before her time.
她受的打击太大了，所以早产了。

3.3.6 条件状语从句

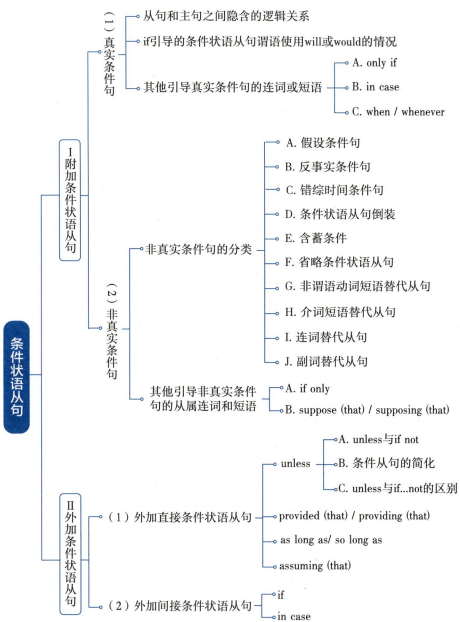

根据从句在句子中的句法功能，可以将条件状语从句分为**附加条件状语从句**和**外加条件状语从句**。

I 附加条件状语从句

附加条件状语从句的内容是主句谓语发生的直接前提。根据条件发生的可能性，可以将附加条件状语从句分为**真实条件句**和**非真实条件句**。

(1) 真实条件句

真实条件从句也被称为开放条件从句，表示说话人认为从句中的条件很有可能发生。

> 从句和主句之间隐含的逻辑关系

虽然从句是主句内容发生的条件，但是从意义上来看，它们之间可以存在以下几种逻辑关系。

条件从句和主句之间可能隐含因果关系，主句发生的原因是从句。如果说话人在对将来的情况做出假设，从句使用一般现在时表示将来，主句则用情态动词表示将要或能够发生的动作。

例如：

① If you **get it right**（一般现在时）, you **will win $100**（will 表将来）. 如果你**答对**就能赢 100 块。

② If you **come here**（一般现在时）, you **can see it**（can 现在时表将来）. 你**来**就可以**看到了**。

③ If the dog **barked**（一般过去时）, he **gave it something to eat**（一般过去时）. 狗一叫，他**就给它点吃的**。

④ If you **exercise regularly**（一般现在时）, you **will lose weight**（will 表将来）. 如果你**经常锻炼**，你**就能减肥**。

例句①②③④中，if 引导的条件状语从句的内容——"答对""来""狗叫""锻炼"分别是主句内容"赢 100 块""看到""给吃的""减肥"的条件，同时也是主句中的结果产生的原因。

这种因果关系也用于表示不受时间限制，普遍存在的真理。在这种情况下，从句使用一般现在时，主句也用一般现在时。

> 不简单的简单句

例如：

① If you **heat** the water to 100 centigrade degree, it **boils**. 把水加热到100度，它就会沸腾。

② Plants **die** if they **don't get** enough water. 植物如果得不到足够的水分就会死亡。

主从句之间也可以是前提和结论的关系，从句是主句下结论的前提依据。从句和主句时态可以不一致，根据语义需要而定。

例如：

① If she **bought it at that price**（一般过去时）, she **got a bargain**（一般过去时）. 如果她**以那个价格买**，她就**捡到便宜了**。

② If the key **isn't in my pocket**（一般现在时）, I've **left it**（现在完成时）in the door. 如果钥匙**不在口袋里**，我就是**把它落在门上了**。

③ If he **broke his leg**（一般过去时）in the last month, he **won't play again**（will 表将来）this season. 如果他在上个月**摔断了腿**，这个赛季他就**不会再上场了**。

例句①②③中，主句内容都是说话人的推断或结论，if 引导的条件状语从句则是说话人做出推断或得出结论的判断依据。

这种主从关系也可以用于戏谑：主句内容荒谬，强调从句的假设不可能成立。此时 if 引导的条件状语从句为修辞条件句，多使用一般现在时陈述语气表示说话人笃定的态度。

例如：

① If she **doesn't get** first prize, she's no daughter of yours. 如果她**没有获得**第一名，她就不**是**你女儿。

② If that idiot **passes** the test tomorrow, then I'll eat my hat. 要是那个白痴明天通过考试，我把脑袋给你！

（注：eat my hat 曾被用于查尔斯·狄更斯的《匹克威克外传》，表示"某人十分确信某事的结果"或者"打赌某事绝对不会发生"。）

例句①②中，主句内容"不是你女儿"和"我把脑袋给你"在现实中是不可能发生的，以此来凸显从句中的条件不可能成立。

if 引导的条件状语从句使用一般现在时，主句使用祈使语气，用于表示某一特殊情况下的建议或命令。

例如：

① If the alarm **goes off**（一般现在时）, **make your way outside to the car park**（祈使

句).如果警报器响了，**你就到外面的停车场去。**

② If a red light **shows**（一般现在时）here, **switch off the machine**（祈使句）. 如果红灯**亮了，就关掉机器。**

if 引导的条件状语从句使用现在进行时或一般现在时，主句使用情态动词，也可以用于提出意见或建议。相比祈使句，其命令口吻较弱。

例如：

① If you're thinking of buying a lawnmower, you **could**（情态动词）try mine first. 如果你在考虑要买一台除草机，你**可以**先试试我的。

② You **should**（情态动词）turn down his radio if you don't want the neighbors to complain. 你**应该**调低他收音机的音量，如果你不想被邻居抱怨的话。

if 引导的条件状语从句谓语使用 will 或 would 的情况

if 引导的条件状语从句一般情况下不能使用情态动词 will 或 would 表示将来，但是在以下情况下，从句可以使用 will 或 would。

从句使用 will 或 would 表示意愿或决心（而非表示将来），多翻译为"愿意"。

例如：

① If you won't tell him the truth, I **will**. 如果你不愿意告诉他真相，**我告诉他**。

例句①中 if 引导的条件状语从句的谓语 won't tell 表示主语的个人意愿，可以理解为 refuse to tell "拒绝告诉"。

② If Clare **will** meet us at the airport, it will save us a lot of time. 如果克莱尔**愿意**去机场接我们，我们会节省很多时间。

例句②中，条件状语从句中的 will meet us 可以理解为 is willing to meet us，即"愿意接我们"。

从句使用 will 或 would 也可以表示礼貌地提出请求或要求。

例如：

① If you would sign here, please, I'll be able to send you the books. 请您在这里签字，这样我就能给你寄书过去。

② I think I will warm some water for tea if you **will** excuse me. 如果你不介意的话，我想我要去热点水泡茶。

例句①②中，条件状语从句都用来礼貌地询问对方的意愿，表示 would you please...（请您……）或者 if you are willing to...（如果你愿意……）。

从句使用 will 表示对主句动作发生后会产生的结果的预判，主句内容则是根据

不简单的简单句

预判的结果采取的行动。

例如：

① If aspirin **will ease my headache**（预判的结果：后发生）, I **will take a couple**（将采取的行动：先发生）tonight.
如果阿司匹林**能缓解我的头痛**，我今晚就**吃两片**。

现在 → take a couple of aspirin → ease my headache → 将来

② If it **will make you happy**（预判的结果：后发生）, I **will stay at home**（将采取的行动：先发生）tonight. 如果这**能让你高兴**，我今晚**就待在家里**。

③ The carpenter Andrew **would like to speak to you**（将采取的行动：先发生）, Mrs. Ritter, if it **will not disturb you too much**（预判的结果：后发生）. 木匠安德鲁**想和你谈谈**，里特太太，如果**不打扰你**的话。

例句③中，条件状语从句表示预判的结果"不打扰你"，主句则表示根据对结果的预判将采取的行动"和你谈谈"。所以"和你谈谈"先发生，"不打扰你"则是谈过后的结果。

条件状语从句中谓语使用 will 也可表示对将来做出的预测。

例如：

① If we **will have an unusually wet winter**（预测）, the threat of a serious water shortage will recede, for the time being at least. 如果我们**迎来一个异常潮湿的冬天**，严重缺水的威胁将**有所缓解**，至少**暂时**是这样。

例句①中，从句的谓语 will have an unusually wet winter 表示对即将到来的冬天进行预测，可以理解为 If it is true that we will have an unusually wet winter, 即"如果我们真的将迎来一个异常潮湿的冬天"。

其他引导真实条件句的连词或短语

引导真实条件句的连词除了 if 以外，还有 only if、in case 和 when / whenever。

A. only if

only if（never...except when）表示"只有……"，是主句情况发生的必要条件（如果结论正确或结果存在，条件必然成立）。

例如：

① Children are admitted (结论) **only if** they are accompanied by an adult (条件).

① -1 If children are admitted, then they are accompanied by an adult. （结论推出条件）

① -2 Children being accompanied by an adult doesn't necessarily mean they are admitted. （条件不必然推出结论）

① -3 If children aren't accompanied by an adult, they are not admitted. （否定条件推出否定结论）

儿童必须有成年人陪同方可入场。

② The individual survives (结论) **only if** the group survives (条件).

② -1 If the individual survives, then the group survives. （结论推出条件）

② -2 The group's survival doesn't necessarily mean the individual survival. （条件不必然推出结论）

② -3 If the group doesn't survive, the individual doesn't survive. （否定条件推出否定结论）

只有群体能够生存，个人才能生存。

only if 引导的条件状语从句可以转换为强调句型。

例如：

① The deal will go through **only if** the two votes are in agreement.

只有双方投票一致，协议才能通过。

① -1 **Only if** the two votes are in agreement will the deal go through.

在修改后的句子① -1 中，only if 引导的条件状语从句位于主句前，主句谓语的助动词要提到主句主语前进行部分倒装，谓语中的实意动词保留在主语后。

① -2 It's **only if** the two votes are in agreement that the deal will go through.

only if 引导的从句还可以放在强调句型 it is...that 中间进行强调，剩下的主句部分跟在 that 后，保持不变。

B. in case

in case 指"假使；如果"。主句内容是为应对从句中所说情况而采取的某种行动。从句多用陈述语气表示真实条件，用一般体表示将来。

例如：

① She can give you advice **in case** you need help. **如果**你需要帮助，她可以给你一

些建议。

② You can call this toll-free number **in case** you need emergency service. **如果**你需要紧急服务，可以打这个免费电话。

③ Let's go to the gas state **in case** the store is closed. **如果**商店关门，我们就去加油站吧。

in case 既表示"如果"，引导条件状语从句，也表示"以防"，引导目的状语从句，其语义随语境而变。

例如：

① All major airlines that travel between Canada and Britain have contingency plans to reroute airplanes **in case** negotiations fail. 往返于加拿大和英国之间的主要航空公司都制定了改变航线的应急计划，**以防**谈判失败。

谓语部分分析：

...have contingency plans to reroute airplanes **in case negotiations fail**（目的状语从句）.

... to reroute airplanes **in case negotiations fail**（条件状语从句）.

例句①的谓语部分中，如果 in case 引导的从句修饰的是谓语部分 have contingency plans，它应该是目的状语从句，表示"制定应急计划以防谈判失败"；从句也可以理解为修饰与 contingency plans 成同位关系的不定式短语 to reroute airplanes，此时，它应该是条件状语从句，表示"如果谈判失败，就要改变航线"。

C. when / whenever

有时 when 或者 whenever 也表示未来发生某事的条件，有"如果"的含义，可以引导真实条件从句。

例如：

① Students should access the internet via the library website **when** they want to use the online dictionary free of charge. **如果**学生想免费使用在线词典，他们应该通过图书馆网站上网。

例句①中 when 引导的从句可以表示条件，此时 when 与 if 含义相同。

② She avoided those lectures **whenever** she could. **只要**有可能，她就会避开那些讲座。

例句②中，whenever 表示"always...if..."，整个句子可以理解为 She always

avoided those lectures if she could.

(2) 非真实条件句

非真实条件句表示说话人认为从句所说的条件不会成立或成立的可能性很小，或者提出跟事实相反的假设，所以主句内容也不会发生或者会与事实相反。谓语用虚拟语气表示非真实含义（参见第二讲：虚拟语气）。

非真实条件句的分类

非真实条件句可以分为假设条件句和反事实条件句。

A. 假设条件句

假设条件是对现在未发生或将来发生可能性很小的情况进行的假设。

例如：

① If Joe had time, he would go to Mexico. 乔伊如果有时间，就会去墨西哥。（现在）

② -1 If Joe had time next year, he would go to Mexico.

② -2 If Joe were to have time next year, he would go to Mexico.

② -3 If Joe should have time next year, he would go to Mexico.
　　乔伊如果明年有时间，就会去墨西哥。（将来）

例句①②中的实际情况是乔伊很忙，几乎没有时间去墨西哥。所以以上例句都是对可能性很小的情况进行的假设。

B. 反事实条件句

反事实条件是与过去已发生的事相反的假设和推断。

例如：

① If the wind hadn't reached 50 miles per hour, the bridge wouldn't have collapsed.
　　如果风速没有达到每小时 50 英里，桥就不会塌。（过去）

② If the grandfather were still alive today, he would be very happy for your achievements.
　　如果祖父现在还在世，他一定会为你的成就感到高兴。（现在）

例句①中隐含的实际情况是，当时风速已经达到每小时 50 英里，所以桥就塌了；例句②中隐含的实际情况是，说话时祖父已经不在了，所以他也无法为对方的成就

> 不简单的简单句

感到高兴。所以以上两个句子假设的都是已经存在的现实的相反情况。

C. 错综时间条件句

当从句和主句的动作发生的时间不一致时,谓语动词的形式要根据它的时间做出相应的调整。

例如:

① If you **had taken my advice just now** (过去), you **would be much better now** (现在).
如果你**刚才听我的建议**,你**现在就会好很多**。

② If I **were you** (现在), I **would have learnt English earlier** (过去). 如果**我是你**,
我**会早点学英语**。

③ If it **hadn't been raining those days** (过去), the work **would be completed next week**
(将来). 如果**不是那几天一直下雨,下周就能完工**。

D. 条件状语从句倒装

条件状语从句的谓语中如果含有助动词 were、had 或者 should,可以省略 if,把这些助动词放在句首进行倒装;如果含有否定词 not,not 不倒装。

例如:

① **If I were not** your mother, I wouldn't be concerned about what you wear.
   Were I not your mother, I wouldn't be concerned about what you wear.
   如果我不是你的母亲,我就不会关心你穿什么。

② **If I had listened to** your advice, I wouldn't be in the mess.
   → **Had I listened to** your advice, I wouldn't be in the mess.
   如果我当初听了你的建议,就不会一团糟了。

③ **If he should come** tomorrow, I would tell him everything.
   → **Should he come** tomorrow, I would tell him everything.
   如果他明天会来,我就把一切都告诉他。

E. 含蓄条件

有时出于表达的需要,我们不会 if 引导的条件状语从句,而是用其他结构来代替条件句或者将条件句省略,这种情况被称为"含蓄条件"。

第三讲 简单句各要素升级（复合句）

F. 省略条件状语从句

如果条件状语从句可以根据上下文推导出来，一般这个从句可以省略，以达到内容简洁的效果。

例如：

① I can't believe my ears! (If it were true,) That would be perfect for him!
我简直不敢相信自己的耳朵！（如果是真的，）这对他来说再合适不过了！

② Jane just married Bob. (If I were Jane,) I would have married his brother Bill instead. 简刚嫁给鲍勃。（如果是我，）我会嫁给他的弟弟比尔。

③ I didn't want to fight him, so I apologized. (If I had done so,) I could have beaten him. 我不想和他打架，所以我道歉了。（如果我打了，）我本可以打败他的。

G. 非谓语动词短语替代从句

例如：

① Wouldn't it be better **just to look at the recipe picture on your phone**? **看看手机上的食谱图片**不是更好吗？

例句①中不定式短语 just to look at the recipe picture on your phone 替代了假设条件句 if you just looked at the recipe picture on your phone。

② The same thing, **happening in wartime**, would amount to disaster. 同样的事情如果**发生在战争时期**，就会酿成灾难。

例句②中，现在分词短语 happening in wartime 替代了假设条件句 if it happened in wartime。

③ In fact, the nation's first settlers would have been very surprised **to see how Americans celebrate Christmas today**. 事实上，美国的第一批定居者如果**看到今天美国人是如何庆祝圣诞节的**，一定会大吃一惊。

例句③中，不定式短语 to see how Americans celebrate Christmas today 替代了假设条件句 if they had seen how Americans celebrate Christmas today。

H. 介词短语替代从句

有些介词后面加上补语，也可以用来替代 if 引导的条件状语从句。最常用的介词有 with、without、but for。with 和 without 既可以用于陈述语气，也可以用于虚拟语气，而 but for 只能用于引导与过去事实相反的条件。

例如：

① What would you do **with** a million dollars? 如果你有一百万美元，你会**用**它干什么？

例句①中，介词短语 with a million dollars 替代了假设条件句 if you had a million dollars。

② -1 **Without** your help, we couldn't have finished the work ahead of time.

② -2 **But for** your help, we couldn't have finished the work ahead of time.

没有你的帮助，我们不可能提前完成工作。

例句②中，介词短语 without your help 和 but for your help 替代的反事实条件句是 if it hadn't been for your help。

③ It wouldn't have been a good meeting **without** Mary. **没有**玛丽，这会就开不好。

例句③中，介词短语 without Mary 替代了反事实条件句 if Mary hadn't been there。

I. 连词替代从句

连词 or 和 but 也可以用来替代条件状语从句。

例如：

① He telephoned to inform me of your birthday, **or** I would have known nothing about it. 他打电话告诉了我你的生日。**否则**，我一无所知。

例句①中，连词 or 的使用替代了反事实条件句 if he hadn't telephoned to inform me of your birthday，即"要不是他打电话通知我你的生日"。

② It was snowing heavily, **or** we could have got there on time. 那会儿雪下得很大，**否则**我们就会按时到了。

例句②中，连词 or 的使用替代了反事实条件句 if it hadn't been snowing heavily，即"要不是雪下得很大的话"。

③ I should have given you more help, **but** I was too busy. 我应该多帮你一把，**但是我太忙了**。

例句③中，连词 but 引导了跟反事实条件完全相反的客观事实，它的使用替代了 if 引导的从句 if I hadn't been so busy，即"如果我不是那么忙的话"。

④ I never would have succeeded, **but** you helped me. 如果没有你的帮助，我永远也不会成功。

例句④中，连词 but 引导的客观事实替代了 if 引导的与客观事实相反的假设 if you hadn't helped me，即"要不是你帮我"，使句子内容更加简洁。

在"祈使句/名词短语 +and+ 陈述句"结构中，虽然 and 连接了两个并列的结构，但是前边的结构多表示条件。整个结构多用于警告、警示或鼓励。为了表现说话人笃定的态度，应使用陈述语气。

例如：

① Do that again, and I'll get very angry.

① -1 If you do that again, I'll get angry. 你再做一次，我就生气了。

例句①中，祈使句 do that again 替代了条件状语从句 if you do that again。

② One more effort, and you shall succeed.

② -1 If you apply one more effort, you shall succeed. 再努力一次，你就会成功。

例句②中，名词短语 one more effort 替代了条件状语从句 if you apply one more effort。

③ One more step, and you are a dead man.

③ -1 If you take one more step, you are a dead man. 再多走一步，你就死定了。

例句③中，名词短语 one more step 替代了条件状语从句 if you take one more step。

J. 副词替代从句

连接副词 otherwise 与连词 or 意思相似，也可以用来替代 if 引导的从句。

例如：

① I was ill that day. **Otherwise**, I would have taken part in the sports meeting.

我那天生病了。**否则**，我会参加运动会的。

例句①中，副词 otherwise 在语义上连接了两个独立的句子，它的使用替代了从句 if I hadn't been ill that day。

② I stepped on the brakes. **Otherwise**, I would have hit the child on the bike.

我踩了刹车。**否则**我就会撞到那个骑车的孩子。

例句②中，副词 otherwise 的使用替代了从句 if I hadn't stepped on the brakes。

其他引导非真实条件句的从属连词和短语

引导非真实条件句的从属连词不算很多，除了 if 以外，还有 if only、suppose (that) / supposing (that)。

> 不简单的简单句

A. if only

if only 的语气比 if 更加强烈，能够体现说话人的强烈愿望，从句主要使用虚拟语气。

if only 引导的从句与主句构成从属结构，表示"只要；如果……就好了"。

例如：

① These players could be earning much more, **if only** the schools themselves, who are showering in lucre provided by media-rights contracts, gate receipts, and other sources, were allowed to share revenue with them.
这些球员本可以赚得更多，**只要**学校能够与他们分享收入。学校从媒体版权合同、门票等来源获得了丰厚的利润。

② **If only** I had left the house 10 minutes earlier, I would have gotten to the store before it closed. **只要**早 10 分钟出门，我就能在商店关门前赶到了！

if only 引导独立分句，表示一种强烈的愿望"如果……就好了"，后边不再跟主句结构。此时 if only 可以与 I wish 互换。分句谓语的时态根据参照的时间来选择。

例如：

① -1 **If only** he knew the truth.

① -2 **I wish** he knew the truth. **如果**他知道真相**就好了**！（现在）

② -1 **If only** someone would buy our house.

② -2 **I wish** someone would buy our house. **如果**有人能买我们的房子**就好了**！（将来）

③ -1 **If only** he had listened to what his friend had been telling him.

③ -2 **I wish** he had listened to what his friend had been telling him.
如果他当初听他朋友的话**就好了**！（过去）

B. suppose (that) / supposing (that)

suppose (that) / supposing (that) 意为"假如"，多用于临时提出的可能性较小的假设。通常使用虚拟语气。

例如：

① **Supposing (that)** you were to redo the experiment again, would you expect to find the same result? **如果**你再做一遍这个实验，会得到同样的结果吗？

② **Suppose (that)** you lost your job tomorrow, what would you do? **如果**你明天失业，

你该怎么办？

有时二者也可以引导可能性较大的假设，此时从句也可以使用陈述语气。

例如：

① **Suppose (that)** we miss the train, what will we do then? **如果**我们错过火车，那该怎么办？

② **Supposing (that)** I don't arrive till after midnight, will the guest-house still be open? 假如我半夜以后才到，招待所还开着吗？

suppose (that) / supposing (that) 表示提议或提出某种假设时，可以跟what if互换。what if 是含有条件状语从句的问句 What will / would happen if...? 或者 What does it matter if...? 简化主句部分之后得到的结构。

例如：

① What will happen if it rains?

→ What if it rains? 如果下雨会怎么样？

② What would have happened if you hadn't passed your exam?

→ What if you hadn't passed your exam? 如果你没有通过考试，会发生什么事？

③ What would happen if you lost your job tomorrow?

→ What if you lost your job tomorrow? 如果你明天失业，会发生什么事？

④ ——What does it matter if he gets angry?

　　——I don't care.

→ —— What if he gets angry?

　　—— I don't care.

　　——如果他生气了怎么办？

　　——我不在乎。

通常，suppose (that) / supposing (that) 和 what if 用于提出可能出现某种情况的假设。

例如：

① **Suppose** we hire Sam as a new assistant. Do you think he'd do it? **如果**我们请山姆做新助理。你觉得他会同意吗？

② ——**What if** I shaved off my hair? **如果**我把头发剃光会怎样？

　　——You must be joking. 你开玩笑吧？

③ And **what if** some of these parts happen to be malformed or defective? **如果**这些

> 不简单的简单句

部件碰巧有畸形或缺陷怎么办？

有时，suppose (that) / supposing (that) 和 what if 也可以用于提出建议。

① —Where shall we meet? 我们在哪儿见？
　　—**Suppose** we meet at the lobby? 我们大厅见**如何**？

② —We don't have enough money to dine out. 我们的钱不够出去吃。
　　—**What if** we buy something and cook at home? 我们买点东西在家做吧？

Ⅱ　外加条件状语从句

外加状语是较为独立的句子层面的状语，表示说话人说话时的态度或评论，或者对所述内容的解释或推断。根据外加条件状语从句与主句内容的联系，可以将其分为外加直接条件状语从句和外加间接条件状语从句。

(1) 外加直接条件状语从句

外加直接条件状语在内容上跟主句存在逻辑关系。说话人可以根据条件演绎出主句内容。从句通常通过逗号或语气上的停顿与主句隔开，也被称为内容外加状语。引导外加直接条件状语从句的连词有 unless、provided / providing (that)、as long as / so long as、assuming (that)。

unless

unless 表示 (only) if... not（一如果……不）或 except if（除非），引导的从句如果是肯定句则表示否定含义，当然，unless 引导的从句可以用否定结构。unless 引导的从句的谓语部分用一般体表示将来含义。

例如：

① I won't go **unless** you go. 除非你去，**否则**我不去。

例句①中，I go 是结论，you go 是条件。

unless 的含义如下：

① -1 If I go, then you go.（结论推出条件）
　　如果我去，那你也去。

① -2 If you don't go, then I won't go.（否定条件推出否定结论）
　　如果你不去，那我也不去。

① -3 The fact that you go doesn't necessarily mean that I will go.（条件不必然推

出结论）

你去不代表我也会去。

A. unless 与 if not

unless 引导的从句与主句内容逻辑相反，可以理解为 if not。

例如：

① -1 **Unless** you have a photographic memory, repetition is vital.

① -2 **If** you **don't** have a photographic memory, repetition is vital.

除非你有过目不忘的能力，否则重复是至关重要的。

② -1 The police arrived in no time, but the residents would not go **unless** power supply was restored.

② -2 The police arrived in no time, but the residents would not go **if** the power supply was**n't** restored.

警察很快就到了，但居民们不愿离开，**除非**电力供应恢复。

B. 条件从句的简化

unless 和 if 可以引导无主语短语或无动词短语作条件状语。短语中被省略的主语多为主句的主语或者主句本身。

例如：

① **The manuscripts** cannot be returned **unless they are** accompanied by a self-addressed envelope.

① -1 **The manuscripts** cannot be returned **unless** accompanied by a self-addressed envelope.

除非附上写有自己地址的信封，否则手稿不会被退回。

例句①中从句主语 they 和主句主语 The manuscripts 一致，可以省略从句主语，从句谓语改为非谓语结构。

② **Unless they were** brought up on a farm, **few people** speak an African language.

② -1 **Unless** brought up on a farm, **few people** speak such language.

除非在农场长大，否则没有几个人会说这种语言。

③ **If it is** disturbed, **the bird** may abandon the nest, leaving the chicks to die.

③ -1 **If** disturbed, **the bird** may abandon the nest, leaving the chicks to die.

如果受到干扰，**鸟**可能会弃巢而去，让雏鸡自生自灭。

④ **Patients should wear a mask during transport from the ward to the surgical suite**, if **it is** possible.

④ -1 **Patients should wear a mask during transport from the ward to the surgical suite**, if possible. **如果**可能，**患者在从病房转移到手术室的过程中应戴上口罩。**

例句④中从句主语 it 指整个主句的内容，可以省略，再省略系动词 is，改为用形容词表示条件。

⑤ Are you looking for part-time work? If **you are looking for part-time work**, read it.

⑤ -1 Are you looking for part-time work? If **so**, read it.

你在找兼职吗？如果是，读读这个。

例句⑤中，从句重复了上句内容。为了避免重复，可以用副词 so 替代从句内容。

⑥ I hope to see you there, but if **I can't see you there**, I'll call you.

⑥ -1 I hope to see you there, but if **not**, I'll call you.

我想在那儿和你见面，但是如果**不行**，我会给你打电话。

例句⑥中 if 引导的从句内容为前句内容的否定式。为了避免重复，从句可以省略重复部分的内容，保留否定副词 not。

C. unless 与 if...not 的区别

虽然可以通过将 unless 变成 if...not 来捋顺句子的主从关系，但是遇到以下情况，unless 不能和 if...not 互换。

第一，unless 不用于引导与事实相反的条件，即 unless 引导的从句不使用虚拟语气。因为 unless 引导的条件是说话人认为主句所说情况发生必须具备的条件（必要条件），所以不存在条件发生的可能性不大或与事实相反的情况。

例如：

① I don't know what I would have done **if** we had**n't** seen you.（√）

① -1 I don't know what I would have done **unless** we had seen you. （×）

如果没有见到你，我们真不知道该怎么办。（实际上：已经见到了）

例句①中"见到你"的条件已经成立，所以否定该条件的表达是与事实相反的，不能用 unless 引导从句。

② **If** the rain had **not** stopped shortly afterwards, the festivities would have been cancelled.（√）

② -1 **Unless** the rain had stopped shortly afterwards, the festivities would have been cancelled.（×）

要不是雨很快就停了，庆祝活动就得取消了。（实际上：雨停了，活动没取消）

● 注意，如果说话人对一个未知事实进行推断，同时通过演绎推测出有可能改变这一事实的特殊或例外情况，这个特殊或例外情况可以用 unless 引导的虚拟语气从句来表示"发生的可能性很小"，即渺茫条件（remote conditional），此时的 unless 表示 except if。从句一般在陈述句后，用破折号隔开。

例如：

① **He couldn't have known about the crash**（推断未知事实）—unless(= except if) **he had heard about it on the radio**（有可能改变事实的特殊情况，但可能性小）.

他不可能知道坠机的事——除非他从收音机里听到了。

例句①中，unless 引导的从句不能用 if...not 来替代，即 He couldn't have known about the crash, if he hadn't heard about it on the radio，否则无法表达出这个意思。在这个句子中，if 从句使用虚拟语气，表示的真实含义是"他听到了"。如果从句的条件是"听到了"，那主句对过去的否定猜测"不可能知道"从逻辑上就是矛盾的，因为听到了就不可能不知道，所以无法表达说话人认为"他"应该不知道。

另须注意，当 unless 引导的从句表示可能性很小的例外情况（渺茫条件）时，偶尔也可以放在主句前。

例如：

① **Unless she had flown there on wings**（渺茫条件）, he could not see how Frankie could possibly have got to the destination ahead of him.

除非她插翅飞过去，否则他不会明白弗兰基怎么能比他先到达目的地。

第二，unless 在语气上更强调条件（only if...not），所以从句的例外条件为句子中的信息焦点；if 引导的从句不强调条件，所以不是信息焦点。

例如：

① I'll be more comfortable **if** he doesn't come. **如果**他不来，我会更自在一些。

例句①中，主句内容语气更强烈，通过强调"更自在"来表示说话人不想让他来的意图。

② They won't come **unless** you invite them. **除非**你邀请他们，**否则**他们不会来的。

例句②中，"邀请"是"来"的必要条件，是主句内容发生的前提，所以也是信息焦点。

③ **If** it wasn't exactly a bargain, it wasn't unreasonably expensive.

如果说它不是很便宜的话，它倒也不是贵得离谱。

例句③中，"它不贵"是除了"它不便宜"之外，说话人想强调的内容，所以"它不贵"才是真正的信息焦点。

第三，主句是疑问句，则条件状语从句不用 unless 引导。unless 引导的条件是主句中结论的必要条件，即结论是推出条件的依据，根据条件却未必能推断出主句的结论。但是疑问部分是要根据已知条件进行推断的结论，所以条件不能用 unless 引导，只能用 if（...not）引导。

例如：

① You will not get an A in this course **unless** you are registered.

① -1 **If** you get an A in this course, then you are registered.

① -2 Your being registered doesn't necessarily mean that you can get an A in this course.

① -3 **If** you aren't registered, then you won't get an A in this course.

除非你注册，**否则**你这门课不会得 A。

对例句①的提问应该是"Will I get an A in this course if I am registered?"，即"如果我注册了，这门课就能得 A 吗？"

② Can you pass the final exam **if** you don't work hard?

如果这次你**不**努力，你期末考试能及格吗？

③ What will you do **if** you don't pass the final exam?

如果期末考试**不**及格你该怎么办？

第四，如果从句中含有只能用在否定句中的非肯定词，例如 any、ever、yet、either 等，从句不用 unless 引导，要用含有否定词的 if...not 引导。因为 unless 本身就带有否定含义，跟在它后边的肯定句和它一起构成否定含义，不需要额外添加否定副词 not。

例如：

① -1 Tom is happy **unless someone** plays jokes on him.

① -2 Tom is happy **if** there is**n't anyone** playing jokes on him.

汤姆还是很快乐的，**除非**有人捉弄他。

例句① -1 中，从句中的 someone 是肯定极项的单词，主要用于肯定句，所以从句可以用 unless 引导；例句①-2 中，从句中含有否定极项的单词 anyone，主要用于否定句，所以从句不用 unless 引导，要用有否定词的 if...not 引导。

② We can't jump to the conclusion just based on the initial improvements, **if** data on long term outcome are **not yet** available. **如果**还**没有**关于长期结果的数据，我们不能仅根据初步的改善而仓促下结论。

例句②的条件状语从句中含有一个只能用于否定句的单词 yet，所以从句不能用 unless 引导，要用 if...not。

第五，如果从句是否定结构，此时用 unless 引导，而不再用 if...not 再次否定，否则会形成"双重否定"的结构。标准的英语句子应避免"双重否定"结构。

例如：

① The patient would be advised not to use the drug **unless** no suitable alternative treatment option is available. **除非**没有合适的替代治疗方案，**否则**建议患者不要使用该药物。

② **Unless** she does not practise regularly, she will improve her skills quickly.
除非她没有经常练习，**否则**她的技能会很快提升。

③ **Unless** he does not follow the instructions, he will successfully complete the project. **除非**他不遵循指示，**否则**他将成功完成这个项目。

例句①②③中，从句部分已经是否定结构的句子，此时如果再用 if...not 引导，就会形成双重否定的结构，比如 if no suitable alternative treatment option is not available、if she does not not practise regularly 和 if he does not not follow the instruction，这样的结构在英语中是需要避免的。

第六，如果条件状语从句的语义接近原因，表示 because ...not，不用 unless 引导。if 引导的条件状语从句通常在主句谓语是"be+ 形容词"的结构后表示原因。此类形容词多为表示心理感受的词汇，如 worried、comfortable、surprised、disappointed、satisfied、glad 等。

例如：

① My mum will be worried **if** I am not home by 7 p.m.
如果我晚上 7 点之前不回到家，我妈妈会很着急。

② I'll be more comfortable **if** he doesn't come. **如果**他不来，我会更自在一些。

例句①②中，if 引导的条件状语从句表示原因，整个句子可以理解为 My mum will be worried because I'm not home by 7 p.m., 即"我妈妈会担心的，因为我晚上 7

点还没回家"；I'll be more comfortable because he doesn't come，即"他不来，我就放心多了"。

第七，unless 表示唯一的条件，不能引导多个并列的条件。

例如：

① If Philip doesn't find a better job and **if** Paula doesn't get a substantial pay-rise, they won't be able to pay the mortgage. **如果**菲利普找不到一份更好的工作，**如果**宝拉没有大幅加薪，他们就付不起抵押贷款了。

provided (that) / providing (that)

provided (that) / providing (that) 表示 if、only if...，即"假如、只要"。它们引导真实条件句，用于给某种情况设置限定条件，二者可互换。provided 更常用、更正式。

例如：

① -1 **Provided that** the weather is fine, we'll have a picnic on Saturday.

① -2 **Providing that** the weather is fine, we'll have a picnic on Saturday.

只要天气好，我们周六去野餐。

② Mary will attend, **provided that** Tom isn't chairing the meeting.

只要汤姆不主持会议，玛丽就会参加。

provided (that) 和 providing (that) 中的 that 可以省略。

例如：

① -1 **Provided** the weather is fine, we'll have a picnic on Saturday.

① -2 **Providing** the weather is fine, we'll have a picnic on Saturday.

只要天气好，我们周六去野餐。

② Mary will attend, **provided** Tom isn't chairing the meeting.

只要汤姆不主持会议，玛丽就会参加。

as long as / so long as

as long as / so long as 引导真实条件句，语义与 provided 一样，表示"只要"，但不如 provided 正式，as long as 比 so long as 更正式一些。

例如：

① You are allowed to go **as long as** you let us know when you arrive.

只要你到的时候告诉我们一声，你就可以去。

② You can borrow the car **so long as** you don't drive too fast.

只要你不开得太快，你就可以借这辆车。

例句①②中的 as long as 和 so long as 都可以理解为 only if。

assuming (that)

assuming (that) 表示"假设、假定"，引导真实条件句，表示说话人认为条件已经存在或者将要实现，并据此推断出结论。

例如：

① **Assuming** the effects are due to caffeine, tea drinkers as well as coffee drinkers will benefit, or suffer, alike. **假设**这些影响是由咖啡因引起的，喝茶的人和喝咖啡的人要么受益，要么受苦。

② I trusted him absolutely, **assuming that** we were both serious about our faith and our marriage vows.
假设我们都认真对待自己的信仰和婚姻誓言，那么我绝对信任他。

③ A skylight can be an efficient and desirable source of passive solar heating, **assuming that** you need the heat.
如果你需要热量，天窗可以是一种有效和理想的被动太阳能加热源。

(2) 外加间接条件状语从句

外加间接条件状语也被称为评注状语，与主句内容没有逻辑联系，主句的结论不取决于从句中的条件是否实现，从句和主句之间始终要用逗号隔开。从句都是真实条件，只表达说话人隐含的话语行为，比如态度、评价、措辞等，所以也被称为方式外加状语。可用于引导外加间接条件状语从句的连词主要有 if 和 in case。

if

if 可以引导外加状语从句表示间接条件，表示说话人表达主句内容时的动机，与主句内容没有直接关系。

第一，if 引导的外加间接条件状语从句可以用于表达说话人礼貌或回避的态度和措辞，以征询对方的许可、谅解或认同。常用的表达如：

if I may say so,…"如果我可以这样说……"；if you don't mind, …"如果你不介意……"；if it suits you, …"如果你觉得合适……"；if that's okay with you, …"如果你不介意的话……"；if that's all right with you, …"如果你不介意的话……"；if it's not rude to ask, …"如果这样问不失礼的话……"等。

> 不简单的简单句

例如：

① I'd like to proceed with my original idea, **if it's fine with you**.

如果你不介意，我想继续按我最初的想法做。

② **If I may say so**, they are more useful than yours.

恕我直言，它们比你的更有用。

③ Meanwhile, **if you don't mind**, I'd like to go alow and rest down in your cabin.

同时，**如果你不介意的话**，我想下去，在你的船舱里休息一下。

④ You have a lot of, **if you don't mind me saying this**, masculine qualities.

如果你不介意我这么说，你有很多男性特质。

⑤ We may put forward a new list of witnesses and may have to increase the number of meetings that we'd originally planned on, **if that suits you**.

如果你觉得合适的话，我们可能会给出一份新的证人名单，还可能会增加我们原来计划的会面次数。

第二，if 引导的外加间接条件状语从句还可以表示在表达内容时不能确定自己的观点是否正确，或者对方是否理解或认同。常用的表达如：

if I'm correct, ... "如果我是对的，……"；if I understand you correctly, ... "如果我理解正确的话，……"；if you know what I'm referring to, ... "如果你知道我指的是什么，……"；if you remember, ... "如果你还记得，……"；if you know what I mean, ... "如果你知道我的意思，……" 等。

例如：

① He's kind of strange, **if you know what I mean**. 他有点奇怪，**你懂我的意思吧**。

② There are two questions that I have never been asked but that I should have been asked, **if you know what I mean**.

有两个问题从来没人问过我，但是应该有人问我的，**你明白我的意思吧**。

③ And then, **if you remember**, he had no idea how long they were to be at Valetta.

然后，**如果你还记得的话**，他不知道他们要在瓦莱塔待多久。

in case

in case 也可以用来引导外加间接条件状语从句，表示说话人表达主句内容时的动机，比如提醒对方。常用表达有 in case you don't know it/in case you didn't know it，即"万一你不知道"。

例如：

① **In case you don't know it**, it's 2:00 in the morning, and I've been asleep.
估计你不知道，现在是早晨2点，我还在睡觉。

② **In case you didn't know it**, Rory is a great person, and she does not deserve to be treated this way. **你可能不知道，罗里是个很好的人，她不应该被这样对待。**

3.3.7 让步状语从句

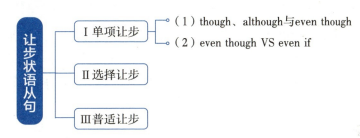

让步状语从句表达"虽然""尽管"的含义，表示从句所说的事件发生后，主句中并没有产生符合预期的效应，或主句不受从句的影响。虽然主句与从句在含义上有转折的关系，但是与让步状语从句相连的主句部分不能使用连词 but，因为并列连词和从属连词不能同时使用。

根据让步状语从句包含的事件数量，可以将让步状语从句分为**单项让步、选择让步和普适让步**。

I 单项让步

单项让步状语从句中只包含一个事件，主要由从属连词 though、although、even though、while、whereas 引导。虽然它们引导的从句中的事件是真的，但与预期相对的主句信息更加重要，是说话人强调的信息。如果用于辩论，作为次要信息的从句论点多为反论点，提出的目的是提前反驳对方有可能提出的观点，进而强化主句论点。

例如：

① **Although** he is quiet（从句预期：害羞），**he is not shy**（主句事实：不害羞）。
虽然他很安静，但是并不害羞。

例句①主从句语义相对，且强调"不害羞"。

② **Though** odds were against us, I still took a chance.
虽然我们胜算不大，但我还是抓住了机会。（强调：抓住了机会）

③ She is struggling too **even though** she is a wonderful teacher.

尽管她是一位出色的老师，她也在努力。（强调：她在努力）

④ **While** the work was difficult, it was interesting.

虽然工作有难度，**但**很有趣。（强调：有趣）

(1) though、although 与 even though

though 比 although 更加口语化，even though 则比 although 更加正式，even 在 though 前边强调"出乎意料"的含义。从语义上看，三者基本可以互换。但是 though 如果放在句末，就不再是连词，而是副词，表示 however（即"然而，不过"）。

例如：

① It's hard work; I enjoy it **though**. 这是个苦活，**不过我很喜欢**。

例句①中，though 位于句末，与 however 相同。

(2) even though VS even if

even though 和 even if 含义相似，但是用法存在差别。

第一，even though 表示 in spite of the fact that...，意思是"即使从句所说的是事实，主句内容也不会符合基于该事实而产生的预期"，所以主从句之间存在对比关系。

第二，even if 表示 whether...or not，意思是"不管从句中的条件是否成立，主句都不会产生符合预期的结果"，if 后的从句多为不真实的条件或说话人假设的情况。

例如：

① **Even though** I didn't know anyone at the party, I had a nice time.

虽然我不认识参加聚会的人，**但是我玩得很开心**。

在例句①中，从句中的"谁都不认识"是客观事实，人们对这个事实的预期应该是"玩得不开心"，但是主句"玩得开心"与预期形成了反差。

② **Even if** I don't know anyone at the party, I am sure I will have a nice time.

即使我不认识参加聚会的人，我相信我也会玩得很开心。

例句②中，"谁都不认识"是说话人想象的聚会有可能出现的情形。

③ **Even though** he is a millionaire, he still leads a simple life.

虽然他是百万富翁，但他还过着简单的生活。

例句③中，从句"他是百万富翁"是客观事实，但是主句"过简单的生活"与人们对"百万富翁"生活的预期形成了反差。

④ **Even if** I become a millionaire, I will still lead a simple life.

即使我成为百万富翁，我也会过简单的生活。

例句④中，从句不是客观事实，说话人不是百万富翁，他只是在假想如果自己成为百万富翁会怎样。

第三，有时可以将从句的全部或部分谓语移至从句句首，用 though、as 将其与从句其他成分连接起来，形成倒装结构。可前置到从句句首的成分多为补语成分，例如主语补足语、动词补足语；作状语的副词；作谓语的动词。从词性来看，可前置至从句句首的多为形容词、分词，其次是名词、动词或副词。

例如：

① **Although he is quiet**, he is not shy.

①-1 **Quiet as he is**, he is not shy.（倒装形容词作表语/主语补足语）

虽然他很安静，但是并不害羞。

② **Although I failed**, I wouldn't abandon my goal.

②-1 **Fail as I did**, I wouldn't abandon my goal.（倒装谓语动词）

虽然我失败了，但我不会放弃我的目标。

③ **Though we note faults quick in others**, it is seldom with a view to correcting our own.

③-1 **Quick though we note faults in others**, it is seldom with a view to correcting our own.（倒装作状语的副词 quick）

尽管我们很快就能注意到别人的缺点，却很少是为了纠正自己的缺点。

④ **Though she was a loving mother**, Mary cared less for her second born baby.

④-1 **Loving mother though she was**, Mary cared less for her second born baby.

玛丽虽然是个慈爱的母亲，但对她的第二个孩子却不太关心。

例句④-1 中倒装的表语/主语补足语是名词短语 a loving mother。当名词短语单数形式在让步从句中倒装至句首时，一般要改为零冠词形式。

⑤ **Promoted though they were**, Bolton Wanderers did not appear to be ready for the demands of the Premiership.（倒装谓语部分的过去分词）

博尔顿漫游者虽然升了级，但似乎还没有准备好迎接英超联赛的要求。

⑥ **Away though she had gone**, her presence still dominated his heart like a distant mountain always seen from afar.（倒装谓语部分动词 gone 的补足语 away）

虽然她已离去，**但**依旧在他内心深处，如远山依然可见。

第四，though 或 although 引导的从句可以省略与主句部分重复的内容，简化为非限定分句（无主谓结构）。

例如：

① Mine experts said that drilling, **though it was slow**, was still the best way to reach the men.

例句①中的 it 指从句主语 drilling，可以省略，谓语去掉系动词：

Mine experts said that drilling, **though slow**, was still the best way to reach the men.

矿山专家表示，**尽管钻探速度缓慢**，但仍然是找到被困矿工的最佳方式。

② The house itself, **though it is imposing from the outside**, is in fact a very comfortable size.

例句②中的 it 指主语 the house，可以省略，谓语去掉系动词：

The house itself, **though imposing from the outside**, is in fact a very comfortable size.

房子本身，**虽然从外面看气势雄伟**，实际上大小非常舒适。

③ Free market capitalism desires government regulation of markets to prevent social instability, **although government regulation of markets prevents social instability at the cost of taxpayer dollars**.

省略与主句部分重复的内容：

Free market capitalism desires government regulation of markets to prevent social instability, **although at the cost of taxpayer dollars**.

自由市场资本主义希望政府监管市场，以防止社会不稳定，**尽管这是以纳税人的钱为代价的**。

Ⅱ 选择让步

选择让步状语从句包含两个或三个事件，说话人对两个或三个事件进行整体阐述，形成选择，但对这些事件的任一选择都不会对主句产生影响，主句依然会产生与预期相同的结论。常用于选择让步的连词主要是 whether ...or..., 即"是……还是……，不管……还是"。

whether...or... 连接的让步分句一般在语义上相反、递进或递减，从句中重复的部分可以省略。

例如：

① Marriage is a big decision, **whether you are** young **or you are** old.

省略后边重复的部分：

Marriage is a big decision, **whether you are** young **or** old.

无论你是年轻人**还是**老年人，婚姻都是一个重大决定。

例句①指"婚姻是重大决定"不受"年轻"和"年老"的影响。

② **Whether he knows it or he doesn't know it**, you can't reveal any information to him.

省略重复部分：

Whether he knows it or not, you can't reveal any information to him.

Whether or not he knows it, you can't reveal any information to him.

不管他知道与否，你都不能向他透露任何信息。

例句②指"不透露信息"不受"他知不知道"的影响。

③ **Whether Mike replaces the broken vase with a new one or he ignores it**, Catherine is not inviting him again.

不管迈克用新花瓶换掉了摔碎的花瓶，还是对碎花瓶置之不理，凯瑟琳都不会再邀请他了。

例句③指不管从句中的两件事哪一件是真实事件，都不影响"不再邀请"。

④ **Whether he works eight hours a day, ten hours a day or even twelve hours a day**, he cannot finish the work on time.

不管他一天工作8小时，10小时，还是甚至12小时，他都不能按时完成工作。

在例句④中，从句中的事件在语义上为递进关系，不管工作多久也不影响"不能按时完成工作"这一情况。

whether ...or... 引导的从句也可以改为非限定分句（无主谓结构）。

例如：

① These works, **whether they are fairy tales, they are ballads, or they are folk epics**, were a major source for later fantasy works.

省略重复部分：

These works, **whether fairy tales, ballads, or folk epics**, were a major source for later fantasy works.

这些作品，**无论是童话、民谣还是民间史诗**，都是后来幻想作品的主要来源。

whether ...or... 引导的让步分句可以使用虚拟语气，使用虚拟语气时还可以倒装。

Ⅲ 普适让步

普适让步是指让步状语从句含有多个事件，说话人对多个事件的共同点进行整体阐述，这种共同点不管存在于哪一个事件，都不会对主句内容产生影响。引导这种让步状语从句的连词多为 wh-ever 或 no matter wh- 疑问词。

例如：

① -1 **No matter what time you go**, there will be an interminable wait.

① -2 **Whenever you go**, there will be an interminable wait.

不管你什么时候去，都要无休止地等待。

例句①指"去"的时间可以任意选择，但不影响主句中"无休止等待"的情况。

② -1 **No matter what she did**, the boredom wouldn't lift.

② -2 **Whatever she did**, the boredom wouldn't lift.

不管她做什么，无聊的感觉都不会消失。

例句②指"做"的对象是任意的，但都不影响"无聊感不消失"的情况。

③ -1 Faulty goods should be recalled by the manufacturer and refunds to the public given **no matter where they were purchased**.

③ -2 Faulty goods should be recalled by the manufacturer and refunds to the public given **wherever they were purchased**.

有问题的产品**无论是在哪里购买的**，制造商都应该召回，并退款给大家。

例句③指在任何地点买到了有问题的产品，都不影响"召回"和"退款"。

④ -1 **However long it takes**, finish it.

④ -2 **No matter how long it takes**, finish it.

不管花多长时间，都要把它完成。

普适让步状语从句如果是"主语（多为抽象名词）+ 系动词"结构，可以将系动词省略。

例如：

① The truly outstanding athlete always fights his way to the top, **no matter what the odds (are)**.

真正杰出的运动员总是为到达顶峰而奋斗，**不管胜算有多大**。

② And jurors are never accused of acting like vigilantes when they convict a defendant, **no matter how weak the evidence (is)**.

无论证据多么薄弱，陪审团在判定被告有罪时都不会被指责为"滥用私刑"的义务警员。

普适让步状语从句可以省略与主句重复的部分，改为非限定分句（无主谓结构）。例如：

① If you violate that trust, you will be called to account, **no matter how powerful you are, no matter how wealthy you are**.

去掉与主句相同的主语和谓语部分的系动词：

If you violate that trust, you will be called to account, **no matter how powerful, no matter how wealthy**.

如果你违背了这种信任，**无论你多么强大，多么富有**，你都将被追究责任。

3.3.8 对比状语从句

while 和 whereas 除了引导让步状语从句，还可以引导对比状语从句。虽然它们连接的两个分句在语义上是对比关系，与让步状语从句类似，但是对比状语从句所在的句子不存在一个分句的信息比另一个分句的信息更重要的情况，两者在语上只有严格、单纯的对比关系。如果 while 或 whereas 引导的从句位于主句后，从句与 but 引导的转折并列分句相似；但是如果它们引导的分句位于句首，该分句则是从句结构，因为并列句不能位于句首（除非承接上句内容）。

例如：

① I like traveling by plane, **while** my wife doesn't.

我喜欢坐飞机旅行，**但是**我妻子不喜欢。

② Tom is very extravert and confident **while** Emma is shy and quiet.

汤姆非常外向并且自信，**但是**艾玛却很害羞和安静。

③ Some places are favored by their centrality, **while** others are disadvantaged by their comparative isolation. 有些地方因其中心地位而受益，**而**另一些地方则因其相对孤立而处于不利地位。

④ I predict I will receive a 17% raise if I move, **whereas** if I stay in my current position, it will take me 3 more years to make that much.

我估计如果我跳槽，收入可以增加 17%，**但是**如果我待在现在的岗位上，我得花 3 年时间才能涨薪那么多。

⑤ **While** most children learn to read easily, some need extra help.

虽然大多数儿童能轻松学会阅读，但有一些儿童却需要更多的帮助。

3.3.9 比较状语从句

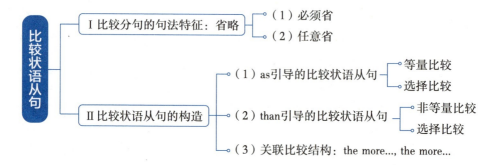

比较状语从句表示在主从结构的句子中，主句的命题和从句的命题需要就某一比较标准进行比较。主句中作为比较标准的内容被称为比较要素（comparative element），从句中比较要素的对应内容要省略，避免重复。主从句中用于比较的对象如果属性相同且是同一概念，从句的比较对象不能省略，要用代词来替代。

例如：

① He is smarter than I am.

　他比我聪明。

例句①可拆分为：

① -1 I am **smart**. 我很**聪明**。

① -2 He is **smarter**. 他**更聪明**。

由此可知，两句的比较要素为 smart，比较对象为 I 和 He。例句①为① -1 和① -2 用连词 than 合并而成：He is smart than I am smart。

比较状语从句中的参比信息是 I am 后边的 smart（比较要素）。因为与主句比较要素的内容重复，且主从分句结构和内容关系紧密，读者可以根据主句判断出从句的参比信息，所以从句中的 smart 要删掉，以避免重复。

Ⅰ　比较分句的句法特征：省略

比较状语从句是比较分句的一种类型，比较分句在句子中既可以作状语，也可以做其他句子成分。既然比较状语从句是比较分句的一种，那么比较分句的特征同样也是比较状语从句的特征。

根据夸克（Quirk）等人编著的《英语语法大全》可知，在比较结构中，主句命题的比较要素占据一定语法位置，这样，由于从句中对应的比较要素对应项必须省略，这些必须省略的成分便使从句产生了语法空位（gap），形成了比较分句显著的句法特征。从句中除了必须要省略的部分，其他与主句重复的信息也可以省略。根据被省略内容是否可以还原，可将省略操作分为必须省（obligatory omission）和任意省（optional omission）。

(1) 必须省

比较分句中与主句比较要素对应的成分必须从表层结构中省略，形成结构空位。虽然可以根据语境判断出被省略的内容，但是该部分内容不能还原到句子中，否则该句不合语法。

例如：

① The table is as long as the door is wide.

　　桌子的长度和门的宽度一样。（省略 wide 前的修饰语）

例句①结构分解：

① -1 The table is X units long.

① -2 The door is Y units wide.

① -3 X is same as Y.

由此可知，比较要素为长和宽的"度"，比较对象为"桌子"和"门"。例句①为① -1、① -2 和① -3 合并而得：

The table is as long as the door is ~~Y units~~（宽度单位）wide.

② There are more boys in Class A than there are girls in Class B.

　　A 班的男孩比 B 班的女孩多。

例句②结构分解：

② -1 There are X (人数) boys in Class A.

② -2 There are Y (人数) girls in Class B.

② -3 X > Y

由此可知，比较要素为人数，比较对象为"A 班男孩"和"B 班女孩"。例句②为② -1、② -2 和② -3 合并而得：

There are more boys in Class A than there are ~~Y~~ girls in Class B.

③ We mustn't have more furniture in our rooms than is required for convenience.

我们房间里的家具不能超过便利所需。

例句③结构分解：

③-1 We mustn't have X（数量）furniture.

③-2 Y（数量）furniture is required for convenience.

③-3 X is not more than Y.

由此可知，比较要素为家具数量，比较对象为"拥有的数量"和"所需的数量"。例句③为③-1、③-2 和③-3 合并而得：

We mustn't have more furniture in our rooms than ~~Y furniture~~ is required for convenience.

Y 为从句主语 furniture 的修饰语（家具数量），furniture 与主句重复，可省略。

④ He plays the piano much better than was expected.

他钢琴弹得比预期的好得多。

例句④结构分解：

④-1 It was expected that he would play the piano Y well.

④-2 He plays the piano X well.

④-3 X is much better than Y.

由此可知，比较要素为弹钢琴好的程度，比较对象为"他弹钢琴的水平"和"预期的钢琴水平"。例句④为④-1、④-2 和④-3 合并而得：

He plays the piano much better than it was expected that he would play the piano ~~Y well~~（从句中修饰 play piano 的状语）.

⑤ Progress with the building of the bridge was not as good as was expected.

这座桥的建造进展不如预期的那么好。

例句⑤结构分解：

⑤-1 Progress with the building of the bridge was not good.

⑤-2 Progress with the building of the bridge was expected to be good.

由此可知，比较要素为进展顺利程度，比较对象为"实际进展"和"预期进展"。例句⑤为⑤-1 和⑤-2 合并而得：

Progress with the building of the bridge was not as good as **progress with the building of the bridge**（可换成代词 it）was expected to be ~~good~~（比较分句中 to be 的补语）.

可进一步简化：it 和 to be 可以省略，但需同时省略，简化后的句子省略了比较分句的主语 it 和不定式短语：

Progress with the building of the bridge was not as good as (it) was expected (to be).

对于 than/as 后跟 what 引导的名词性从句的情况，如果 what 是比较对象，则不能省略；如果 what 是比较要素的对应项，则需要省略。

例如：

① You seem to take a keener interest in the subject than what has ever been shown before has been.

你对这个话题的兴趣似乎比以往都要浓厚。

例句①结构分解：

① -1：You seem to take a X keen interest in the subject.

你好像对这个话题有 X 强烈的兴趣。

① -2：The interest in the subject that has ever been shown before has been Y keen.

你曾经对这个话题表现出 Y 强烈的兴趣。

由此可知，比较要素为兴趣的强烈程度（X > Y），比较对象为不同时间的兴趣。例句①为① -1 和① -2 合并而成：

You seem to take a keener interest in the subject than **the interest in the subject that**（可以合并为融合性关系代词 what）has ever been shown before has been ~~Y keen~~（从句中的表语/主语补足语）.

than 后边的 what 是和主句宾语一样的比较对象，不能省略，所以简化后的结果为：

You seem to take a keener interest in the subject than what has ever been shown before has been.

② The harvest was not less this year than they got the year before.

今年的收成并不比去年少。

例句②结构分解：

② -1：The harvest (X) was not less this year.

② -2：They got harvest (Y) the year before.

由此可知，比较要素为收成（X 不比 Y 少），比较对象为"今年"和"去年"。

例句②为② -1 和② -2 合并而得：

The harvest (X) was not less this year than they got ~~harvest (Y)~~（从句中 got 的宾语）

the year before.

如果把从句比较要素的对应项移至从句主语前，也需要进行省略：

The harvest (X) was not less this than ~~harvest (Y)~~ (that) （可由融合关系代词 what 替代) they got the year before.

The harvest was not less this year than ~~what~~（必须省）they got the year before.

例句②的比较从句中，虽然 what 替代了比较要素的对应项，但是替代后也必须省略，因为 what 本身就是必须省略的比较要素的对应项。如果不省，从句中 got 后边的空位就被填满了，违背了比较从句中要有空位的结构特征。

(2) 任意省

比较分句中除了必须有的空位以外，与主句部分重复的内容通常也可以省略，或者用代词替代，以达到简洁、通顺的效果。这些省略的部分可以还原到从句中，不影响句子的合法性。

比较分句中任意省的成分可以省也可以不省，根据简洁表意的需要来定。但是不管怎么省，主从句进行比较的比较对象不能省（因为比较对象凸显了两个分句之间的差别）。

例如：

① John wrote letters more often to Mary than he wrote letters to Jane.

　　约翰给玛丽写信多于给珍妮写信。

① -1：John wrote letters more often to Mary than he did to Jane.

省略宾语 letters，用助动词 did 替代动词 wrote。

① -2：John wrote letters more often to Mary than to Jane.

省略主语 he 和谓语 did。

如果比较分句中的谓语动词与主句中的谓语动词是一对比较对象，分句谓语实意动词多省略，保留助动词或使用替代形式，分句谓语前的主语不能省（使句子保持完整结构）。

例如：

① He was working harder than he had ever done before.

　　他比以往任何时候都更努力地工作。

例句①结构分解：

① -1 He was working X hard.

① -2 He had ever worked Y hard before.

① -3 X > Y

由此可知，比较要素为努力程度，比较对象为 was working 和 had worked before。例句①为① -1、① -2 和① -3 合并而得：

He was working harder than he had ever **done**（替代 worked）~~worked Y hard~~ before.

比较分句中，如果谓语不是比较对象也不是比较要素对应项，同时与主句的谓语重复，此时分句的谓语可以省略或使用替代形式。

例如：

① I didn't enjoy the concert as much as Kim had.

　　我不像金那样喜欢这场音乐会。

例句①结构分解：

① -1 I didn't enjoy the concert X much.

① -2 Kim had enjoyed the concert Y much.

① -3 X = Y

由此可知，比较要素为 much，比较对象为 I 和 Kim。例句①为① -1、① -2 和① -3 合并而得：

I didn't enjoy the concert as much as Kim had **enjoyed the concert**（省略或用 done 替代）~~Y much~~.

简化后得：

I didn't enjoy the concert as much as Kim **had done**.

I didn't enjoy the concert as much as Kim **had**.

He loves maths more than she English.

他对数学的爱比她对英语的爱更多。

例句②结构分解：

② -1 He loves maths X much.

② -2 She loves English Y much.

② -3 X > Y

由此可知，比较要素为 much，比较对象为"他对数学的爱"和"她对英语的爱"。例句②为② -1、② -2 和② -3 合并而成：

He loves maths more than she **loves**（省略或用 does 替代） English ~~Y much~~.

> 不简单的简单句

简化后得：

He loves maths more than **she does English**.

He loves maths more than **she English**.

比较分句中，谓语如果是动宾结构，且宾语与主句重复，不能只省略宾语，保留谓语动词。动宾结构中动词要随着宾语一起省略，或者被助动词替代，助动词在空位左侧。

例如将上文中的例句修改如下：

John wrote letters more often to Mary than he wrote to Jane.（×）

I didn't enjoy the concert as much as Kim had enjoyed.（×）

③ Ralf bought a bigger cat than George bought a big cat flap.

拉尔夫买的猫比乔治买的猫门要大。

例句③结构分解：

③-1 Ralf bought a X big cat.

③-2 George bought a Y big cat flap.

③-3 X > Y

由此可知，比较要素为 big，比较对象为"猫的大小"和"猫门的大小"。例句③为③-1、③-2 和③-3 合并而成。

必须省：Ralf bought a bigger cat than George did ~~bought a Y big~~ cat flap.

必须省例句中实意动词 bought 要和比较对应项 big 一起省略，保留助动词 did。

任意省：Ralf bought a bigger cat than George did a cat flap.

任意省例句中省略助动词 did。

如果从句中比较要素的对应项是动宾结构中的宾语，此时只需要省略宾语构成空位，保留动词。

例如：

Ralf bought a bigger cat than George bought ~~a big cat~~.

拉尔夫买的猫比乔治买的猫大。

如果比较分句中含有一个嵌入式的分句，且该分句中含有比较要素的对应项，此时它的内容可以省略。

例如"必须省"小节的例句④：

He plays the piano much better than (it) was expected (that he would play the piano).

括号中 it 为形式主语，嵌入的分句 that he would play the piano 为主语从句。对这句话进行省略后得到：

He plays the piano much better than was expected. （√）

He plays the piano much better than it was expected. （×）

例句中，从句中的主语从句 that he would play the piano 和形式主语 it 可以省略，也可以保留，但是如果省略从句，二者要同时省略，因为如果只省略 that 从句，保留 it，则 it 所指不明。

① The issues are more complex than people believed.

这些问题比人们认为的要复杂得多。

例句①结构分解：

① -1 The issues are X complex.

① -2 People believed that the issues are Y complex.

① -3 X > Y

由此可知，比较要素为 complex，比较对象为"事实上的复杂性"和"人们认为的复杂性"。例句①为① -1、① -2 和① -3 合并而得：

The issues are more complex than people believed (that the issues are ~~Y complex~~).

简化后得：

The issues are more complex than people believed.

例句中任意省的部分：分句中嵌入的宾语从句。

② There is in the world more poverty than is imagined. 世界上的贫困比想象的要多。

例句②结构分解：

② -1 There is in the world X poverty.

② -2 It is imagined that there is in the world Y poverty.

② -3 X > Y

由此可知，比较要素为 poverty，比较对象为"事实上的贫困度"和"想象的贫困度"。例句②为② -1、② -2 和② -3 合并而得：

There is in the world more poverty than (it) is imagined (that there is in the world ~~Y poverty~~).

形式主语 it 和 that 引导的从句可以同时省略，简化后得：

There is in the world more poverty than is imagined.

例句中任意省的部分：分句中嵌入的主语从句。

如果比较分句中除了比较对象的对应项以外,其他成分都和主句重复,那么除了必须省略的比较要素的对应项,其他部分也都可以省略。

例如:

① I spend more time abroad than at home. 我在国外的时间比在国内长。

例句①结构分解:

① -1 I spend X time abroad.

① -2 I spend Y time at home.

① -3 X > Y

由此可知,比较要素为"时长",比较对象为"在国外的时长"和"在国内的时长"。例句①为① -1、① -2 和① -3 合并而成:

I spend more time abroad than (I spend ~~Y time~~) at home.

主谓结构可省略,简化后得:

I spend more time abroad than at home.

② Working together is more efficient than alone.

　　一起干比一个人干效率更高。

例句②结构分解:

② -1 Working together is X efficient.

② -2 Working alone is Y efficient.

② -3 X > Y

由此可知,比较要素为"效率",比较对象为"一起干的效率"和"一个人干的效率"。例句②为② -1、② -2 和② -3 合并而成:

Working together is more efficient than (working) alone (is) ~~Y efficient~~.

可省略主语核心词和系动词,简化后得:

Working together is more efficient than alone.

Ⅱ　比较状语从句的构造

引导比较状语从句的连词多为 as 和 than。as 引导的从句与主句构成**等量比较结构**,than 引导的从句与主句构成**非等量比较结构**。

(1) as 引导的比较状语从句

as 引导的从句在肯定句中多与主句构成等量比较,也可以和 not so... 一起构成选择比较结构。

等量比较

连词 as 通常与允许它使用的管控词（governor），比如 as、such、so、same 一起构成等量比较结构。其中 as 是等量比较的默认程度副词，与连词 as 引导的从句构成等量比较结构，而 so 和 such 多用于否定句和疑问句。

例如：

① The team is still **as good as** it was five years ago. 这个队伍和 5 年前**一样好**。

例句①结构分解：

①-1 The team is still X good.

①-2 It was Y good five years ago.

①-3 X good = Y good

由此可知，比较要素为 good，例句①为①-1、①-2 和①-3 合并而得：

The team is still **as good as** it was ~~Y good~~ five years ago.

例句中的空位：从句中的表语（主语补足语）good。

② Can you come **as soon as possible**? 你能**尽快**来吗？

例句②结构分解：

②-1 Can you come X soon ?

②-2 It is possible for you to come Y soon.

②-3 X = Y

由此可知，比较要素为 soon，例句②为②-1、②-2 和②-3 合并而得：

Can you come as X soon as (it is) possible (for you to come) Y soon?

简化可得：

Can you come as soon as possible?（√）

Can you come as soon as it is possible?（×）

例句中的空位：从句中的 soon。

例句中任意省的部分：it is ...for you to come（任意省的部分结构要完整，如果只保留 it is，省略作主语的不定式短语 for you to come，则形式主语 it 所指不明）。

③ I have **the same** book **as** you (do). 我的书**和**你的书**一样**。

例句③结构分解：

③-1 I have a book X.

③-2 You have a book Y.

③ -3 X = Y

由此可知，比较要素为"书"，例句②为② -1、② -2 和② -3 合并而得：

I have the same book as you (have) a book Y.

have 和 a book 构成动宾结构，可以省略，或者由助动词 do 替代，简化后得：

I have **the same** book **as you.**（√）

I have **the same** book **as you do.**（√）

例句中的空位：从句中的宾语 book。

例句中任意省的部分：从句中的 have。

④ The lake can provide **as much** water **as** the local people would use in ten years.

这个湖能提供当地人 10 年的用水量。

例句④结构分解：

④ -1 The lake can provide X（量） water.

④ -2 The local people would use Y（量） water in ten years.

④ -3 X Water is as much as Y water.

由此可知，比较要素为"水量"，例句④为④ -1、④ -2 和④ -3 合并而得：

The lake can provide **as much** water **as** the local people would use ~~Y water~~ in ten years.

例句中的空位：从句 use 的宾语 water（水量）。

更多例句：

⑤ Never had the gardening crew harvested **so/as many** carrots at once **as** it had in the fall of 2006. 园艺工人从来没有**像** 2006 年秋天**那样**一次收获这么**多**胡萝卜。

否定副词 never 位于句首，主句部分进行部分倒装。与 as 引导的从句连用的管控词既可以是程度副词 as，也可以是副词 so。

⑥ His second film wasn't **such a success as** his first.

他的第二部电影不**如**第一部**那么成功**。

有时，可以独立使用 as 来引导比较状语从句。

例如：

① They are **(as)** keen to join in **as** we are. 他们**和**我们**一样热衷于**参与。

例句①省略了副词 as，保留连词 as。

② As you know, we are still working. 要知道，我们仍在工作。

例句②结构分解：

② -1 We are still working. （X）

② -2 You know Y.

② -3 X=Y

由此可知，比较要素为 we are still working，例句②为② -1、② -2 和② -3 合并而得：

As you know ~~Y~~, we are still working.

例句中的空位：know 的宾语。

例句②中，主句内容 X（We are still working.）是客观事实，从句中 know 后边的是主句比较要素的对应项 Y，Y 是你知道的事情。而且恰好你知道的事情 Y 和客观事实 X 一样，所以 Y 作为比较要素的对应项应该省略，形成结构空位。这个空位在比较结构中必须存在，所以 as 在从句中不能是填充空位的关系代词，而是引导从句的连词。

③ Australia split from Antarctica and moved quickly northward, **just** (as 前可以加 just 来进行强调) **as** India had done more than 40 million years before.

澳大利亚从南极洲分裂出来，迅速向北移动，**就像** 4000 多万年前的印度板块那样。

例句③结构分解：

③ -1 Australia split from Antarctica and moved X quickly northward.

③ -2 India had split from Antarctica and moved Y quickly northward 40 million years before.

由此可知，比较要素为"速度之快"，例句③为③ -1 和③ -2 合并而得：

Australia split from Antarctica and moved quickly northward, **just as** India had (split from Antarctica and moved ~~Y quickly~~ northward) more than 40 million years before.

用过去分词 done 替代从句中的谓语，避免重复，简化后得：

Australia split from Antarctica and moved quickly northward, **just as** India had done more than 40 million years before.

例句中的空位：从句中的状语 quickly。

as 还可以与 if 或者 though 结合，引导比较状语从句，表示将主句中的真实情况与从句中假设的情况比较（只是省略了比较结构中连词 as 后边的内容 as it would be）。此时 as if/though 引导的从句主要是为主句提供补充信息的，而非必要的修饰成分，所以主从句通常用逗号隔开。

> 不简单的简单句

例如：

① There was a ragged edge to her voice now, **as if** she'd been crying.

她的声音有些沙哑，**好像**哭过似的。

例句①中逗号将 as if 引导的比较分句隔开，表明比较分句信息为补充信息，属于非限制性状语。

② When she spoke, he thought he heard bells, **as if** she were a dustcart reversing.

当她说话的时候，他觉得自己听到了铃声，**仿佛**她是一辆正在倒车的垃圾车。

③ He asked me, his voice a slightly high-pitched whine, **as though** he had never progressed from childhood.

他用尖尖的声音问我**就好像**他从未长大一样。

④ His voice was clear and pronounced, **as though** he were used to reading such things aloud. 他的声音清晰而果断，**仿佛**他习惯了大声朗读这些东西。

例句①~④中，as if/though 引导的都是比较状语从句，将主句中所说的情况与假设的非真实情况进行比较，所以比较状语从句中的谓语多使用虚拟语气。

as 引导的比较状语从句可以移至主句前。此时，主句前可以添加副词 so，表示"也如此，一样"，主句则可以进行部分倒装或者不倒装。

例如：

① You **shall** reap **as** you sow.

→ **As** you sow, **so shall** you reap. 正如你耕耘那样，你也要收获。

② We should forgive others **just as** we hope to be forgiven.

→ **Just as** we hope to be forgiven, **so** we should forgive others.

→ **Just as** we hope to be forgiven, **so should** we forgive others.

正如我们希望被原谅一样，我们也**要**原谅别人。

> 选择比较

连词 as 引导的从句还可以和 not so... 一起构成选择比较结构，表示"与其说……不如说……"。not so 后边可以跟形容词或副词。如果 not so 后边的比较要素不是形容词或副词，需要在其他词性的比较要素前加一个程度副词 much，构成 not so much...。not so A as B 和 not so much A as B 都表示"与其说 A，不如说 B"。

例如：

① She did**n't so much** insult him **as** ignore him.

她**与其说**是侮辱他，**不如说**是无视他。

② Success lies **not so much** in luck **as** in hard work.

与其说成功在于运气，**不如说**在于辛勤的努力。

③ She is **not so** beautiful **as** intelligent.

与其说她漂亮，**不如说**她聪明。

例句①②③中，not so much...as... 和 not so...as... 比较的是平行结构。例句①比较的是谓语动词短语；例句②比较的是动词补足语；例句③比较的是主语补足语。

④ One might say that the Victorians are **not so much** the origin of our present **as** we are a continuation of theirs. 有人可能会说，**与其说**维多利亚时代是我们当前时代的起源，**不如说**我们是他们的延续。

例句④中，as 引导的是比较状语从句，没有与 not so much 后边的主语补足语形成平行结构。

(2) than 引导的比较状语从句

连词 than 可以与比较级形容词或副词一起构成非等量比较结构，也可以构成选择比较结构。

非等量比较

连词 than 引导的比较分句与主句比较级形容词或副词一起构成非等量比较结构。

例如：

① Everything here is **older than** I am. 这里的一切都**比我年龄大**。

例句①结构分解：

① -1 I am X old.

① -2 Everything here is Y old.

① -3 X < Y

由此可知，比较要素为"年龄"，比较对象为"我的年龄"和"这里的一切的年龄"。例句①为① -1、① -2 和① -3 合并而得，用连词 than 连接：

Everything here is older than I am ~~X old~~.

② **Fewer** participants volunteered for the study **than** I expected.

自愿参与这项研究的人**比我预期的要少**。

例句②结构分解：

② -1 I expected that X（数量）participants volunteered for the study.

② -2 Y（数量）participants volunteered for the study.

由此可知，比较要素为"人数"，例句②为② -1 和② -2 合并而得，用连词 than 连接：

Fewer participants volunteered for the study than I expected (that X participants volunteered for the study).

将从句中的 participants volunteered for the study 改成 they did，避免重复：

Fewer participants volunteered for the study than I expected that they did.（保留插入分句的信息）

Fewer participants volunteered for the study than I expected.（省略插入分句信息）

例句中的空位：修饰 participants 的量词。

例句中任意省的部分：they did。

从句中省略的比较要素要与主句中的比较要素相互照应；同时，比较对象也要相互照应。

例如：

① She is **taller than** he is. 她**比他高**。

例句①结构分解：

① -1 He is X tall.

① -2 She is Y tall.

① -3 X < Y

由此可知，比较要素为"身高"，比较对象为"她的身高"和"他的身高"。例句①为① -1、① -2 和① -3 合并而得，用连词 than 连接：

She is taller than he (is) ~~X tall~~.

She is taller than he.

例句中的空位：tall。

例句中任意省的部分：is。

② She is a **taller** girl **than** he is.（×）

例句②结构分解：

② -1 She is a X tall girl.

② -2 He is a Y tall girl.

② -3 X > Y

显然，例句②是错误的，因为将比较结构拆分为单句后就会发现，分句② -2 He is a tall girl. 不符合常识。这就是主句和从句的比较要素和比较对象相互不照应的情况。

③ This article is **more carefully** researched **than** his book was.

　　这篇论文**比**他的书研究**得更细致**。

例句③结构分解：

③ -1 His book was X carefully researched.

③ -2 This article is Y carefully researched.

③ -3 Y > X

由此可知，比较要素为"研究的细致程度"，用连词 than 连接：

This article is more carefully researched than his book (was) ~~X carefully~~ (researched).

简化后得：

This article is more carefully researched than his book.

例句中的空位：carefully。

例句中任意省的部分：was，researched。

④ This is a more carefully researched article than his book was.（×）

例句④结构分解：

④ -1 This is a X carefully researched article.

④ -2 His book was a Y carefully researched article.（×）

④ -3 X > Y

例句④是错误的，因为将比较结构拆分为单句后就会发现，从句将 his book 定义为 article，如④ -2 所示。显然，article 和 book 是两个概念，不能共指一个事物。

⑤ This is an article **more carefully** researched **than** his book was.（√）

　　这篇论文**比**他的书研究得**更细致**。

例句⑤结构分解：

⑤ -1 This is an article (that is) X carefully researched.

⑤ -2 His book was Y carefully researched.

⑤ -3 X > Y

由此可知，比较要素为"研究的细致程度"，用连词 than 连接：

This is an article (that is) more carefully researched than his book was ~~* carefully~~ (researched).

简化后得：

This is an article more carefully researched than his book was.

例句中的空位：carefully。

例句中任意省的部分：researched。

⑥ This candidate is **much better** qualified **than** the one whom they appointed.（√）
这个候选人的资历**比**他们任命的那个人**强得多**。

例句⑥结构分解：

⑥-1 This candidate is X qualified.

⑥-2 The candidate whom they appointed is Y qualified.

⑥-3 X is much better than Y.

由此可知，比较要素为"资历"，用连词 than 连接：

This candidate is much better qualified than the candidate/the one whom they appointed (is) ~~Y qualified~~.

例句中的空位：qualified。

例句中任意省的部分：is。

⑥-4 This candidate is much better qualified than they appointed.（×）

例句⑥-4 是错误的，因为从句中与主句对应的比较对象应为 the candidate whom they appointed，如果把 the candidate whom 删掉，从句剩下的部分是无法和主句照应的。

选择比较

连词 than 与比较级形容词或副词连用，有时候不表示对二者的比较，而是选择其中之一，而否定另一个选项，所以 more A than B 可以理解为"与其说 B，不如说 A"，在这个结构中，连词 than 在语义上具有否定含义。

例如：

① Our dining hall is **more** like a church or a museum **than** a cafeteria.
　　我们的餐厅**不像**自助餐厅，**更像**教堂或博物馆。

② I was **more** annoyed **than** worried when they didn't come home.
　　当他们不回家时，我**与其说**是担忧，**不如说**是恼火。

当进行选择比较时，比较要素即使是单音节形容词或副词，也不能以 -er 的形式存在，而要以 "more + adj./adv." 的形式出现。但在非等量比较中，它们需要以 -er 的形式出现。

例如：

③-1 He is **more dumb than** crazy.（√）

③-2 He is **dumber than** crazy.（×）

　　他**不是**疯了，**是**傻了。

④-1 He is **more dumb than** Tom.（×）

④-2 He is **dumber than** Tom.（√）

　　他**比**汤姆**还傻**。

例句③是选择比较，所以形容词 dumb 的正确形式是 more dumb；例句④是非等量比较，所以形容词 dumb 不适合以 more dumb 的形式出现，而是要遵守单音节词比较级在后边加 -er 的规则。

用于选择比较的形容词为无法分级的词汇。

例如：

⑤-1 This chair is **more wooden than** metallic.

⑤-2 This chair is **more wooden than** that one.（×）

　　这把椅子不是**金属材质**，**而是木制的**。

例句①中，比较要素 wooden 是不可分级的形容词，不能进行非等量比较。

(3) 关联比较结构：the more..., the more...

"the more + 分句 1，the more+ 分句 2"构成的比较结构凸显了两个分句之间的关联性，从句法结构上来看，两个分句属于从属关系。分句 1 为从句，分句 2 为主句。主句和从句之间具有动态对应的关系。the 作为副词修饰比较级。

例如：

① **The harder** you work（从句），the more you earn（主句）. 你**越努力**工作，收入**越高**。

基本结构：You earn more the harder you work.（从句在主句前，主句比较项就要移至主句主语前，由限定词 the 修饰）

疑问句：Do you earn more，the harder you work?

你是越努力，收入越高吗？

动态对应：收入多少随努力程度变化。

两个分句在语义上可以平行变化，所以二者的位置可以调换。结构不变的情况

> 不简单的简单句

下，调换位置后的两个分句身份也随之发生变化。

例如：

① **The more you drink**, **the more depressed** you'll get over your alcohol problem.

你**越**喝，你因为酗酒产生的抑郁就**越严重**。

例句①中 the more you drink 是从句。

② **The more depressed** you get over your alcohol problem, **the more you drink.**

你酗酒造成的抑郁**越严重**，你喝得就**越多**。

例句②中 the more depressed... 是从句。

两个分句也可以表示因果关系，此时两个分句的位置不能调换，从属关系明显。

例如：

① **The more harshly** I scolded him, **the worse** he behaved.

我批评他**越严厉**，他表现**越糟糕**。

例句①中原因为 I scolded him，结果为 he behaved worse。

② But **the more these greenhouse gases** build up in the atmosphere, **the more heat** is trapped and the more the Earth warms.

但是**这些温室气体**在大气中积累得**越多**，就会有**越多的热量**被困住，地球就会变得越暖和。

例句②中原因为 greenhouse gases build up；结果为 heat is trapped，Earth warms

如果分句中比较级形式的形容词短语作主语补足语，be 动词可以省略。在比较级前置的结构中（the more..., the more...），主句部分可以省略，或者两个分句都可以省略。

例如：

① **The more** the difficulties (are), **the more** we must persist. 困难**越多**，我们就**越**要坚持。

② —When shall I come？我什么时候来？

—**The sooner** (you come), **the better** (it is). 越早越好。

③ **The more** directly the sun strikes walls and roof, **the greater** its heat impact (will be). 太阳**越是**直射墙壁和房顶，（房间里）就**越热**。

✏️ 3.3.10 方式状语从句

方式状语从句多由连词 as 引导，说明主句的谓语动作发生的方式，as 此时的

第三讲 简单句各要素升级（复合句）

含义等同于 the way that，所以可以把 as 理解为既在主句中作状语，又在从句中作成分。但是本质上来说，方式状语从句和主句构成的结构也应属于比较结构，只是方式状语从句修饰谓语动作，不是谓语的补充信息，不用逗号和主句隔开。

例如：

① Do (it) as I say. 照我说的做。

结构分解：

①-1 Do (it) the X way.

①-2 I say the Y way.

①-3 X = Y

合并：Do (it) the (X) way the (Y) way I say.

Do (it) **the way that** I say.

将主句中的状语 the way 和 the way 的定语从句中的先行词 that 换为 as：

Do (it) as I say.

② I'll do it **as I planned to**. 我要**按照计划**去做。

③ I want you to tell my friend your very interesting experience **exactly as you have told it to me**. 我想让**你把你跟我说的**有趣经历**原封不动地**告诉我的朋友。

④ They designed the new product **as innovators problem-solve around design flaws**. 他们是**按照发明者围绕设计缺陷**去解决问题的方式设计新产品的。

在非正式语体中，like 与 as 可以互换。

例如：

① I can't sing **like** I used to. 我不能**像**以前那样唱歌了。

有时，解读方式不同，状语从句也会产生不同的语义。

例如：

① These people don't know how to go about complaining as Europeans do.

方式状语：这些人不知道如何像欧洲人那样投诉。（as Europeans do= in the way that Europeans do）

比较状语：这些人不像欧洲人那样知道如何投诉。

结构分解：

①-1 These people know how to go about complaining X much.

①-2 Europeans know how to go about complaining Y much.

①-3 X much=0

① -4 Y much=much

合并：These people don't know how to go about complaining (as much) as Europeans (know how to go about complaining ~~Y much~~).

从句中的 know how to go about complaining 省略，由 do 替代，简化过后得：

These people don't know how to go about complaining as Europeans do.

如果把 as Europeans do 移至 how to 前，as 引导的分句作为比较状语从句的含义更明显：

These people don't know, as Europeans do, how to go about complaining.

这些人不像欧洲人那样懂得如何投诉。

as 后边也可以跟 if 或 though，一起引导方式状语从句。此时 as if 或 as though 引导的方式状语从句由于要补充说明谓语动词，所以不用逗号与主句隔开。这一点与它们引导比较状语从句时不同。

例如：

① You look as if you have seen a ghost. 你看起来就像见了鬼一样。

例句①的从句用陈述语气表示虚拟含义，是为了达到生动、逼真、形象的效果，并非真的见了鬼。

② You talk as though we're never going to see each other again.

你的口气就好像我们再也不会见面了一样。

例句②的从句也用陈述语气表达可能性不大的假设，也是为了达到形象、生动的效果。

有时，as if/though 引导的分句是非谓语短语或无动词短语。

例如：

① You looked as if having seen a ghost.

将从句 if you have seen 的主语去掉，将谓语改为非谓语的完成体，表示从句动作 see a ghost 先于主句动作 look 发生。

② She moved her lips as if she would smile.

例句②可省掉 she，把 would smile 改为 to smile：

She moved her lips as if to smile.